"十二五"职业教育国家规划教材

经全国职业教育教材审定委员会审定

21世纪高等职业教育精品教材·人力资源管理专业

产教融合校企"双元"育人项目成果

U0656790

# 劳动关系管理

## （第六版）

LAODONG GUANXI GUANLI

童丽 冯筱珩 邱厚贤 仇敏 编著

东北财经大学出版社 大连
Dongbei University of Finance & Economics Press

**图书在版编目（CIP）数据**

劳动关系管理/童丽等编著. —6 版. —大连 ：东北财经大学出版社，
2025.8.—（21世纪高等职业教育精品教材·人力资源管理专业）. —ISBN
978-7-5654-5728-9

Ⅰ. F246

中国国家版本馆CIP数据核字第2025CC1874号

**劳动关系管理**

**LAODONG GUANXI GUANLI**

东北财经大学出版社出版

（大连市黑石礁尖山街217号　邮政编码　116025）

网　　　址：http://www.dufep.cn

读者信箱：dufep@dufe.edu.cn

大连市东晟印刷有限公司印刷　　东北财经大学出版社发行

幅面尺寸：185mm×260mm　　　字数：351千字　　　印张：15.5

2025年8月第6版　　　　　　　2025年8月第1次印刷

责任编辑：郭海雷　张爱华　　　　责任校对：那　欣

封面设计：原　皓　　　　　　　　版式设计：原　皓

书　号：ISBN 978-7-5654-5728-9　　　定价：46.00元

# 第六版前言

本教材第一版自 2008 年出版以来，被多所学校采用，用书学校师生对本教材给予了很高的评价，也提出了很多中肯的意见和建议。最近几年，随着共享经济不断发展，灵活就业人员规模达 2 亿人，劳动关系管理领域也出现了一些新变化，因此我们认为有必要对本教材进行修订，以适应客观实际发展的需要。同时，通过修订教材可以更好地贯彻落实党的二十大精神，响应加快建设法治社会的目标要求，学习把握依法治国的新理念、新思想、新战略，让依法治国的理念深入人心。

本次修订具有如下特点：

1. 立足于高职高专教学需要，针对高职高专以培养应用型人才为目标的要求，并根据高职高专教学的特点，在教材内容安排和编写方式上，首先以"够用"为度选择主要的、基本的理论加以阐明；其次讲清法律、法规和有关政策规定，并注重可靠性和规范性；最后关注素材的实用性、可操作性和时效性。

2. 本次修订积极落实《国家职业教育改革实施方案》提出的"促进产教融合、校企双元育人，校企共同研究制订人才培养方案"，及时将最新的法律法规及司法实践纳入教学内容。企业劳动保障网（http：//www.zhibaohr.com）在本次修订过程中给予了高度支持与配合。该机构作为华南地区专业的综合性人力资源公司以及企业用工风险整体解决方案提供者，在教材修订中整理出大量的一手劳动关系风险素材，既突出了目前组织劳动关系管理过程中必须掌握的法律知识和劳动关系处理技巧，又将其融入真实的职场环境中，让教学案例更贴近工作实际。

3. 参考"劳动关系协调员"职业技能标准，推进"理实一体化""课证融通"教学实践，将相关理论测试练习题引入课堂。

4. 为了落实教育部"推进教育教学与信息技术深度融合"的要求，本次修订对二维码教学资源进行了丰富，以突出"互联网+"移动学习，构造教材新形态。

本教材第六版由广州番禺职业技术学院童丽、企业劳动保障网劳动法顾问冯筱珩、劳动人事仲裁员邱厚贤及仇敏律师编著。童丽负责全书内容体系的设计、人员的组织分工及最后的统稿、定稿工作；冯筱珩、邱厚贤与仇敏参与修订，提供了大量一手案例及素材。本教材具体分工如下：第 1 章、第 2 章、第 5 章、第 6 章由仇敏修订，第 3 章、第 4 章、第 7 章、第 8 章由冯筱珩修订，第 9 章、第 10 章由邱厚贤修订。同时，我们要感谢参与前五版教材编写的肖传亮、王贵军、吴嘉维、王艳等老师。

本教材在编写过程中，借鉴和参考了同行专家的著作、文章及相关文献资料，在此表示诚挚的谢意！由于时间和水平所限，教材中难免有错误和不妥之处，敬请读者不吝指正。

编　者
2025 年 6 月

# 目录

# 第1章 劳动关系概述

▶◀ 学习目标 ◀▶

**知识目标：**

1.了解劳动关系的概念及特征，以及劳动关系与人力资源管理的相互关系；

2.明确劳动关系与事实劳动关系及劳务关系的联系和区别；

3.熟知如何正确界定事实劳动关系；

4.掌握劳动争议中的举证责任问题。

**素养目标：**

引导学生正确理解劳动关系，掌握劳动关系主要特征，为在企业中建立规范的劳动用工关系打好基础。

▶◀ 内容架构 ◀▶

➤ 引例

### 用人单位与劳动者订立"合作协议",能否确认劳动关系?

2016年4月8日,某公司与聂某某签订《合作设立茶叶经营项目的协议》,内容为:"第一条:双方约定,甲方出资进行茶叶项目投资,聘任乙方为茶叶经营项目经理,乙方负责公司的管理与经营。第二条:待项目启动后,双方共同设立公司,乙方可享有管理股份。第三条:利益分配:在公司设立之前,乙方按基本工资加业绩奖励方式取酬;在公司设立之后,按双方的持股比例进行分配。乙方负责管理和经营,取酬方式:基本工资+业绩奖励/股份分红。"协议签订后,聂某某到该项目工作,工作内容为负责艺术茶社的经营管理,主要负责接待、茶叶销售等工作。某公司的法定代表人按照每月基本工资10 000元的标准向聂某某转账发放上一自然月工资。聂某某请假需要经法定代表人批准,且实际出勤天数影响工资的实发数额。2017年5月6日,某公司通知聂某某终止合作协议。聂某某实际工作至2017年5月8日。

聂某某申请劳动仲裁,认为双方系劳动关系,但某公司主张双方系合作关系。仲裁委裁决驳回聂某某的全部仲裁请求。聂某某不服仲裁裁决,向法院提起诉讼。一审法院判决:确认某公司与聂某某于2016年4月8日至2017年5月8日期间存在劳动关系。某公司不服一审判决,提出上诉。二审法院判决:驳回上诉,维持原判。

法院认为,某公司与聂某某签订的《合作设立茶叶经营项目的协议》属有效合同。对于合同性质的认定,应当根据合同内容所涉及的法律关系,即根据合同双方所设立的权利义务来进行认定。双方签订的协议第一条明确约定聘任聂某某为茶叶经营项目经理,"聘任"一词一般表明当事人有雇用劳动者为其提供劳动之意;协议第三条约定了聂某某的取酬方式,无论在双方设定的目标公司成立之前还是之后,聂某某实际上均可获得"基本工资""业绩奖励"等报酬,与合作经营中的收益分配明显不符。合作经营合同的典型特征是共同出资,共担风险,本案合同中既未约定聂某某出资比例,也未约定共担风险,与合作经营合同不符。聂某某接受某公司的管理,按月汇报员工的考勤、款项分配、开支、销售、工作计划、备用金的申请等情况,且所发工资与出勤天数密切相关。双方在履行合同过程中形成的关系,符合劳动合同中人格从属性和经济从属性的双重特征。故法院认定某公司与聂某某之间存在劳动关系。

资料来源　最高人民法院. 指导案例179号:聂美兰诉北京林氏兄弟文化有限公司确认劳动关系案〔EB/OL〕. 〔2025-05-25〕. https://www.court.gov.cn/shenpan/xiangqing/364631.html.

◀

## 1.1　劳动关系的定义、要素与特征

《中华人民共和国劳动合同法》(以下简称《劳动合同法》)明确了劳动关系的定义,即指用人单位招用劳动者为其成员,劳动者在用人单位的管理下提供有报酬的劳动而产生的权利义务关系。

从广义的角度来讲,生活在城镇和农村的任何劳动者与任何性质的用人单位之间因

从事劳动而结成的社会关系都属于劳动关系的范畴。

### 1.1.1 劳动关系的定义

劳动过程的实现，必须以劳动力和生产资料两个要素相结合为前提。在劳动力和生产资料分别归属于不同主体的社会条件下，只有这两个主体之间形成劳动力与生产资料相结合的社会关系，劳动过程才能够实现。劳动关系是维系人类社会得以存在和发展的最基本的社会关系。在不同的国家或不同的体制下，现代劳动关系有时又被称为"劳资关系""劳工关系""劳雇关系""员工关系""产业关系"等。从中国现在的情况来看，由于劳动力使用一方具有部分国家性质，所以使用"劳动关系"的表述，既可以避免因所有制不同而引起的概念差别，又可以避免从某种政治态度和立场出发而引起的概念差异。

在中国目前市场经济条件下，劳动关系具体是指劳动者与劳动力使用者（用人单位）之间在劳动过程中建立或结成的关系。更狭义地讲，是指企业所有者、经营管理者、普通员工及工会之间在企业的生产经营活动中形成的各种责、权、利关系，主要包括所有者与全体员工的关系、经营管理者与普通员工的关系、经营管理者与工会的关系、工会与员工的关系。

#### ➡ 小思考1-1

某造船厂的厂房漏雨，厂方请来两名瓦工修补屋顶，修补好后付给报酬。双方形成的是不是劳动关系？

互动课堂

小思考1-1
参考答案

在传统的劳动关系中，一方（劳动者）必须加入某一个用人单位，成为该单位的一员，并参加其劳动生产，遵守其内部的劳动规则；另一方（用人单位）则必须按照劳动者的劳动数量或质量给付其报酬，提供工作条件，并不断改进劳动者的物质文化生活。

随着现代劳动关系的发展，劳动关系已日渐松散，非全日制劳动关系、以完成一定任务为期限的劳动关系、对工作时间弹性管理的松散型劳动关系等普遍存在。因此，用人单位想要明确双方关系，应当及时订立双方合同或协议。

### 1.1.2 劳动关系的三要素

劳动关系三要素包括主体、内容和客体。

劳动关系的主体是指劳动法律关系的参与者，包括劳动者、劳动者的组织（如工会、职工代表大会）、用人单位和政府等，通常所说的主体双方是指劳动者和用人单位。

劳动关系的内容是指主体双方依法享有的权利和承担的义务。

劳动关系的客体是指主体的劳动权利和劳动义务共同指向的事物，如劳动时间、劳动报酬、安全卫生、劳动纪律、福利保险、教育培训、劳动环境等。

### 1.1.3 劳动关系的特征

（1）劳动关系主体双方具有平等性和隶属性。

（2）劳动法律关系具有以国家意志为主导、当事人意志为主体的特征。

（3）劳动关系的双方当事人，一方是劳动者，另一方必须是提供生产资料的用人单位。

（4）劳动者必须为实现用人单位的劳动生产而劳动。

（5）劳动关系是基于职业的、有偿的劳动而发生的。

（6）劳动关系的一方劳动者必须成为另一方用人单位的成员，并遵守单位的内部劳动规则。

#### ➡ 知识链接1-1

《中华人民共和国劳动法》（以下简称《劳动法》）第五十条规定，工资应当以货币形式按月支付给劳动者本人。按月发放工资是我国实行工资支付制度的法定形式，因此从上述规定可以看出，须具有一个月工资以上的，也就是用人单位与劳动者有一个月以上的劳动雇佣关系，双方才会形成相对比较固定的劳动关系，才能成为事实劳动关系。《最高人民法院关于审理劳动争议案件适用法律问题的解释（一）》（法释〔2020〕26号）第三十四条规定，劳动合同期满后，劳动者仍在原用人单位工作，原用人单位未表示异议的，视为双方同意以原条件继续履行劳动合同。一方提出终止劳动关系的，人民法院应当支持。《劳动合同法》第十二条规定："劳动合同分为固定期限劳动合同、无固定期限劳动合同和以完成一定工作任务为期限的劳动合同。"《劳动合同法》第五章第三节对非全日制用工也做了明确规定，其中，非全日制用工双方可以订立口头协议，即无书面劳动合同。

## 1.2　劳动关系与事实劳动关系

现实生活中存在大量未签订书面劳动合同但实际存在劳动关系的情况，给社会的稳定、和谐及经济发展造成一定阻碍。

### 1.2.1　对事实劳动关系的认识

在我国，事实劳动关系是指用人单位与劳动者之间既无劳动合同又存在劳动关系的一种状态。产生事实劳动关系的主要原因在于：用人单位与劳动者确立劳动关系时，未按国家有关规定签订劳动合同；合同期满后当事人既未续订劳动合同，又没有终止原先的劳动合同。

《劳动合同法》第十条规定："建立劳动关系，应当订立书面劳动合同。已建立劳动关系，未同时订立书面劳动合同的，应当自用工之日起一个月内订立书面劳动合同。用人单位与劳动者在用工前订立劳动合同的，劳动关系自用工之日起建立。"也就是说，引起劳动关系产生的基本法律事实是用工，而不是订立劳动合同，其目的是保护事实劳动关系中劳动者的权益，并不是肯定用人单位不与劳动者订立劳动合同的行为。

#### ➡ 案例分析1-1

### 事实劳动关系遭否认

阳某某诉称，其于2024年6月5日入职公司工作，职位为保洁员，2025年1月26日被公司违法辞退，为维护其合法权益，遂申请仲裁。

公司辩称，不认可与阳某某存在劳动关系，阳某某提交的证据不足以证明其接受公司的劳动管理，不足以证明阳某某从事公司安排的工作，也不足以证明公司给付阳某某劳动报酬，阳某某应承担举证不能的不利后果。

阳某某向劳动争议仲裁委员会提交显示有公司名称字样的工作场所办公室门口的照片、排班表和考勤表、主管陈某转账发放工资的银行对账单、工作场所照片、与主管陈某的电话录音。公司对阳某某提交的证据均不予认可。

仲裁委员会另查明公司于2025年3月3日委托陈某领取开庭通知书和应诉通知书等材料。

仲裁委员会认为阳某某提供的证据已形成完整的证据链予以证明双方之间存在事实劳动关系，裁决公司支付阳某某未签订书面劳动合同的两倍工资差额和解除劳动关系的经济补偿金。

资料来源　编者按真实案例整理、改编.

问题：为什么企业不承认事实劳动关系？

分析提示：企业不敢承认事实劳动关系，不与劳动者签订劳动合同，原因就在于想逃避其所应负的法律责任。法律规定用人单位不签订劳动合同并不能逃避其应有责任。如果双方发生争议，经仲裁委员会认定，并且界定为事实用工，那么用人单位除补缴劳动者工作期间的社会保险费外，还要支付两倍工资差额，以及按规定给予经济补偿金。

### 1.2.2　事实劳动关系与劳动法律关系的区别

（1）劳动法律关系符合法定模式，受到劳动法律法规的调整；事实劳动关系则完全或部分不符合法定模式，尤其是缺乏劳动法律关系赖以确立的法律事实的有效要件，如未签订书面劳动合同。

（2）劳动法律关系的内容即权利义务，是双方当事人所预期和设定的；事实劳动关系的双方当事人之间虽然存在一定的权利义务，但这一般不是双方当事人所预期的，更不是双方当事人所设定的。

（3）劳动法律关系由法律保障其存续，事实劳动关系如果不能依法转化为劳动法律关系，就应当强制终止。

### 1.2.3　如何界定事实劳动关系

在哪种情形下，搜集哪些证据，才能证明劳动者与用人单位之间的关系属于事实劳动关系呢？

用人单位和劳动者虽然没有签订书面劳动合同，但劳动者已经成为用人单位的一员，身份上具有从属关系，双方确已形成了劳动权利义务关系的，可以综合下列情况认定为事实劳动关系：

（1）劳动者已实际付出劳动并从用人单位取得劳动报酬。

（2）用人单位对劳动者实施了管理、指挥、监督的职能。

（3）劳动者必须接受用人单位劳动纪律和规章制度的约束。

用人单位与劳动者发生劳动争议不论是否订立劳动合同，只要存在事实劳动关系，符合劳动法适用范围及劳动争议受案范围，仲裁机构均应处理。

### 1.2.4　如何证明事实劳动关系

证明用人单位与劳动者之间存在事实劳动关系，需要提供相关证据。根据《关于确立劳动关系有关事项的通知》第二条的相关规定，用人单位未与劳动者签订劳动合同的，认定双方存在事实劳动关系时可参照下列凭证：

（1）工资支付凭证或记录（员工工资发放花名册）、缴纳各项社会保险费的记录。

（2）用人单位向劳动者发放的工作证、服务证等能够证明身份的证件。

（3）劳动者填写的用人单位招工招聘登记表、报名表等招用记录。

（4）考勤记录。

（5）其他劳动者的证言等，如工资卡（条）、名片、同事证言、劳动手册（签名的）、规章制度（签名的）、工作服、公司相关证明等。

发生劳动争议，经常会碰到证据提供的问题，但是劳动争议中的大量主要证据，如用人单位制定的规章制度、员工的档案材料、考勤记录、工资发放记录、缴纳社会保险记录、福利待遇发放记录等都掌握在用人单位方，劳动者对这些证据很难具有举证能力。如果劳动者提起仲裁，但由于证据掌握不足，是否很难在仲裁中取胜呢？

一般来说，劳动争议提交劳动争议仲裁委员会或者人民法院，劳动者和用人单位都需要承担一定的举证责任。所谓举证责任，是指当事人对诉讼中提出的主张提供证据加以证明的责任。我国民事诉讼程序中一般适用的是"谁主张，谁举证"的原则，即申诉方举证。劳动争议仲裁的实践表明，在大量侵犯劳动者合法权益的争议中，虽然劳动者提出申诉，但要劳动者负举证责任是不公平、不合理的。这是因为劳动者对一些关键证据的举证能力有限，因此要按照劳动争议的性质来确定不同的举证责任。具体来说，劳动争议的举证责任问题可以概括为以下几点：

（1）因履行劳动合同和员工辞职、自动离职发生的争议，是一种平等主体关系之间的争议，应确定"谁主张、谁举证"的原则，由申诉方负举证责任。

（2）因企业开除、除名、辞退员工发生的争议，是一种隶属关系的争议，应确定"举证责任倒置"的原则，由做出决定的用人单位负举证责任。

（3）因用人单位拖欠员工工资、拖欠员工福利待遇、拒为员工提供劳动安全条件和防护用品等发生的争议，是一种由人身依附关系引起的争议，也应确定"举证责任倒置"的原则，由用人单位负举证责任。

▶ 知识链接1-2

《中华人民共和国劳动争议调解仲裁法》第六条规定："发生劳动争议，当事人对自己提出的主张，有责任提供证据。与争议事项有关的证据属于用人单位掌握管理的，用人单位应当提供；用人单位不提供的，应当承担不利后果。"《最高人民法院关于审理劳动争议案件适用法律问题的解释（一）》（法释〔2020〕26号）第四十四条规定："因用人单位做出的开除、除名、辞退、解除劳动合同、减少劳动报酬、计算劳动者工作年限等决定而发生的劳动争议，用人单位负举证责任。"

## 1.3  劳动关系与劳务关系

劳务关系是指两个或两个以上的平等主体之间就劳务事项进行等价交换过程中形成

的一种经济关系。

劳动关系和劳务关系存在以下区别：

1）规范和调整劳动关系与劳务关系在法律依据方面的主要区别

劳动关系是用人单位与劳动者之间形成的特定关系。根据《劳动法》的规定，劳动关系的建立以订立劳动合同为主要标志。《劳动合同法》规定："用人单位自用工之日起即与劳动者建立劳动关系。"因此劳动关系主要由《劳动法》和《劳动合同法》规范与调整。

劳务关系主要由《中华人民共和国民法典》（以下简称《民法典》）进行规范与调整，建立和存在劳务关系的当事人之间是否签订书面劳务合同，由当事人双方协商确定。

2）劳动关系主体与劳务关系主体的区别

劳动关系中的主体双方是确定的：一方应是符合法定条件的用人单位，即机关、企事业单位、社会团体或个体经济组织；另一方只能是自然人，而且必须是符合劳动年龄条件（必须是年满16周岁的公民），同时具有与履行劳动合同义务相适应的能力的自然人。

劳务关系中的主体双方类型较多，是不确定的：可以是两个用人单位，也可以是两个自然人，还可以一方是用人单位，另一方是自然人等。法律法规对劳务关系主体的要求，不如对劳动关系主体要求得那么严格。

3）当事人之间在隶属关系方面的区别

处于劳动关系中的用人单位与当事人之间存在隶属关系是劳动关系的主要特征。隶属关系的含义是指劳动者成为用人单位中的一员，即当事人成为该用人单位的员工。劳动者接受用人单位的管理，遵守用人单位的规章制度（如考勤、考核等），从事用人单位分配的工作并服从用人单位的安排。

在劳务关系中，不存在一方当事人是另一方当事人的员工这种隶属关系。例如，某一居民雇用一名按小时计酬的家政服务员，家政服务员不可能是该户居民家的员工，与该居民也不可能存在劳动关系。在劳务关系中，双方当事人是一种平等主体之间的民事法律关系，劳动者只是按约定提供劳务，用工者也只是按约定支付报酬，双方没有管理与被管理、支配与被支配的权利和义务。

4）当事人之间在承担义务方面的区别

劳动关系中的用人单位必须按照法律、法规和地方规章等为员工承担社会保险义务，且用人单位承担其员工的社会保险义务是法律的确定性规范。同时，劳动关系双方依法承担或享受其他法定责任或权利，如员工有享受医疗期、年休假等各类假期的权利，用人单位有支付加班费的责任等。

劳务关系中的一方当事人不存在必须承担另一方当事人社会保险的义务，如居民不必为其雇用的家政服务员承担缴纳社会保险的义务。

5）用人单位对当事人在管理方面的区别

在劳动关系中，用人单位具有对劳动者违章违纪进行处理的管理权，如对员工严重违反用人单位劳动纪律和规章制度、严重失职、营私舞弊等行为进行处理，有权依据其依法制定的规章制度解除与当事人的劳动合同关系，或对当事人给予警告、记过、记大过、降级等处分。

劳务关系中的一方对另一方的处理虽然也有不再使用的权利，或者要求当事人承担一定的经济责任，但不包括对其解除劳动合同关系或给予其他纪律处分的形式。

6）确定报酬的原则不同

劳动合同体现用人单位按劳分配、同工同酬的原则。劳动合同中的用人单位对劳动者具有行使工资、奖金等方面的分配权利，支付报酬的方式一般按月、按年或者将按月和按年结合支付，有规律性、固定性的特点，同时用人单位必须遵守当地有关最低工资标准等法律法规的相关规定。

劳务合同中的劳务价格是按等价有偿的原则支付，其报酬标准主要由合同双方自行约定，法律并未强制规定统一的最低劳务报酬标准。劳务合同多为一次性即时结清或按阶段按批次支付，没有一定的规律。

7）法律责任后果不同

用人单位违反劳动合同可能承担行政责任、民事责任甚至刑事责任；违反劳务合同一般只承担民事赔偿责任，而不涉及行政和刑事责任。如果在非因工作原因出现的疾病或意外伤害，属于劳动关系的，由用人单位承担非工伤医疗期等责任，属于劳务合同的，则可约定由个人承担。

总之，劳动合同是用来调解劳动者与用人单位的劳动关系的，劳动者只要与某单位签订了劳动合同，或存在事实劳动关系，就是这个单位的人，他的社保和福利工资等都在该单位享受。劳务合同只是一个经济合同，一个人在某个单位工作，可以与其他单位签订劳务合同，提供劳务，接受劳务的单位不用为其缴纳社会保险费。可见，劳动合同待遇较全面。

◆◆◆◆➡ 案例分析1-2

### 劳动关系还是劳务关系？

秦某于2020年12月31日在某代驾平台APP司机端注册，申请成为代驾司机。该平台运营者为某汽车公司。平台中的《信息服务协议》约定：某汽车公司为代驾司机提供代驾信息有偿服务，代驾司机通过平台接单，与代驾服务使用方达成并履行《代驾服务协议》，由平台记录代驾服务过程中的各项信息数据；代驾司机以平台数据为依据，向代驾服务使用方收取代驾服务费，向某汽车公司支付信息服务费；某汽车公司不提供实际代驾服务，也不代理平台任何一方用户，仅充当代驾司机与代驾服务使用方之间的中间人，促成用户达成《代驾服务协议》。

在协议实际履行过程中，某汽车公司未对秦某按照员工进行管理，亦未要求其遵守公司劳动规章制度。代驾服务使用方发出代驾服务需求信息后，平台统一为符合条件的代驾司机派单，秦某自行决定是否接单、抢单。秦某仅需购买工服、接受软件使用培训、通过路考、接受抽查仪容等，在工作时间、工作量上具有较高的自主决定权，可以自行决定是否使用平台、何时使用平台从事代驾服务等。秦某从事代驾服务所取得的报酬系代驾服务费，由代驾服务使用方直接支付。

后双方发生劳动争议，秦某申请劳动仲裁，请求某汽车公司支付2021年1月31日至2022年1月31日未订立书面劳动合同的两倍工资差额。仲裁委裁决：驳回秦某的仲裁请求。

资料来源　最高人民法院. 指导性案例240号：秦某丹诉北京某汽车技术开发服务有限公司劳动争议案［EB/OL］.［2025-05-20］. https：//www.court.gov.cn/shenpan/xiangqing/450751.html.

问题：如何判定秦某与汽车公司之间是否存在劳动关系呢？

分析提示：关系双方当事人之间是否存在劳动关系的认定，一般认为从属性是劳动关系的本质特征，也就是说，在人格上、经济上、组织上等多方面从属于用人单位。在司法实践中，法院对劳动关系是否成立的判断主要从以下几个方面考虑：第一，劳动者的工作内容是用人单位业务不可或缺的组成部分。第二，劳动者提供劳动受到用人单位的指挥，在用人单位的授意、指导下劳动。第三，用人单位对劳动者进行管理，包括劳动者要遵守用人单位的各项规章制度，用人单位对劳动者进行考勤、考核、纪律约束等。第四，用人单位向劳动者支付劳动报酬，且支付周期相对固定，支付数额基本稳定，有一定的持续性，劳动者在经济收入上依赖用人单位，自身无须承担单位的经营风险。第五，劳动者与用人单位主体合法，即符合劳动法律法规规定的主体资格。

## 1.4　劳动关系与人力资源管理

人力资源管理在完善用人制度和塑造企业的新型劳动关系等方面，为劳动者和雇主提供一种保持和谐、高效关系的管理工具。实践证明，人力资源管理模式与劳动关系的状态存在密切的联系，特定的人力资源管理手段可以促进劳动关系的和谐，某种特殊的劳动关系也决定了人力资源管理技术的采用。目前我国由于有的企业的工会未能有效地履行为员工争取利益的责任，使员工无法通过平和的方式来维护自己的正当权益，企业中出现的许多劳动争议问题未能及时妥善地得到解决。我国劳动关系调整、运行机制明显滞后于现实需要，不能有效地起到化解、疏导、预防、调解等作用，致使劳动冲突不能很好地"解决在企业、化解在基层"，劳动冲突自然而然地就以非正常途径表现了出来。近年来，我国各级劳动争议仲裁机构受理的劳动争议案件增长较快，劳动争议的极端案例也常见诸报端，这已经在一定程度上影响了社会稳定与经济发展。其实，许多劳动问题的解决不应该只是事后的处理、矛盾激发事后的裁决和判决，而应该是预先劳资双方、双向（雇主常常是掌握主动的一方）的弹性调整。因此，人力资源管理作为劳动者和雇主之间保持和谐、弹性关系的手段，十分切合当前的需要。

人力资源管理追求的是一种人本的管理，与中国"和为贵"的传统文化相通，是劳动关系双方建立良好劳动关系的沟通渠道、妥善解决劳动问题的有效途径。人力资源管理在劳动关系调整中的力量表现为管理者的态度，这种态度在日本突出表现为家长式的关心，在美国突出表现为把人视为一种资源，强调良好的沟通和参与管理。管理者发挥着主动调整劳动关系的作用。人力资源管理在沟通、协商、参与等方面发挥着其独特的作用，强调所有管理人员在人力资源管理中的作用，无形中促进了企业劳动关系的和谐发展。

在市场经济社会中，除了政府对劳动关系领域的重大影响力，管理的力量在市场化条件下的劳动关系调整中扮演着主要角色，其中人力资源管理在劳动关系调整中的力量表现越来越得到人们的理解并得到实际运用。人力资源管理者把人视为一种资源，一种重要的生产要素，而不是工具，这可以说是管理者调整劳动关系的一种自我创新。人力资源管理是和谐劳动关系的润滑剂，这突出表现在以下几个方面：

（1）人力资源管理使员工适应岗位要求。一位员工如果得不到合适的岗位，没有得到妥善的工作安排，他可能会觉得自己受了异化，或者说被排挤、不受重视、被边缘化等，那么他的工作效率就不会很高。另外，在总体工作岗位安排不佳的环境里，就算是员工的工作得到了妥善安排，也会因处于不能完全发挥自己能力的压力之下而出现各种问题。人力资源管理在人岗相适方面有着良好的运用，如对各种工作岗位进行细致的工作分析，对员工进行"确切可靠"的测试（如职能测试、个性测试等），从而使人岗匹配合理。

（2）人力资源管理能使员工的职业发展道路顺畅。人力资源管理通过建立不同系列的员工晋升渠道，拓展员工的职业发展路径。固然晋升为管理者是员工职业发展的一条有效通道，但其容量毕竟有限，只能有很小比例的员工通过这一路径获得职业发展，而通过技术系列、业务系列等职业通道的开辟，则能大大拓宽发展的空间。

（3）激励性薪酬激发了员工的工作主动性和创造性。薪酬激励是人力资源管理激励的核心和基础。一般人力资源管理是以超过其他来自相同劳动市场招募者的工资水平，提供富有竞争力的工资和福利配套措施来吸引、开发、保留人才，从而促进劳动关系的协调。

（4）完善的绩效评估系统使员工感到公平。人力资源管理有着完善的工作绩效评估系统，将定性考核和定量考核结合起来，建立有效的晋升、晋级制度以及以此为基础的灵活的激励机制，从而使员工体会到更多的公平，这种体会对和谐劳动关系起着十分重要的维护作用。

总之，人力资源管理通过构筑三大激励机制，即与权力地位相关的晋升激励机制、以经济利益为核心的薪酬激励机制和管理者态度的转变、公平和谐气氛的企业文化激励机制，体现企业管理者对劳动关系协调的自我约束、自我规范的独特视角，渗透出把人本管理思想贯穿于劳动关系协调的强烈意识，从本质上说，这是一种追求双赢的劳动关系协调模式。

### ▶ 随堂测——劳动关系协调员职业技能理论测试

随堂测1

即测即评

1. （多选题）劳动者与用人单位未订立书面合同的，可以将（    ）作为确定双方是否形成事实劳动关系的依据。

A.劳动者是否在用人单位从事有偿劳动

B.劳动者提供的劳动是否为用人单位业务的组成部分

C.劳动者是否接受用人单位的管理

D.用人单位是否向劳动者提供基本劳动条件

2.（单选题）劳动合同被确定无效，劳动者已经付出劳动的，用人单位（    ）。

A.可以不支付劳动报酬

B.应当按照不低于当地最低工资标准支付劳动报酬

C.应当参照本单位相同或相近岗位劳动者的劳动报酬，向劳动者支付劳动报酬

D.赔偿劳动者的损失

3.（多选题）用人单位支付劳动者的工资的形式可以是（    ）。

A.实物                               B.有价证券

C.现金                               D.银行转账

4.（多选题）与原用人单位保留劳动关系的下岗、内退员工，自行到另一单位从事有偿劳动并接受管理的，应当（    ）。

A.认定双方形成劳动关系

B.认定双方形成民事雇佣关系

C.不适用国家关于最低工资标准、工作时间等的规定

D.适用国家关于最低工资标准、工作时间等的规定

5.（多选题）劳务派遣单位可以（    ）。

A.与劳动者订立无固定期限劳动合同

B.以非全日制用工形式招用被派遣劳动者

C.依法解除、终止被派遣劳动者的劳动合同

D.向被派遣劳动者收取用工保证金等费用

## ▄▄▄▶ 以案说法 ◀▄▄▄

### 依法认定网络主播的劳动关系主体地位

2019年6月，某传媒公司与李某签订了"艺人签约独家经纪合同"，约定李某为该公司的签约艺人，李某每天工作8小时，在钉钉打卡考勤，根据公司安排完成短视频的拍摄，公司每月向李某发放"工资"，并按公司规定比例分配收益。后李某提起劳动仲裁，主张确认劳动关系及要求公司支付经济补偿。

深圳市中级人民法院审理认为，传媒公司对李某实行考勤管理，决定李某的工作内容、工作步骤、工作成果的展示方式，拥有李某的工作成果，同时对收益分配进行了规定，向李某发放工资。李某遵守公司的各项规章制度，对工作内容、步骤、成果等都没有决定权、控制权和主动权，其工作构成了传媒公司的业务组成部分。双方实际履行的内容符合劳动关系的法律特征，遂判决双方构成劳动关系。

资料来源　董柳，吁青，黄洁. 广东高院发布劳动争议十大典型案例［EB/OL］.［2024-01-21］. https：//news.ycwb.com/2022-04/29/content_40737487.htm.节选.

解读：网络主播虽为新业态从业者，但仍应适用劳动关系的基本特征来认定是否构成劳动关系。本案从双方之间是否具有人格从属性、经济从属性，分析双方是劳动关系还是其他关系，为界定网络主播劳动关系的认定提供示范作用，有利于保障网络主播享有的合法权益，同时促进线上经济的蓬勃发展。

#### ▶ 基础训练

□ 简答题

1.劳动关系的概念及特征是什么？

2.简述劳动关系与劳务关系的联系和区别。

3.如何界定与证明事实劳动关系？

4.如何界定劳动争议的举证责任？

#### ▶ 综合应用

□ 案例分析

2024年6月5日，海南省某木业公司对李伟做出解除劳动关系通知，随后李伟申请劳动争议仲裁，要求公司补缴2018年2月4日至2024年6月5日期间的各项社会保险，于是双方发生争议。

相关背景材料如下：2018年2月4日，李伟到木业公司从事机修工工作，月工资按产量高低分配。2019年4月到2020年10月，木业公司按产量分配每月把工资打入李伟农行账户；2021年8月4日至2022年6月22日，木业公司又按产量分配每月把工资打入李伟账户。木业公司未与李伟签订书面劳动合同，也未为其缴纳社会保险。

木业公司称：公司与李伟的关系是劳务关系而不是劳动关系，没有义务为其缴纳各项社会保险。

李伟称：自己于2018年2月4日至2024年6月5日在该公司从事机修工工作，一直在岗，且木业公司是按月按产量发放工资，从公司每月给其发放工资的事实和做出的解除劳动关系通知，足以证明双方之间存在事实劳动关系。

资料来源 李轩甫，陈敏.每月按产量支付劳动报酬是劳务关系还是劳动关系［EB/OL］.［2024-07-07］.http://newspaper.jcrb.com/2016/20160625/20160625_003/20160625_003_2.htm.

问题：

（1）李伟没有与公司签订劳动合同，他能维护自身的合法权益吗？

（2）公司坚持认为与李伟不是劳动关系，李伟应找出哪些证据来证明？

分析提示：运用事实劳动关系的界定以及劳动关系与劳务关系的界定来分析。

□ 实践训练

由学生自愿组成小组，每组6~8人，利用课余时间，选择3~4家中小企业就企业劳动关系现状进行调查与访问。

要求：

（1）调查活动可以采用面谈法，也可以采用问卷调查法，调查内容要结合企业劳动关系状况进行。

（2）在调查访问之前，每组需要根据课程所学知识讨论制定调查访问的提纲，包括调研的主要问题与具体安排。另外，团队成员需要就调查的方法与技巧进行讨论，调查完后各组完成一份调查报告。

## 第2章　劳动合同管理

■■■➡ **学习目标** ■■■

知识目标：

1.了解劳动合同的含义及特点；

2.明确劳动合同的内容、形式及格式，知道如何拟订劳动合同；

3.熟知劳动合同与专项协议、劳务合同的区别；

4.掌握如何订立、变更、解除、终止、续订劳动合同。

素养目标：

引导学生正确认识劳动合同及相关协议，能够依法运用劳动合同及相关协议保障员工与公司双方合法利益，以利于劳资双方共同建立和谐劳动关系。

■■■➡ **内容架构** ■■■

**■■■■➤ 引例 ■■■■**

**在法定最长试用期内延长试用期的，属于二次约定试用期**

王某于2018年3月26日入职某教育公司，任渠道总监一职，双方订立期限自2018年3月26日起至2021年3月25日止的3年期固定期限劳动合同，约定试用期至2018年6月25日，试用期月基本工资为2 400元、岗位工资为4 800元，转正后月基本工资为3 000元、岗位工资为5 000元。2018年6月25日，某教育公司向王某发出延期考察通知书，其内容显示："王先生……在3个月试用期间没有签单，按照公司《营销人员绩效激励办法》，不予转正……现经公司决议，将王某的考察期延长3个月，日期为2018年6月26日至2018年9月25日……"王某正常工作至2018年12月27日。某教育公司于2018年12月28日向王某送达解除劳动合同通知书。

王某申请仲裁，仲裁委认为：根据《劳动合同法》第十九条第一款、第二款的规定，3年以上固定期限和无固定期限的劳动合同，试用期不得超过6个月，同一用人单位与同一劳动者只能约定一次试用期。本案中，某教育公司与王某订立自2018年3月26日起至2021年3月25日止的3年期固定期限劳动合同，其中约定试用期为2018年3月26日至2018年6月25日。后某教育公司以王某在3个月试用期间没有签单为由将试用期延长至2018年9月25日，属于二次约定试用期。某教育公司虽主张王某对延长试用期表示认可，但二次约定试用期行为已违反法律强制性规定。《劳动合同法》第八十三条规定："用人单位违反本法规定与劳动者约定试用期的，由劳动行政部门责令改正；违法约定的试用期已经履行的，由用人单位以劳动者试用期满月工资为标准，按已经履行的超过法定试用期的期间向劳动者支付赔偿金。"据此，仲裁委裁决某教育公司支付王某2018年6月26日至2018年9月25日期间违法约定试用期的赔偿金及相应期间的工资差额。

资料来源 吴博文，甄乾龙. 某途教育公司诉王某华劳动争议案［N］. 人民法院报，2024-09-26.

**◄■■■**

## 2.1 劳动合同概述

### 2.1.1 劳动合同的含义及特点

1）劳动合同的含义

劳动合同是劳动者与用人单位确立劳动关系、明确双方权利和义务的协议。建立劳动关系，应当订立书面劳动合同。2007年6月29日第十届全国人民代表大会常务委员会第二十八次会议通过、自2008年1月1日起施行的《劳动合同法》（2012年修正）是我国第一部较完整的调整劳动合同关系的法律。该法的颁布和施行，对我国的用人单位和劳动者依法保护自己的合法权益提供了更完整的法律依据。同时1995年1月1日起施行的《劳动法》（2018年修正）相关条款依然具有法律效力，并不是说《劳动合同法》实施后《劳动法》就被废止了，而是说劳动合同管理相关的问题，则主要以《劳动合同法》的规定为主。

在理解劳动合同的含义时，要注意劳动合同与民事合同的区别。两者的区别主要表现在：

第一，两者的性质不同。人们改造物质资料的生产和再生产过程虽然可以分为生产、分配、交换、消费四个环节，但概括起来，无非产品的生产过程和实现过程。劳动合同是与生产过程相联系的，是确立和调整产品创造过程中劳动力与生产资料相结合而产生的劳动关系。民事合同主要是和实现过程相联系的，是调整产品交换过程中的财产关系。

第二，两者适用的法律不同。劳动合同是由《劳动合同法》及其配套的有关规定约束的，民事合同则是由《民法典》等规定约束的。二者相比较，《劳动合同法》对合同的具体内容，如工资、工时、社会保险、纪律等规定得比较具体，双方当事人不得违反。

第三，两者确立的法律关系不同。劳动合同所确立的劳动法律关系，不同于民事法律关系。主体上，劳动合同的一方当事人是劳动者，另一方当事人是用人单位，劳动合同签订后，作为劳动者的一方必须加入到企业中去，成为其成员。而民事关系的主体双方可以同时是或分别是法人或公民，如公民之间的借贷关系、租赁关系，法人之间的经济合同关系，公民和法人之间的经济合同关系等，民事合同签订后，双方当事人之间并不存在隶属关系或组织管理关系。内容上，劳动合同往往规定有关劳动条件和福利待遇方面的权利与义务，民事合同一般没有这些规定。客体上，劳动合同关系的客体只是劳动力，不涉及物，员工只需按规定参加企业的生产劳动，完成规定的工作量，就可以按合同规定领取劳动报酬。民事合同法律关系的客体是一种劳动成果。

2）劳动合同的特点

劳动合同除具有合同的一般特点外，还具有自身的法律特征：

（1）劳动合同的主体双方是劳动者与用人单位。劳动者必须是依法具有劳动权利能力和行为能力的公民。作为劳动合同另一方当事人的用人单位，根据《劳动合同法》的规定，应为中华人民共和国境内的企业、个体经济组织、民办非企业单位等组织。

（2）劳动合同的内容是劳动者与用人单位双方的权利和义务。劳动者要承担一定的工种、岗位或职务的工作，完成劳动任务，遵守用人单位的内部规则和其他规章制度；用人单位为劳动者提供法律规定或双方约定的劳动条件，给付劳动报酬，保障劳动者享有法定的或约定的各项政治经济权利和其他福利待遇。

（3）劳动合同的标的是劳动者的劳动行为。劳动者实现就业权利后，相应地有完成其劳动行为的义务；用人单位实现用人权利后，组织管理劳动者完成约定的劳动行为，并有义务支付劳动者的报酬，为其缴纳社会保险和提供福利。

（4）劳动合同的目的在于确立劳动关系，使劳动过程得以实现。劳动合同是确立劳动关系的法律形式，劳动合同一经订立，就成为规范双方当事人劳动权利和义务的法律依据。

### 2.1.2　劳动合同的内容

劳动合同的内容是指劳动者与用人单位双方通过协商所达成的关于劳动权利和劳动

义务的具体规定。其内容必须符合国家法律、行政法规的规定。劳动合同的内容具体表现为劳动合同的条款，根据条款内容是否为劳动合同所必需，可分为法定条款和商定条款两部分。

1）法定条款

法定条款又称必备条款，是指根据《劳动法》的规定，双方当事人签订的劳动合同中必须具备的内容。根据《劳动合同法》第十七条的规定，劳动合同应当具备的条款有：

（1）用人单位的名称、住所和法定代表人或者主要负责人。

（2）劳动者姓名、住址和居民身份证或其他有效身份证件号码。

（3）劳动合同期限。劳动合同期限是双方当事人相互享有权利、履行义务的时间界限，即劳动合同的有效期限。劳动合同期限可分为固定期限、无固定期限和以完成一定工作任务为期限。签订劳动合同主要是为了建立劳动关系，而建立劳动关系必须明确期限的长短。劳动合同期限与劳动者的工作岗位、内容、劳动报酬等都有紧密关系，更与劳动关系的稳定紧密相关。合同期限不明确则无法确定合同何时终止，如何给付劳动报酬、经济补偿等，并会引发争议。因此，一定要在劳动合同中明确注明双方签订的是何种期限的劳动合同。

（4）工作内容和工作地点。工作内容是劳动合同的核心条款之一，是指劳动法律关系所指向的对象，即劳动者具体从事什么种类或内容的劳动。关于工作内容，用人单位和劳动者可在协商一致的基础上，明确规定在劳动合同中，双方必须严格执行。工作地点是劳动合同的履行地点，是劳动者从事劳动合同中所规定的工作内容的地点，关系到劳动者的工作环境、生活环境以及劳动者的就业选择，劳动者有权在与用人单位建立劳动关系时知悉自己的工作地点，所以工作地点也是劳动合同中必不可少的内容。

（5）工作时间和休息休假。工作时间是指劳动者在企业、事业、机关、团体等单位中，必须用来完成其所担负的工作任务的时间。《劳动法》第三十六条规定："国家实行劳动者每日工作时间不超过八小时、平均每周工作时间不超过四十四小时的工作制度。"劳动者应该在一定时间内（工作日、工作周）完成相应的工作任务，以保证最有效地利用工作时间，不断地提高工作效率。这里的工作时间包括工作时间的长短、工作时间方式的确定，如八小时工作制还是六小时工作制，是日班还是夜班，是正常工时制还是实行不定时工时制，或者是综合计算工时制。工作时间的不同，对劳动者的就业选择、劳动报酬等均有影响，因此工作时间成为劳动合同不可缺少的内容。

休息休假是指企业、事业、机关、团体等单位的劳动者按规定不必进行工作而自行支配的时间。休息休假的权利是每个公民都应享受的权利。《劳动法》第三十八条规定："用人单位应当保证劳动者每周至少休息一日。"休息休假的具体时间根据劳动者的工作地点、工作种类、工作性质、工龄长短等各有不同，用人单位与劳动者在约定休息休假事项时应当遵守劳动法及相关法律法规的规定。

（6）劳动报酬。用人单位和劳动者协商约定劳动者的工资额（含试用期工资）、工资调整的权限、工资发放时间、报酬的构成和变更，以及最低工资条款等。劳动报酬是劳动者的权利，合理的报酬可以使劳动者能够维持劳动力的再生产，从而更好地为社会创造财富，因此在劳动合同中必须加以规定。

（7）社会保险。社会保险是政府通过立法强制实施，由劳动者、劳动者所在用人单位以及国家三方面共同筹资，帮助劳动者及其亲属在遭遇年老、疾病、工伤、生育、失业等风险时，防止收入的中断、减少和丧失，以保障其基本生活需求的社会保障制度。社会保险由国家成立的专门性机构进行基金的筹集、管理及发放，不以营利为目的，一般包括养老保险、医疗保险、失业保险、工伤保险和生育保险。社会保险强调劳动者、劳动者所在用人单位以及国家三方共同筹资，体现了国家和社会对劳动者提供基本生活保障的责任。劳动者所在用人单位的缴费，使社会保险资金来源增加了渠道，增加了社会保险制度本身的保险系数。由于社会保险由国家强制实施，因此成为劳动合同不可缺少的内容。

（8）劳动保护、劳动条件和职业危害。劳动保护是指用人单位为了防止劳动过程中的安全事故，采取各种措施保障劳动者的生命安全和身体健康。在劳动生产过程中，存在着各种不安全因素，如不采取措施加以保护，将会发生工伤事故。例如，矿井作业可能发生瓦斯爆炸、冒顶、片帮、水火灾害等事故，建筑施工可能发生高空坠落、物体打击和碰撞等，所有这些，都会危害劳动者的生命安全和身体健康，妨碍工作的正常进行。同时，国家对于孕期、产期、哺乳期女职工及未成年工也有相应的劳动保护措施。国家为了保障劳动者的身体健康和生命安全，通过制定相应的法律和行政法规、规章，规定劳动保护，如《女职工劳动保护特别规定》《中华人民共和国未成年人保护法》《未成年工特殊保护规定》等。用人单位也应根据自身的具体情况，规定相应的劳动保护，以保证劳动者的身体健康和生命安全。

劳动条件主要是指用人单位为使劳动者顺利完成劳动合同约定的工作任务，为劳动者提供必要的物质和技术条件等，如必要的劳动工具、机械设备、工作场地、劳动经费、辅助人员、技术资料、工具书以及其他一些必不可少的物质、技术条件和其他工作条件。

职业危害是指用人单位的劳动者在职业活动中，因接触职业性有害因素如粉尘、放射性物质和其他有毒、有害物质等而对生命安全与身体健康所引起的危害。根据《中华人民共和国职业病防治法》（以下简称《职业病防治法》）第三十三条的规定，用人单位与劳动者订立劳动合同时，应当将工作过程中可能产生的职业病危害及其后果、职业病防护措施和待遇等如实告知劳动者，并在劳动合同中写明，不得隐瞒或者欺骗。此外，《职业病防治法》中规定了用人单位在职业病防护中的义务：用人单位应当为劳动者创造符合国家职业卫生标准和卫生要求的工作环境与条件，并采取措施保障劳动者获得职业卫生保护；应当建立、健全职业病防治责任制，加强对职业病防治的管理，提高职业病防治水平，对本单位产生的职业病危害承担责任；必须采用有效的职业病防护设施，并为劳动者提供个人使用的职业病防护用品；应当对劳动者进行上岗前的职业卫生培训和在岗期间的定期职业卫生培训，普及职业卫生知识，督促劳动者遵守职业病防治法律、法规、规章和操作规程，指导劳动者正确使用职业病防护设备和个人使用的职业病防护用品。用人单位应当按照有关法律、法规的规定严格履行职业危害防护的义务。

（9）法律、法规规定应当纳入劳动合同的其他事项。

**▸ 小思考 2-1**

林某是 2024 年某大学毕业生，被某公司录用为化验员，双方签订了劳动合同。在劳动合同中，该公司对林某的工作地点约定为"公司业务范围内"。由于林某初涉职场，且之前对劳动合同的相关规定所知甚少，想着反正是在公司业务范围内工作也没有什么特别大的问题，因此便在劳动合同上签字了。

合同签订后，2024 年 7 月 1 日，林某开始上班。初期林某被安排在广州市黄埔区的总部实验室工作，林某对此安排非常满意，工作逐步上手，与同一部门的同事也建立了良好的友谊。2025 年 3 月，由于公司位于肇庆市的分厂正式投产，所以公司决定将林某调整至肇庆分厂的实验室工作。林某认为，他是广州人，而且根据相关劳动法规的规定，调整工作岗位及工作地点，企业应与员工达成一致后，才能进行调整，现在其不同意调整工作地点，因此公司对其调整是违反《劳动合同法》的行为，希望公司能改变决定。但公司认为，在与林某签订的劳动合同中，已明确约定林某的工作地点在公司业务覆盖范围内，而肇庆分厂完全是符合这个范围的，并无违法之处，反倒认为林某应服从公司工作安排，按时前往肇庆分厂报到，否则公司有权按照相关规章制度，对其进行处理。

你如何看待双方的观点？

**2）商定条款**

商定条款又称约定条款或补充条款，即双方当事人在必备条款之外，根据具体情况，经协商可以约定的条款，主要有：

（1）试用期。依据《劳动合同法》第十九条的规定："劳动合同期限 3 个月以上不满 1 年的，试用期不得超过 1 个月；劳动合同期限 1 年以上不满 3 年的，试用期不得超过 2 个月；3 年以上固定期限和无固定期限的劳动合同，试用期不得超过 6 个月。同一用人单位与同一劳动者只能约定一次试用期。以完成一定工作任务为期限的劳动合同或者劳动合同期限不满 3 个月的，不得约定试用期。试用期包含在劳动合同期限内。劳动合同仅约定试用期的，试用期不成立，该期限为劳动合同期限。"

（2）培训。针对实践中劳动者在用人单位提供专项培训费用对其进行专业技术培训后违约的情况，用人单位可以在劳动合同中约定培训条款或签订培训协议，就用人单位为劳动者支付的培训费用、培训后的服务期限以及劳动者违约解除劳动合同时赔偿培训费用的计算方法等事项进行约定。《劳动合同法》第二十二条第一款和第二款规定："用人单位为劳动者提供专项培训费用，对其进行专业技术培训的，可以与该劳动者订立协议，约定服务期。劳动者违反服务期约定的，应当按照约定向用人单位支付违约金。违约金的数额不得超过用人单位提供的培训费用。用人单位要求劳动者支付的违约金不得超过服务期尚未履行部分所应分摊的培训费用。"但应当注意的是，用人单位在劳动者试用期内的培训不适用此条款。

（3）保守商业秘密。《劳动法》第二十二条规定："劳动合同当事人可以在劳动合同

互动课堂

小思考 2-1
参考答案

中约定保守用人单位商业秘密的有关事项。"商业秘密是指不为公众所熟悉、能给用人单位带来经济利益、被用人单位采取保密措施的技术、经济和管理信息。保守商业秘密包括合同期内的保密问题以及合同终止后的竞业禁止。保密条款一般包括需要保守商业秘密的对象、保密的范围和期限及相应的补偿。

（4）补充保险和福利待遇。用人单位和劳动者除应当参加社会保险外，可以协商约定补充医疗、补充养老和人身意外伤害等条款，明确有关福利，如给员工提供的住房、通勤班车、托儿所、子女入学等条件。

（5）其他事项。双方认为需要约定的其他内容，如对第二职业的限制、对归还物品的约定等。

### 2.1.3　劳动合同与专项协议

劳动关系当事人的部分权利和义务可以以专项协议的形式规定。所谓专项协议，是劳动关系当事人为明确劳动关系中特定的权利和义务，在平等自愿、协商一致的基础上达成的契约。专项协议可以在订立劳动合同的同时协商确定，也可以在劳动合同履行期间因满足主客观情况的变化需要而订立。前者通常包括服务期限协议、培训协议、保守企业商业秘密协议、补充保险协议、岗位协议书、聘任协议书等。岗位协议书或聘任协议书，约定其岗位（工种）、工作数量、质量标准和劳动报酬等。后者通常适用于企业劳动制度改革过程中，因为劳动制度的变化、结构调整、企业拖欠劳动者工资、应报销的医疗费或其他债务以及劳动者个人原因离岗或下岗而签订的专项协议书。此种专项协议书约定在特定条件下用人单位和劳动者的权利与义务，此时，劳动合同中约定的权利与义务暂时中止执行。各项协议书是劳动合同的附件。

◆◆◆▶ **案例分析 2-1**

#### 因培训费用支付问题引发的劳动争议

2022 年，张某到某建筑工程公司担任工程造价预算员，双方签订 3 年期限劳动合同，至 2025 年 3 月 30 日终止。由于张某在入职前，尚未取得工程造价预算师的职业资格证书，因此在张某试用期满正式转正后，公司出资让其参加工程造价预算师的职业资格考证，并与其签订《培训协议》，约定其需要在取得职业资格证后，为公司服务满 3 年，否则将要求其全额返还公司所支付的培训费用。2022 年 10 月，张某通过了工程造价预算师的考核，并取得了职业资格证书。

2025 年 2 月，公司对张某劳动合同到期续签进行征询，张某以个人另有发展的原因决定不再与公司续签劳动合同。人力资源部遂与张某进行沟通，并告知其如不续签劳动合同，则公司有权根据双方签订的《培训协议》，要求张某全额返还工程造价预算师的培训费用。张某最终还是没有与公司续签劳动合同。3 月 30 日劳动合同到期当天，张某前往人力资源部办理劳动合同终止手续，但对于培训费的问题，不愿意支付，认为其在公司 3 年期间，为公司所创造的效益，足以抵销公司对其在职业资格认证上的投资，公司在此问题的处理上缺乏人性化考虑。人力资源部以张某不愿支付培训费用为由，拒绝为其开具《终止劳动合同证明书》。

2025 年 6 月 2 日，公司收到劳动争议仲裁委员会发来的劳动争议仲裁开庭通知书，张某以公司逾期未与其签订劳动合同，要求公司向其支付 2025 年 4 月 1 日至今的工资，及 2025 年 5 月 1 日起所产生的双倍工资部分。

　　**资料来源**　编者按真实案例整理、改编.

　　**问题：** 劳动争议仲裁委员会应如何仲裁？并说明理由。

　　**分析提示：** 本案争议的引发，关键在于培训费用的支付问题与《培训协议》作为劳动合同有效补充依据的约定和履行。从案例中，我们能看出《培训协议》签订时，双方均未提出异议，并且最终顺利签订。而在合同到期前，员工则对培训费的返还问题反悔了，在这点上责任应在员工张某身上。

　　但企业以此不为其办理劳动合同终止手续及开具《终止劳动合同证明书》，则导致了劳动关系的存续，从而使员工有了反击企业的理由，要求企业支付工资及因未签订劳动合同而产生的双倍工资，这点估计是所有企业和人力资源管理者都感到不服的。

　　编者认为，此案例中企业与张某所签订的《培训协议》中，对于员工未履行满约定的服务期限而产生的赔付责任是有"霸王条款"之嫌的。正常来说，应按员工的服务年限，对培训费用的赔付做一定抵减处理。企业可设定合理的最低期限，如未达到最低期限，则可全额要求接受培训的员工对培训费进行全额承担；如果超出了最低期限，则应划分时间段，按比例进行分摊和承担。不建议采取本案例中企业所制定的"一刀切"政策。当然，员工在签订《培训协议》《竞业限制协议》及《保密协议》等时，如对协议中的条款有异议或疑问，应当场及时向企业提出与沟通，尽量在签订前确认一致，避免日后的争议发生。

　　最后经劳动争议仲裁委员会的介入调解，企业最终同意免除张某应承担的培训费用，并为张某开具《终止劳动合同证明书》，而张某也自愿撤回其他的仲裁诉求。

　　《劳动法》第十六条规定："劳动合同是劳动者与用人单位确立劳动关系、明确双方权利和义务的协议。建立劳动关系应当订立劳动合同。"劳动合同依法订立即具有法律约束力，当事人必须履行劳动合同义务。但是，在市场经济的条件下，劳动合同在调整劳动关系的过程中会随着客观情况的改变而变化，如双方为此就工作岗位、劳动报酬、技术培训和商业秘密的保守等事项签订专项协议。所以，作为劳动合同的表现形式，不仅为一纸合同，也应当包括这些专项协议。本案双方在订立了劳动合同后，因发生了培训方面的需求，故签订《培训协议》作为劳动合同的附件，实际上也是一种专项协议。

　　《关于实行劳动合同制度若干问题的通知》第六条规定："专项协议作为劳动合同的附件，具有与劳动合同同等的约束力。"其实，专项协议有时是对原劳动合同内容的变更，只要变更后的内容不与法律相冲突，就是合法有效的。就此来说，专项协议的效力高于劳动合同。

### 2.1.4　劳动合同与劳务合同

　　劳务合同是民事合同，是当事人各方在平等协商的情况下达成的，就某一项劳务以及劳务成果所达成的协议，劳务合同不属于劳动合同，从适用法律的角度来看，劳务合同主要适用《民法典》，而劳动合同主要适用《劳动法》《劳动合同法》以及相关行政法规。它们的共同之处都在于一方提供劳动，另一方支付报酬，但仔细分析起来，二者有很大区别。劳动合同与劳务合同的区别包括：

（1）提供劳动一方的主体不同。劳务合同的双方可以都是单位，也可以都是自然人，还可以一方是单位、另一方是自然人；劳动合同的主体是确定的，只能是接受劳动的一方为单位，提供劳动的一方是自然人。

（2）双方当事人关系不同。劳动合同的劳动者在劳动关系确立后成为用人单位的成员，必须遵守用人单位的规章制度，两者之间具有领导与被领导、支配与被支配的隶属关系；劳务合同的一方无须成为另一方成员即可为需方提供劳动，两者之间的法律地位自始至终是平等的。

（3）承担劳动风险责任的主体不同。劳动合同的双方当事人由于在劳动关系确立后具有隶属关系，劳动者必须服从用人单位的组织、支配，因此在提供劳动过程中的风险责任必须由用人单位承担；劳务合同提供劳动的一方有权自行支配劳动，因此劳动过程中的风险责任自行承担。

（4）约定劳动报酬的方式不同。因劳动合同支付的劳动报酬称为工资，具有按劳分配的性质，工资除当事人自行约定的数额外，其他如最低工资、工资支付方式等都要遵守相关法律、法规的规定；而劳务合同支付的劳动报酬称为劳务费，主要由双方当事人自行协商价格、支付方式等，国家法律不过分干涉。

（5）适用法律和争议解决方式不同。劳动合同关系受《劳动法》《劳动合同法》及其他法规的调整和约束，发生劳动争议时，应先到劳动争议仲裁委员会进行仲裁，不服仲裁结果的在法定期间可以到人民法院起诉，劳动争议仲裁是前置程序；劳务合同关系受《民法典》等的调整，发生劳务争议可以直接诉诸人民法院。

#### ▶▶◆◆■■▶ 案例分析 2-2

　　用人单位招用已达法定退休年龄但未享受基本养老保险待遇或未领取退休金的人员的，双方构成劳务关系

　　周某于 2017 年 8 月 20 日与某县环境卫生管理所（以下简称环卫所）签订了一份《道路清扫、保洁权劳务承包合同书》，约定由周某承包某镇正大街道路清扫、保洁劳务，期限为 2017 年 8 月 20 日至 2018 年 8 月 19 日，周某在承包期内有生产管理权、人事管理权、经费分配权，但必须严格遵守环卫所的各项规章制度、服从领导管理。合同签订后，周某在该县城街道所承包清扫、保洁的路段从事环卫工作。2018 年 5 月 21 日 19 时 30 分许，周某在正大街保育院门口路段从事环卫作业时，被案外人驾驶的摩托车撞伤，后经送医院抢救无效于 2018 年 5 月 28 日死亡。周某死亡后，其亲属多次与环卫所就周某死亡赔偿事宜协商未果，随后申请仲裁。仲裁委认为，签订合同书时，周某已超过法定退休年龄，与环卫所不存在劳动关系，故双方签订劳务承包合同书的合意应该是建立劳务承包关系，而非劳动关系，仲裁委裁决周某与环卫所不存在劳动关系。

　　资料来源　人民法院案例库. 侯某生等与江西某生态科技有限公司万年分公司劳动合同纠纷案[EB/OL].［2025-05-21］. https://rmfyalk.court.gov.cn/.

　　分析提示：劳动者是否已达到领取养老保险金待遇条件，是判定员工属于劳动关系

还是劳务关系的重要核心依据。判定劳动关系的依据，除劳动合同外，要综合参考社会保险关系、劳动报酬支付关系及劳动工作地点等因素。

劳动合同在内容约定上要符合《劳动合同法》的规定，必须具备《劳动合同法》第十七条所规定的九项条款；劳务合同的约定则可以相对简单，没有劳动合同的要求严格。劳动关系与劳务关系的区别还表现在很多方面，举例如下：一是劳动关系必须依法缴纳社会保险费，劳务关系则不需要。二是终止或解除的条件不同。解除劳动关系应当符合《劳动合同法》第三十六、三十七、三十八、三十九、四十、四十一条的规定，解除劳务关系的重要依据则是双方约定。三是劳动关系的被雇用一方必须接受用人方的劳动管理，劳务关系则不需要接受用人方的劳动管理。四是劳动关系有加班时间和加班工资支付的限制，劳务关系则没有上述限制等。劳动关系受《劳动合同法》等的调整，发生劳动争议时，应当先申诉到劳动争议仲裁委员会；劳务关系受《民法典》等的调整，发生劳务争议可以直接诉诸法院。企业对退休返聘人员及其他劳务合同用工人员的使用，需关注该节点，谨慎处理与考虑，避免出现用工争议。

### 2.1.5　劳动合同的拟定

由于各用人单位的情况千差万别，工作内容、劳动报酬差异也较大，因此国家没有制定全国通用的劳动合同标准文本。目前，有些地方的劳动行政部门统一制定了劳动合同文本，或经劳动行政部门审查同意由有关行业主管部门制定了劳动合同文本，这对于用人单位与劳动者双方有一定的示范、指导意义，用人单位和劳动者可以采用或参考。如果用人单位没有使用劳动行政部门或行业主管部门印制的劳动合同标准文本，用人单位与劳动者签订劳动合同时，劳动合同文本可以由用人单位拟定，也可以由双方当事人共同拟定。如劳动合同由用人单位自行拟定，应当根据当地劳动行政部门要求进行报备或审查。拟定劳动合同应注意以下内容：

（1）劳动合同内容的确定。用人单位确定将要聘用的人员后，应与该人员就所要订立的劳动合同的内容在平等自愿的基础上进行协商。劳动合同的内容可以根据用人单位的情况由用人单位事先起草劳动合同草案，经与该员工协商就劳动合同的条款达成一致确定，也可以由用人单位与该员工协商确定。劳动合同的内容应包括劳动合同期限、工作内容、劳动保护和劳动条件、劳动报酬、劳动纪律、劳动合同终止的条件和违反劳动合同的责任等。在协商过程中，用人单位与该员工都有权对劳动合同草案的有关条款进行修改。只有就合同条款达成一致意见以后，双方才能签订合同；否则，就可能导致合同的无效和无法履行。

（2）劳动合同应由用人单位和劳动者平等协商。用人单位与劳动者应在平等自愿的基础上，充分地表达自己的意见，进行平等的协商，就劳动合同的条款达成一致意见，劳动合同应当是用人单位与劳动者之间协商一致的结果。

➡ **知识链接2-1**

《劳动合同法》第九条规定："用人单位招用劳动者，不得扣押劳动者的居民身份证和其他证件，不得要求劳动者提供担保或者以其他名义向劳动者收取财物。"

## 2.2　劳动合同的订立

### 2.2.1　劳动合同订立的原则

《劳动合同法》第三条规定："订立劳动合同，应当遵循合法、公平、平等自愿、协商一致、诚实信用的原则。"根据这一规定，订立劳动合同应遵循以下原则：

（1）合法原则。合法是劳动合同有效的前提条件。所谓合法，就是劳动合同的形式和内容必须符合法律、法规的规定。首先，劳动合同的形式要合法，除非全日制用工外，劳动合同需要以书面形式订立，这是《劳动合同法》对劳动合同形式的要求。如果事先订立的是口头合同，当双方发生争议时，法律不承认其效力，用人单位要承担不订立书面合同的法律后果。其次，劳动合同的内容要合法。如果劳动合同的内容违法，劳动合同不仅不受法律保护，当事人还要承担相应的法律责任。

（2）公平原则。公平原则是指劳动合同的内容应当公平、合理，就是在符合法律法规规定的前提下，劳动合同双方公正、合理地确立双方的权利和义务。有些合同内容，相关劳动法律、法规往往只规定了一个最低标准，在此基础上双方自愿达成协议就是合法的，但有时合法的未必公平、合理。比如同一个岗位，两个资历、能力都相当的人，工资收入差别很大，或者能力强的收入比能力差的还低，就是不公平。再比如用人单位提供少量的培训费用培训劳动者，却要求劳动者订立较长的服务期，而且在服务期内不提高劳动者的工资或者不按照正常工资调整机制提高工资。这些都不违反法律的强制性规定，但不合理、不公平。此外，要注意的是用人单位不能滥用优势地位，迫使劳动者订立不公平的合同。

公平原则是社会公德的体现，将公平原则作为劳动合同订立的原则，可以防止劳动合同当事人尤其是用人单位滥用优势地位，损害劳动者的权利，有利于平衡劳动合同双方当事人的利益，有利于建立和谐稳定的劳动关系。

（3）平等自愿原则。平等自愿原则包括两层含义：一是平等原则；二是自愿原则。所谓平等原则，就是劳动者和用人单位在订立劳动合同时在法律地位上是平等的，没有高低、从属之分，不存在命令和服从、管理和被管理关系。只有地位平等，双方才能自由表达真实的意思。当然在订立劳动合同后，劳动者成为用人单位的一员，受用人单位的管理，处于被管理者的地位，用人单位和劳动者的地位是不平等的。这里讲的平等，是法律上的平等、形式上的平等，在我国劳动力供大于求的形势下，多数劳动者和用人单位的地位实际上做不到平等。用人单位不得利用优势地位，在订立劳动合同时附加不平等的条件。

自愿原则是指订立劳动合同完全是出于劳动者和用人单位双方的真实意志，是双方协商一致达成的，任何一方不得把自己的意志强加给另一方。自愿原则包括订不订立劳动合同由双方自愿，与谁订立劳动合同由双方自愿，合同的内容由双方自愿约定等。根据自愿原则，任何单位和个人不得强迫劳动者订立劳动合同。

（4）协商一致原则。协商一致就是用人单位和劳动者要对合同的内容达成一致意见。合同是双方意思表示一致的结果，劳动合同也是一种合同，也需要劳动者和用人单位双方协商一致，达成合意，一方不能凌驾于另一方之上，不得把自己的意志强加给对方，也不能强迫、命令、胁迫对方订立劳动合同。在订立劳动合同时，用人单位和劳动者都要仔细研究合同的每项内容，进行充分的沟通和协商，解决分歧，达成一致意见。只有体现双方真实意思的劳动合同，双方才能忠实地按照合同约定履行。

（5）诚实信用原则。诚实信用就是在订立劳动合同时要诚实，讲信用。如在订立劳动合同时，双方都不得有欺诈行为。《劳动合同法》第八条规定："用人单位招用劳动者时，应当如实告知劳动者工作内容、工作条件、工作地点、职业危害、安全生产状况、劳动报酬，以及劳动者要求了解的其他情况；用人单位有权了解劳动者与劳动合同直接相关的基本情况，劳动者应当如实说明。"双方都不得隐瞒真实情况。现实中，有的用人单位不告诉劳动者职业危害，或者提供的工作条件与约定的不一样等，也有劳动者提供假文凭、其他假证件、假履历，甚至假身份证的情况，这些行为都违反了诚实信用原则。此外，现实中还有的劳动者与用人单位已订立了劳动合同，但劳动者找到别的工作后就悔约，这也违反了诚实信用原则。诚实信用是《劳动合同法》的一项基本原则，同时是一项社会道德基本原则。

### 2.2.2　劳动合同订立的程序

劳动者和用人单位在签订劳动合同时，应遵循一定的手续和步骤。根据《劳动合同法》的有关规定以及订立劳动合同的实践，签订劳动合同的程序一般为：

1）提议

在签订劳动合同前，劳动者或用人单位提出签订劳动合同的建议，称为要约，如用人方通过招工简章、广告、电台等渠道提出招聘要求，另一方接受要约并表示完全同意，称为承诺。一般由用人方提出和起草劳动合同草案，提供协商的文本。

2）协商

双方对签订劳动合同的内容进行认真磋商，包括工作任务、劳动报酬、劳动条件、内部规章、合同期限、保险福利待遇等。协商的内容必须做到明示、清楚、具体、可行，充分表达双方的意愿和要求，经过讨论、研究，相互让步，最后达成一致意见。要约方的要约经过双方反复提出不同意见，最后在新要约的基础上表示新的承诺。在双方协商一致后，协商即告结束。

3）签约

在认真审阅合同文书，确认没有分歧后，用人单位的法定代表人或者其书面委托的代理人代表用人单位与劳动者签订劳动合同。劳动合同由双方分别签字或者盖章，并加盖用人单位印章。订立劳动合同可以约定生效时间。没有约定的，以当事人签字或盖章的时间为生效时间。当事人签字或盖章时间不一致的，以最后一方签字或盖章的时间为准。

4）签收

劳动合同经双方签约后，依法应当交劳动者本人签收一份。依据《劳动合同法》第十六条的规定，劳动合同文本由用人单位和劳动者各执一份。用人单位可以根据管理需要建立劳动合同签收备案表或管理台账。

### 2.2.3　无效劳动合同的确认及处理

1）确认

无效劳动合同是指劳动者与用人单位所订立的违反劳动法律、法规的劳动合同。

根据《劳动合同法》第二十六条的规定，下列情况的劳动合同无效或者部分无效：

（1）以欺诈、胁迫的手段或者乘人之危，使对方在违背真实意思的情况下订立或者变更劳动合同的。

（2）用人单位免除自己的法定责任、排除劳动者权利的。

（3）违反法律、行政法规强制性规定的。

无效的劳动合同，从订立的时候起，就没有法律约束力。确认劳动合同部分无效，如果不影响其余部分的效力，其余部分仍然有效。劳动合同被确认无效，劳动者已付出劳动的，用人单位应当向劳动者支付劳动报酬。劳动报酬的数额，参照本单位相同或者相近岗位劳动者的劳动报酬确定。

对劳动合同的无效或者部分无效有争议的，由劳动争议仲裁机构或者人民法院确认。

2）处理

双方当事人，对劳动合同的法律效力发生争议时，应向劳动争议仲裁机构申请仲裁或向人民法院起诉确认。劳动合同无效的，由劳动争议仲裁机构或者人民法院确认。劳动合同被确认为无效后，应及时处理。

（1）确认劳动合同是全部无效，还是部分无效。

（2）分清造成无效劳动合同的责任。劳动合同被确认无效后，劳动者已履行劳动合同的，用人单位应当支付相应的劳动报酬，提供相应的待遇，一般可参照本单位同期、同工种、同岗位的工资标准支付劳动报酬。根据《劳动合同法》第八十六条的规定，劳动合同被确认无效，给对方造成损害的，有过错的一方应当承担赔偿责任。

### 2.2.4　劳动合同签订的时限规定

用人单位自用工之日起即与劳动者建立劳动关系，用人单位应当建立职工名册备查。双方已建立劳动关系，未同时订立书面劳动合同的，应当自用工之日起一个月内订立书面劳动合同。用人单位与劳动者在用工前订立劳动合同的，劳动关系自用工之日起建立。用人单位自用工之日起超过一个月不满一年未与劳动者订立书面劳动合同的，应当向劳动者每月支付两倍工资。用人单位违反《劳动合同法》的规定不与劳动者订立无固定期限劳动合同的，自应当订立无固定期限劳动合同之日起向劳动者每月支付两倍工资，并应当立即与劳动者补订书面劳动合同。用人单位向劳动者每月支付两倍工资的起算时间为用工之日起满一个月的次日，截止时间为补订书面劳动合同的前一日。但在实践中，大多数省市将劳动者未订立劳动合同的仲裁时效确认为一年，即其双倍工资赔偿期间自劳动者申请仲裁之日起，向前追溯12个月，超过部分不予支持。

自用工之日起一个月内，经用人单位书面通知后，劳动者不与用人单位订立书面劳动合同的，用人单位应当书面通知劳动者终止劳动关系，无须向劳动者支付经济补偿金，但是应当依法向劳动者支付其实际工作时间的劳动报酬。

## 2.3　劳动合同的变更

　　劳动合同的变更是指劳动合同在履行过程中，经双方协商一致，对合同条款进行的修改或补充，具体包括工作内容、工作地点、工资福利的变更等。劳动合同变更的实质是双方的权利、义务发生改变。劳动合同变更的前提是双方原已存在合法的合同关系，变更的原因主要是客观情况发生变化，变更的目的是继续履行合同。劳动合同的变更一般局限于内容的变更，不包括主体的变更。

　　劳动合同依法订立后，即产生相应的法律效力，对合同当事人具有法律约束力。当事人应当按照约定履行自己的义务，不得擅自变更合同，但这并不意味着当事人就没有在合同生效后，变更相应权利、义务的途径，恰恰相反，当事人既可以经自由协商变更合同，也可以在约定或法定的条件满足时，行使合同的变更权。劳动合同的变更，要遵循平等自愿、协商一致的原则，任何一方不得将自己的意志强加给对方。引起劳动合同变更的主要原因有：

　　（1）用人单位方面的原因。例如，企业经上级主管部门批准或根据市场变化决定转产或调整生产任务及生产项目。

　　（2）劳动者方面的原因。例如，劳动者身体状况发生变化、因故部分丧失劳动能力，需要变更合同条款；劳动者因技术更新或能力不足不能胜任原工作岗位等。

　　（3）客观方面的原因。例如，劳动合同中部分条款与国家新颁布的法律、法规、政策相抵触，必须修改有关条款；劳动合同订立时所依据的客观情况发生重大变化，致使劳动合同无法履行。

　　劳动合同当事人一方要求变更劳动合同相关内容的，应当将变更要求以书面形式送交另一方，另一方应当在15日内答复，逾期不予答复的，视为不同意变更劳动合同。具体做法是：①提出要求。向对方提出变更合同的要求和理由。②做出答复。在规定的期限内给予答复：同意、不同意或提议再协商。③签订协议。在变更协议书上签字盖章后即生效。

## 2.4　劳动合同的解除

　　劳动合同的解除，是劳动合同在期限届满之前，双方或单方提前终止劳动合同效力的法律行为，分为法定解除和协商解除。法定解除是指法律、法规或劳动合同规定可以提前终止劳动合同的情况。协商解除是指双方经协商一致而提前终止劳动合同的情况。

### 2.4.1　用人单位单方解除

1）过失性解除

根据《劳动合同法》第三十九条的规定，劳动者有下列情况之一的，用人单位可以解除劳动合同：一是在试用期间被证明不符合录用条件的；二是严重违反用人单位的规章制度的；三是严重失职，营私舞弊，给用人单位造成重大损害的；四是劳动者同时与其他用人单位建立劳动关系，对完成本单位的工作任务造成严重影响，或者经用人单位提出，拒不改正的；五是劳动合同是在欺诈、胁迫或者乘人之危，违背当事人真实意思的情况下订立而无效的；六是被依法追究刑事责任的。

这6种情况是由于劳动者本身的原因造成的，劳动者主观上有严重过失，因而用人单位有权随时解除合同。过失性解除，不受提前通知的限制，不受用人单位不得解除劳动合同的法律限制，且不给予经济补偿。

2）非过失性解除

根据《劳动合同法》第四十条的规定，劳动者有下列情形之一的，用人单位应当提前30日以书面形式通知劳动者本人或者额外支付劳动者1个月工资后可以解除劳动合同：一是劳动者患病或者非因工负伤，在规定的医疗期满后不能从事原工作，也不能从事由用人单位另行安排的工作的；二是劳动者不能胜任工作，经过培训或者调整工作岗位，仍不能胜任工作的；三是劳动合同订立时所依据的客观情况发生重大变化，致使劳动合同无法履行，经用人单位与劳动者协商，未能就变更劳动合同内容达成协议的。

3）经济性裁员

这是一种特殊的用人单位单方解除劳动合同的情况。根据《劳动合同法》第四十一条的规定，有下列情形之一，需要裁减人员20人以上或者裁减人员不足20人但占企业职工总数10%以上的，用人单位应当提前30日向工会或者全体职工说明情况，听取工会或者职工的意见后，裁减人员方案经向劳动行政部门报告，可以裁减人员：一是依照企业破产法规定进行重整的；二是生产经营发生严重困难的；三是企业转产、重大技术革新或者经营方式调整，经变更劳动合同后，仍需裁减人员的；四是其他因劳动合同订立时所依据的客观经济情况发生重大变化，致使劳动合同无法履行的。

裁减人员时，应当优先留用下列人员：一是与本单位订立较长期限的固定期限劳动合同的；二是与本单位订立无固定期限劳动合同的；三是家庭无其他就业人员，有需要扶养的老人或者未成年人的。用人单位在裁减人员后，6个月内重新招用人员的，应当通知被裁减人员，并在同等条件下优先录用。

4）用人单位不得解除劳动合同

为了保护劳动者合法权益，防止不公正解雇，《劳动合同法》除规定了用人单位可以解除劳动合同的情形外，还规定了用人单位不得解除劳动合同的情形。根据《劳动合同法》第四十二条的规定，劳动者有下列情形之一的，用人单位不得依据本法第四十条、第四十一条的规定解除劳动合同：①从事接触职业病危害作业的劳动者未进行离岗前职业健康检查，或者疑似职业病病人在诊断或者医学观察期间的；②在本单位患职业病或者因工负伤并被确认丧失或者部分丧失劳动能力的；③患病或者非因工负伤，在规定的医疗期内的；④女职工在孕期、产期、哺乳期的；⑤在本单位连续工作满15年，且距法定退休年龄不足5年的；⑥法律、行政法规规定的其他情形。

### 2.4.2　劳动者单方解除

根据《劳动合同法》第三十八条的规定，用人单位有下列情形之一的，劳动者可以解除劳动合同：一是未按照劳动合同约定提供劳动保护或者劳动条件的；二是未及时足额支付劳动报酬的；三是未依法为劳动者缴纳社会保险费的；四是用人单位的规章制度违反法律、法规的规定，损害劳动者权益的；五是劳动合同是在欺诈、胁迫或者乘人之危，违背当事人真实意思的情况下订立而无效的；六是法律、行政法规规定劳动者可以解除劳动合同的其他情形。

用人单位以暴力、威胁或者非法限制人身自由的手段强迫劳动者劳动的，或者用人单位违章指挥、强令冒险作业危及劳动者人身安全的，劳动者可以立即解除劳动合同，不需要事先告知用人单位。

劳动者提前30日以书面形式通知用人单位，可以解除劳动合同。劳动者在试用期内提前3日通知用人单位，可以解除劳动合同。

### 2.4.3　用人单位解除劳动合同给予劳动者经济补偿的规定

（1）用人单位解除劳动合同的经济补偿和经济赔偿。用人单位依法解除劳动合同的，属于《劳动合同法》第四十六条规定情形的，用人单位应当向劳动者支付经济补偿；用人单位违法解除劳动合同或者终止劳动合同的，劳动者要求继续履行劳动合同的，用人单位应当继续履行，劳动者不要求继续履行劳动合同或者劳动合同已经不能继续履行的，应给劳动者经济赔偿金。

用人单位支付的经济补偿金，按劳动者在本单位工作的年限，每满1年支付1个月工资的标准向劳动者支付。6个月以上不满1年的，按1年计算；不满6个月的，向劳动者支付半个月工资的经济补偿。依据《中华人民共和国劳动合同法实施条例》，这里的月工资是指劳动者在劳动合同解除或者终止前12个月的平均工资，包括计时工资或者计件工资以及奖金、津贴和补贴等货币性收入。

用人单位违反法律规定解除或者终止劳动合同的，应当以经济补偿金标准的2倍向劳动者支付经济赔偿金。

劳动者月工资高于用人单位所在直辖市、设区的市级人民政府公布的本地区上年度职工月平均工资3倍的，向其支付经济补偿的标准按本地区上年度职工月平均工资3倍的数额支付，向其支付经济补偿的年限最高不超过12年。应当注意的是，当劳动者月工资不高于本地区上年度职工月平均工资3倍时，向其支付经济补偿的年限没有上限。

（2）劳动者解除劳动合同的经济补偿和经济赔偿。劳动者违反法律规定解除劳动合同或者违反劳动合同中约定的保密事项，对用人单位造成损失的应当依法承担赔偿责任。劳动者违反法律规定解除劳动合同赔偿的范围包括：①用人单位招收录用其所支付的费用；②用人单位为其支付的培训费用，双方另有约定的按约定办理；③对生产、经营和工作造成的直接经济损失；④劳动合同约定的其他赔偿费用。劳动者违反劳动合同中约定的保密事项，对用人单位造成经济损失的，按《劳动合同法》第九十条的规定承担赔偿责任。

用人单位招用尚未解除劳动合同的劳动者，给原用人单位造成经济损失的，该用人单位应当与劳动者承担连带赔偿责任。

## 2.5　劳动合同的终止与续订

### 2.5.1　劳动合同的终止

劳动合同的终止是指合同期限届满或双方当事人约定的终止条件出现，劳动合同规定的权利、义务即行消灭的制度。劳动合同的终止，并非双方的积极行为所致，一般是由于合同本身的因素或法律规定、不可抗力所致。符合下列条件之一的，劳动合同即行终止：

（1）劳动合同期满的。

（2）劳动者开始依法享受基本养老保险待遇的。

（3）劳动者死亡，或者被人民法院宣告死亡或者宣告失踪的。

（4）用人单位被依法宣告破产的。

（5）用人单位被吊销营业执照、责令关闭、撤销或者用人单位决定提前解散的。

（6）法律、行政法规规定的其他情形。

根据《劳动合同法》第四十六条的规定，除用人单位维持或者提高劳动合同约定条件续订劳动合同，劳动者不同意续订的情形外，劳动合同期满后终止固定期限劳动合同的，以及符合上述（4）和（5）规定与劳动者终止劳动合同的，均应向劳动者支付经济补偿金。经济补偿金计发标准与解除劳动合同的经济补偿金的计算方法与标准一致。

### 2.5.2　劳动合同的续订

劳动合同经双方当事人协商一致，可以续订。续订劳动合同不得约定试用期，具体内容包括：

（1）双方协商续订劳动合同。

（2）符合《劳动合同法》第十四条规定情形的。

（3）符合《劳动合同法》第四十二条规定情形的。

## 2.6　劳动合同的类型

1）按照劳动合同期限的长短分

按照劳动合同期限的长短，劳动合同可分为3种：固定期限劳动合同、无固定期限劳动合同、以完成一定工作任务为期限的劳动合同。

（1）固定期限劳动合同，是指企业等用人单位与劳动者订立的有一定期限的劳动合同。合同期限届满，双方当事人的劳动法律关系即行终止。如果双方同意，还可以续订合同，延长期限。

（2）无固定期限劳动合同，是指用人单位与劳动者约定无确定终止时间的劳动合同。

《劳动合同法》第十四条明确规定，有下列情形之一，劳动者提出或者同意续订、订立劳动合同的，除劳动者提出订立固定期限劳动合同外，应当订立无固定期限劳动合同：①劳动者在该用人单位连续工作满10年的；②用人单位初次实行劳动合同制度或者国有企业改制重新订立劳动合同时，劳动者在该用人单位连续工作满10年且距法定退休年龄不足10年的；③连续订立2次固定期限劳动合同，且劳动者没有本法第三十九条和第四十条第一项、第二项规定的情形，续订劳动合同的。用人单位自用工之日起满1年不与劳动者订立书面劳动合同的，视为用人单位与劳动者已订立无固定期限劳动合同。

（3）以完成一定工作任务为期限的劳动合同，是指以劳动者所担负的工作任务来确定合同期限的劳动合同，如以完成某项科研以及带有临时性、季节性的劳动合同。

2）按照用工形式分

按照用工形式分，劳动合同可分为全日制劳动合同和非全日制劳动合同。

（1）全日制劳动合同即我们常见的劳动合同，其按正常工作时间又可分为标准工时制、综合工时制及不定时工时制。

依据1995年3月25日修订的《国务院关于职工工作时间的规定》及2025年《人力资源和社会保障部关于职工全年月平均工作时间和工资折算问题的通知》，全日制用工劳动者每日工作8小时、每周工作40小时，每月正常工作天数为20.67天，计薪天数为21.75天。

经劳动部门批准，用人单位也可以对某些岗位执行综合工时制或不定时工时制。

（2）依据《劳动合同法》第六十八条的规定："非全日制用工，是指以小时计酬为主，劳动者在同一用人单位一般平均每日工作时间不超过4小时，每周工作时间累计不超过24小时的用工形式。"

非全日制用工是随着市场经济的就业形式多样化而发展起来的用工形式。与全日制用工相比，非全日制用工更为便捷、灵活，既有利于用人单位灵活用工，也有利于创造更多的就业机会，促进劳动者就业。

### ▶ 随堂测——劳动关系协调员职业技能理论测试

随堂测2

即测即评

1.（单选题）无固定期限劳动合同是（     ）。

A.双方当事人约定到劳动者法定退休年龄终止的劳动合同

B.双方当事人可以随时终止的劳动合同

C.双方当事人可以随时解除的劳动合同

D.双方当事人约定无确定终止时间的劳动合同

2.（单选题）用人单位与劳动者协调一致，可以（     ）。

A.不订立书面劳动合同

B.将用人单位应该承担的社会保险费支付给劳动者个人

C.订立以完成一定工作任务为期限的劳动合同

D.口头约定劳动合同解除情形

3.（多选题）不得约定试用期的劳动合同包括（     ）。

A.用人单位与劳动者续订的劳动合同

B.以完成一定工作任务为期限的劳动合同

C.期限不满3个月的劳动合同

D.期限不满半年的劳动合同

4.（多选题）以下关于以完成一定工作任务为期限的劳动合同的说法正确的有（    ）。

A.劳动者与用人单位协商一致可以订立

B.劳动者在试用期内提前3日通知用人单位可以解除

C.劳动者提前30日以书面形式通知用人单位可以解除

D.合同终止用人单位无须向劳动者支付经济赔偿

5.（多选题）用人单位出具的解除、终止劳动合同的证明，应当写明的内容包括（    ）。

A.劳动合同期限

B.解除或终止劳动合同的日期

C.工作岗位

D.在本单位工作的年限

## ▶ 以案说法

### 员工因奔丧请假，公司以旷工为由解除劳动合同违法

张某是某钢管公司员工。2020年11月15日（周日），张某以岳母去世为由致电钢管公司请假回家奔丧，公司要求张某提交书面申请。张某于当天晚上离开广州并于2020年11月21日（周六）下午返回。2020年11月23日，公司以张某旷工3天为由解除与张某的劳动合同。张某遂向法院提起诉讼要求公司支付违法解除劳动合同赔偿金。

广州市中级人民法院审理认为，张某因回老家参加岳母丧事而请假，符合中华民族传统人伦道德和善良风俗，且他已通过电话方式向钢管公司履行了请假手续，公司电话中并未明确表示不准张某请假，而仅是表示需要履行书面请假手续。张某火车票显示的路途时间为4天，返回广州时已为周六下午，周日并非工作时间。张某周一上班时，公司直接做出开除决定，未给予张某补办书面请假手续的机会，缺乏合理性。故判令公司向张某支付违法解除劳动合同赔偿金。

资料来源  董柳，吁青，黄洁.广东高院发布劳动争议十大典型案例［EB/OL］.［2025-01-21］.https://news.ycwb.com/2022-04/29/content_40737487.htm.节选.

解读：本案中劳动者没有履行书面请假手续系客观原因所致，不存在劳动者故意违反用人单位规章制度的事项。用人单位行使用工管理权既要遵照相关规定，也要符合社会常情常理。本案的审理有利于引导用人单位合理行使用工管理权。

## ▶ 基础训练

□ 简答题

1.简述劳动合同的概念、特点。

2.订立劳动合同的原则和程序是什么？

3.如何确认无效劳动合同？无效劳动合同怎样处理？

4.劳动合同的内容包括哪些？签订劳动合同应注意哪些问题？

5.劳动合同变更的情况有哪些？劳动合同变更包括哪些步骤？

6.试述劳动合同的终止条件。

7.了解劳动合同的种类，以及需签订无固定期限劳动合同的条件。

### ➡ 综合应用

#### □ 案例分析

员工小米，2021年大学毕业后进入A旅行社工作，在任职期间先后担任门店旅游顾问、线路文员及计调等，但始终感觉自己没有得到提升，面临职业发展瓶颈问题。经过一番考虑，小米于2023年7月正式向A旅行社递交辞职申请，但A旅行社认为小米在任职期间工作表现尚可，遂进行挽留，但小米去意已决，最终A旅行社决定同意小米的辞职申请，同意他于2023年9月30日正式离职。因小米仍有年休假、补休假期等尚未休完，因此小米自2023年9月1日起至9月30日均为休假状态，休假结束后再返回公司办理离职手续。2023年9月初，风光旅行社负责人邵总通过小米的朋友与原单位同事小卢，联系到小米，邀请小米加盟其旅行社，担任部门计调，并承诺给予小米高于A旅行社30%的薪酬。小米没有当场答应，思考一周后才答应接受邵总的邀请加盟。2023年9月15日，邵总迫不及待地安排公司人力资源部工作人员为小米办理入职手续。当天，人事专员将劳动合同、入职登记表、社会保险购买确认书、员工手册等入职资料交予小米。劳动合同的期限为2023年9月16日至2025年9月15日，试用期为3个月。小米对条款阅读后，没有提出异议，最终当场完成了劳动合同与相关入职资料的签订，并正式加入风光旅行社工作。2023年9月25日，A旅行社通过相关渠道获悉小米在未办理离职手续的情况下，已到新单位上班，遂要求小米立即返回公司交代情况，并向风光旅行社发出律师函要求其停止侵害行为和妥善处理与小米之间的违法劳动关系，并保留进一步追究其相关法律责任及要求赔偿的权利。

资料来源　编者按真实案例整理、改编.

**问题：** 请分析该案例中员工小米与风光旅行社在入职手续办理和劳动合同签订工作过程中的过错点分别在哪里。同时，请分析风光旅行社与小米签订的劳动合同的合法性。

**分析提示：** 该案例是企业入职管理和劳动合同管理工作中常见的典型错误案例之一。双方均没有对案例中所涉及的风险点引起足够的重视与关注，导致劳动争议的发生，这给负责劳动合同管理与员工关系管理的人力资源管理工作人员敲响了警钟。

#### □ 实践训练

曹力2012年3月起加入快捷汽车运输公司担任旅游大巴司机一职，鉴于公司业务量在过去两年中不断下滑，公司决定进行变革，并逐步精减人员。2023年年初公司召开经营会议，讨论同意并通过在年内减少15%的人员编制，并报上级工会审批同意。在人员调整方案中提到，对于劳动合同到期人员，除特殊岗位人员外，其余人员统一在劳动合同到期时进行终止。2023年2月20日，人力资源部正式通知曹力，其劳动合同将于2023年2月28日到期，公司决定与其终止劳动合同，并按《劳动合同法》相关规定向其支付经济补偿金。曹力现在的工资平均为6 000元/月。曹力认为，根据《劳动合同法》第十四条的规定，他已在公司连续工作满10年，企业应与其签订无固定期限劳动合同，而不是对其进行辞退。

　　资料来源　编者按真实案例整理、改编.

　　要求：请您用专业的劳动合同管理知识，代表企业与曹力进行沟通、解释，顺利解决此争议，并提出您的具体解决方案和思路。如需支付经济补偿金，您将按什么标准向曹力计发？请计算。

## 第3章　集体合同管理

**学习目标**

知识目标：

1.了解集体协商的含义及特征；

2.明确集体合同的内容；

3.熟知集体合同争议处理程序；

4.掌握集体合同订立、变更和解除的程序。

素养目标：

引导学生正确理解集体协商的必要性与重要性，在企业管理中应依法利用集体协商，签订集体合同，保障劳资双方合法利益，使企业管理更加民主、有序。

**内容架构**

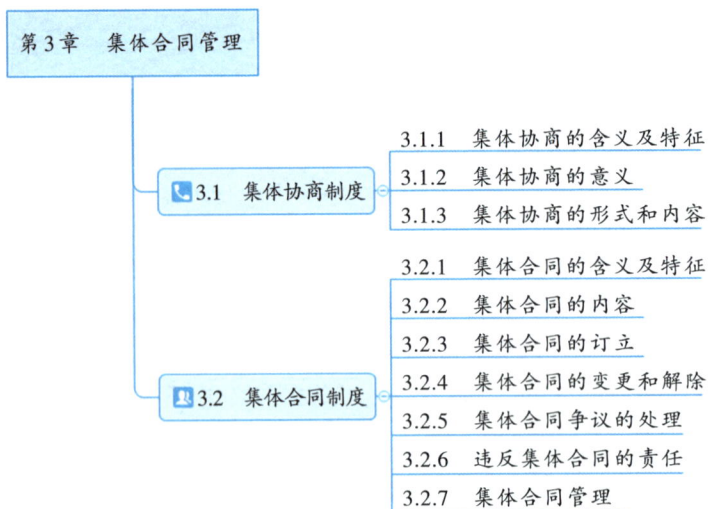

**引例**

### 工资集体协商

2016年通州区春季工资集体协商工作以维护劳动关系和谐稳定和"保岗位、不减薪、不裁员"为前提，突出两个"重点"，即把农民工、劳务派遣工比较集中的非公有制企业作为集体协商的重点对象，把劳动报酬、福利待遇等职工普遍关注的问题作为集体协商的重点内容，以推进集体协商提质增效为突破口，以增强企业和职工参与度与满意度为着力点，实现全区各类建立工会企业集体协商建制率保持在95%以上。

截至6月27日，从通州区总工会获悉，自3月份在全区范围内全面启动工资集体协商"春季要约"行动以来，全区开展工资春季集体协商的企业达2 400多家，占全部企业的65%，覆盖职工10多万人。

资料来源　钱向荣，纪宝莉. 通州2 400多家企业开展工资集体协商［N］. 通州日报，2016-06-28.

上述引例表明：工资集体协商是集体协商中比较重要的一类，通过工资集体协商实现职工工资的增长，是解决我国目前存在的职工工资问题的有效途径，从全国来看，工资集体协商已成为企业人力资源管理的重要内容。

## 3.1　集体协商制度

### 3.1.1　集体协商的含义及特征

1）集体协商的含义

集体协商是集体合同制度的一个重要的组成部分。集体协商也被称作集体谈判，就是用人单位与其所属职工依法组成的代表团按照法律规定的程序和原则就劳动报酬、工作时间、保险福利、休息休假、劳动安全卫生、职业培训等劳动标准为签订集体合同而进行商谈的活动。自2004年5月1日起实施的《集体合同规定》第四条规定："用人单位与本单位职工签订集体合同或专项集体合同，以及确定相关事宜，应当采取集体协商的方式。集体协商主要采取协商会议的形式。"

2）集体协商的特征

（1）集体协商代表的身份和人数对等。我国有关法律对集体协商代表的产生、任职做了明确规定。集体协商双方的代表人数应当对等，每方至少3人，并各确定一名首席代表。用人单位一方的协商代表由用人单位法定代表人指派。职工一方的协商代表由本单位工会选派；未建立工会的，由本单位职工民主推举，并经本单位半数以上职工同意。

（2）集体协商双方代表的法律地位平等。

（3）集体协商是公开、平等协商。《劳动法》第八条规定："劳动者依照法律规定，通过职工大会、职工代表大会或者其他形式，参与民主管理或者就保护劳动者合法权益与用人单位进行平等协商。"

（4）集体协商是和平协商。任何一方不得有过激行为，双方应遵循合作原则。

（5）集体协商是在法律、法规规定的范围内协商。在集体协商过程中，任何一方都不得以闭厂、罢工等手段要挟对方，不得损害国家、社会、集体的利益和其他公民合法的自由与权利。

小思考3-1

互动课堂

小思考3-1
参考答案

集体合同必须经过集体协商才能签订吗?

### 3.1.2　集体协商的意义

1）集体协商是维护劳动者合法权益的不可缺少的重要手段

集体协商不是通过对抗而是通过双方对话并在取得一致意见的基础上来解决问题的。集体协商制度的建立，可以使劳动者个人意志通过劳动者团体表现出来，由团体代表劳动者个人交涉劳动过程中的事宜，这有助于克服个别劳动关系的内在不平衡，增强劳动者一方的力量，有效地促使双方互相让步、达成妥协、签订协议，降低诸如怠工、辞职等冲突产生的副作用。

2）集体协商是实现劳动关系协调的必要手段

建立集体协商制度，能强化和规范企业的管理，把企业的劳动关系调整纳入法治化的轨道，协调处理劳动关系，充分维护劳资双方的合法权益，从源头上遏制劳动争议，从而促进企业经济的繁荣、发展，构建社会的和谐稳定。

3）集体协商可以弥补劳动立法和劳动合同之不足

由于立法的局限性，国家的劳动法律、法规只能规定合法的劳动条件和劳动标准，而不能根据每个用人单位的实际情况规定合理的劳动条件和劳动标准，因此需要集体合同确定合理的劳动条件和劳动标准；劳动者和用人单位在签订劳动合同时，由于双方经济地位和力量的不平等，难以实现真正的平等，而集体合同正是介于国家劳动立法与劳动合同二者之间的规范，使劳动者借助于团体的力量，通过与企业协商，达成有利于劳动者的协议，既能规定合理的劳动条件，又能通过签订集体合同改变个别劳动合同中的不平等内容，因此集体合同的效力高于劳动合同的效力。集体合同的内容不得低于国家规定的劳动条件和劳动标准，不得违背国家法律、法规的有关规定，同时劳动合同规定的劳动条件和劳动标准不得低于集体合同的规定。

因此，在市场经济条件下，集体合同的地位和作用是不可取代的，是劳动者通过其团体组织有效地维护自己合法劳动权益的一种手段，也是协调企业和职工利益关系、稳定劳动关系的重要手段。

### 3.1.3　集体协商的形式和内容

1）集体协商的形式

为了维护集体合同内容的客观妥当性，各国大致采用了两种集体协商的形式，即团体协商与劳动基准法定。

（1）团体协商。团体协商亦称劳动条件的集体形成，指劳动条件由工会与雇主采取自治方式，通过协商签订集体协议形成。这一机制的运作，有赖于工会成为强有力的协商主体，否则将难以形成对等的谈判地位。因为工会面对的谈判对手是以法人形态出现的公司、财团、跨国公司等资本集团，如果工会没有谈判力量，就不可能形成同等实力的团体对团体的协商机制。

（2）劳动基准法定。另一项维护集体合同内容客观妥当性的机制，则是"劳动基准法定"，是指国家以立法形式对工资、工时、休息等劳动条件和劳动基准做出明确规定。当然，劳资双方通过团体协商形成劳动条件，也不是完全自由放任的，仍要受国家法律的限制和约束。因为如果资方力量过强则可能引起劳动条件偏低；反之，如果劳方势力过盛则会引起劳动条件偏高，可能影响经济发展，甚至影响国家的竞争力。因此，世界各国为维护劳动契约当事人的自由和合法权益，往往通过法定劳动基准规定劳动条件的上限或下限，如最低工资、最高工时，在法律规定的幅度内由当事人进行自由协商。

世界各国由于经济发展水平的差异，劳资关系发展阶段也各不相同，劳资双方通过什么方式来形成劳动条件，各国也有不同模式。然而，大部分发达国家都留下了相当大的空间让劳资双方发挥社会伙伴功能，以团体协商来形成劳动条件，国家只能也只需制定最低劳动基准。反之，国家则要对劳动基准做出详细、具体的规定，劳资双方谈判空间相对较小。

2）集体协商的内容

集体协商双方可以就下列多项或某项内容进行集体协商，签订集体合同或专项集体合同：

（1）劳动报酬。它主要包括用人单位工资水平、工资分配制度、工资标准和工资分配形式，工资支付办法，加班、加点工资及津贴、补贴标准和奖金分配办法，工资调整办法，试用期及病假、事假等期间的工资待遇，特殊情况下职工工资（生活费）支付办法，其他劳动报酬分配办法。

（2）工作时间。它主要包括工时制度、加班加点办法、特殊工种的工作时间、劳动定额标准。

（3）休息休假。它主要包括日休息时间、周休息日安排、年休假办法，不能实行标准工时职工的休息休假，其他假期。

（4）劳动安全与卫生。它主要包括劳动安全卫生责任制、劳动条件和安全技术措施、安全操作规程、劳保用品发放标准、定期健康检查和职业健康体检。

（5）补充保险和福利。它主要包括补充保险的种类、范围，基本福利制度和福利设施，医疗期延长及其待遇，职工亲属福利制度。

（6）女职工和未成年工特殊保护。它主要包括女职工和未成年工禁忌从事的劳动，女职工的经期、孕期、产期和哺乳期的劳动保护，女职工、未成年工定期健康检查，未成年工的使用和登记制度。

（7）职业技能培训。它主要包括职业技能培训项目规划及年度计划、职业技能培训费用的提取和使用、保障和改善职业技能培训的措施。

（8）劳动合同管理。它主要包括劳动合同签订时间，确定劳动合同期限的条件，劳动合同变更、解除、续订的一般原则及无固定期限劳动合同的终止条件，试用期的条件和期限。

（9）奖惩。它主要包括劳动纪律、考核奖惩制度、奖惩程序、申诉程序等。

（10）裁员。它主要包括裁员的方案、裁员的程序、裁员的实施办法和补偿标准。

（11）双方认为应当协商的其他内容。例如，集体合同期限，变更、解除集体合同的程序，履行集体合同发生争议时的协商处理办法，违反集体合同的责任等。

## 3.2　集体合同制度

### 3.2.1　集体合同的含义及特征

1）集体合同的含义

自 2004 年 5 月 1 日起正式施行的《集体合同规定》第三条规定，集体合同是指用人单位与本单位职工根据法律、法规、规章的规定，就劳动报酬、工作时间、休息休假、劳动安全卫生、职业培训、保险福利等事项，通过集体协商签订的书面协议。集体合同亦称团体协约、劳动协约、集体协议。劳动和社会保障部（现人力资源和社会保障部）部务会议于 2000 年 11 月 8 日通过《工资集体协商试行办法》，对工资集体协商和签订工资集体协议行为做了规范性指导。

专项集体合同是指用人单位与本单位职工根据法律、法规、规章的规定，就集体协商的某项内容签订的专项书面协议。《劳动合同法》第五十二条规定，企业职工一方与用人单位可以订立劳动安全卫生、女职工权益保护、工资调整机制等专项集体合同。

集体合同根据协商、签约代表所代表的范围的不同，分为基层集体合同、行业集体合同、地区集体合同等。我国集体合同体制以基层集体合同为主导体制，即集体合同由基层工会组织与企业签订，只对签订单位具有法律效力。《劳动合同法》第五十三条规定，在县级以下区域内，建筑业、采矿业、餐饮服务业等行业可以由工会与企业方面代表订立行业性集体合同，或者订立区域性集体合同。

2）集体合同的特征

（1）集体合同是当事人之间的劳动协议。首先，从集体合同的内容看，主要反映生产过程中的劳动关系。集体合同所规定的标准条件，主要是劳动条件，如工资标准、安全卫生、生活福利等。集体合同所规定的义务，不论是当事人双方共同承担的一般性义务，还是各自承担的特别义务，都具有劳动性质。其次，从当事人订立集体合同的目的看，企业订立集体合同的目的是改善劳动组织关系，巩固劳动纪律，减少劳动争议，发挥职工的劳动积极性，提高劳动效率。工会与企业订立集体合同的目的，主要是在发展生产的基础上，改善职工的劳动条件和生活条件。可见，集体合同是劳动关系的准则，现存劳动关系是集体合同存在的基础。

（2）集体合同有特定的当事人。集体合同的当事人一方是企业，另一方当事人不能是劳动者个人或劳动者中的其他团体或组织，而只能是工会或由上级工会指导劳动者推举的代表。《劳动合同法》规定，集体合同由工会代表企业职工一方与用人单位订立；尚未建立工会的用人单位，由上级工会指导劳动者推举的代表与用人单位订立。

（3）依法订立的集体合同对用人单位和劳动者具有约束力。行业性、区域性集体合同对当地本行业、本区域的用人单位和劳动者具有约束力。《劳动合同法》第五十五条规定："集体合同中劳动报酬和劳动条件等标准不得低于当地人民政府规定的最低标准；用人单位与劳动者订立的劳动合同中劳动报酬和劳动条件等标准不得低于集体合同规定的标准。"

（4）集体合同是定期的书面合同，其生效须经特定程序。集体合同是要约式合同，只有制作成书面形式，并依法报送劳动行政部门，在劳动行政部门收到合同文本之日起15天内未提出异议的，才具有法律效力。

### 3.2.2 集体合同的内容

集体合同的内容是指在集体合同中需要明确规定的双方当事人的权利义务条款及必须明确的其他问题。集体合同的内容是集体合同的实质，也是集体合同成立和发生法律效力的核心问题。

1）集体合同的一般内容

集体合同的内容一般包括3部分：第一，劳动关系标准条件规范部分，这是集体合同的核心内容，制约着个人劳动合同；第二，过渡性规定，主要包括因集体合同履行发生纠纷的解决措施，优先雇用被解雇职工等；第三，集体合同本身的一般性规定，包括集体合同的有效期限、变更、解除的条件等。

2）集体合同的具体内容

关于集体合同的具体内容，《劳动合同法》第五十一条规定，企业职工一方与企业通过平等协商，可以就劳动报酬、工作时间、休息休假、劳动安全卫生、保险福利等事项签订集体合同。《集体合同规定》的第二章对集体合同的内容规定得更为具体，包括：①劳动报酬，包括工资水平、工资分配形式和支付办法等；②工作时间，包括工时制度和加班加点办法等；③休息休假，包括日休息时间、周休息时间安排，年休假办法等；④劳动安全卫生，包括劳动安全卫生责任制、劳动条件和安全技术措施、安全操作规程、劳保用品发放标准、定期健康检查和职业健康体检等；⑤补充保险和福利，包括补充保险的种类、范围，基本福利制度和福利设施，医疗期延长及其待遇，职工亲属福利制度等；⑥女职工和未成年工特殊保护；⑦职业技能培训；⑧劳动合同管理；⑨奖惩；⑩裁员；⑪集体合同期限；⑫变更、解除集体合同的程序；⑬履行集体合同发生争议时的协商处理办法；⑭违反集体合同的责任；⑮双方认为应当协商约定的其他内容。

3）集体合同内容的特点

（1）集体合同的内容主要规定当事人之间的义务关系而不是各自应享有的权利，而且在内容上占主导地位的是企业单位的义务性条件。这在法律上与规范性条件是有区别的，这种区别的实践意义在于，义务性条件一经履行便告消灭。

（2）集体合同所包括的劳动规范除了个别规范（即规定劳动者个人与用人单位之间的劳动关系）之外，还包括连带规范，即规定劳动者因为是全体之一员与雇用人之间所发生的劳动关系，如工作场所的卫生、安全设备、关于分工合作或其他劳动分配的规定。

▸▸▸▸ **小思考 3-2**

现在很多企业的工资都是保密的，如果进行工资集体协商，工资还能保密吗？或者说工资集体协商是不是要取代原来的工资沟通机制，每个人的工资都将通过集体协商来完成呢？

互动课堂

小思考 3-2
参考答案

4）集体合同与劳动合同的区别

集体合同与劳动合同虽然都是建立劳动法律关系的形式，但有明显的区别：

（1）签订合同的当事人不同。

尽管两种合同的主要目的都是约定企业和劳动者之间的劳动关系、明确彼此的权利和义务关系，合同内容涉及的当事人是相同的，即劳动者和企业，但参与合同签订的当事人是不同的。企业劳动合同签订的当事人是劳动者本人和企业；企业集体合同签订的当事人是劳动者集体和企业。

（2）合同的具体内容和目的存在差别。

企业劳动合同的具体内容只涉及劳动者个人劳动关系中的权利和义务，一般要将劳动者个人与企业之间劳动关系的各方面都要包括进来；企业集体合同的具体内容要涉及劳动者集体劳动关系中的共同权利和义务，可以将劳动关系中的各个方面都包括进来，也可以只包括劳动关系某一方面的内容。此外，就合同的具体内容而言，企业劳动合同一般不会对劳动权利和义务的具体标准进行约定；而企业集体合同则要对劳动关系或劳动权利和义务关系的各个方面的内容设置具体标准。这就是说，企业劳动合同的目的只是在于确立劳动者和企业之间的劳动关系；企业集体合同则要通过对劳动关系的内容设置具体标准来规范企业劳动关系。

（3）合同的法律效力不同。

企业劳动合同是由劳动者个人与企业签订的，因此它对劳动者个人和企业具有法律效力；企业集体合同是由劳动者集体与企业签订的，因此它对劳动者集体和企业具有法律效力。此外，企业集体合同的法律效力要高于企业劳动合同。企业劳动合同的内容要以企业集体合同的有关规定为基准，不得与企业集体合同的有关规定相抵触。

### 3.2.3  集体合同的订立

1）订立集体合同应遵循的原则

（1）遵守法律、法规、规章及国家有关规定。订立集体合同的主体、内容、程序必须符合法律、法规、规章及国家有关规定。集体合同所确定的劳动条件标准不得低于国家规定的标准。

（2）相互尊重，平等协商原则。集体合同签约人法律地位一律平等，具有平等的意思表示和主张各自权益的权利。因为订立集体合同是劳动者团体和企业两个平等主体的自主行为，只能坚持合作、协商一致的原则，国家不能采用强制命令、仲裁或司法强制手段。

（3）诚实守信，公平合作。

（4）兼顾双方合法权益。确定集体合同的各项条款应兼顾各方利益，不能为追求自己的利益而损害其他人的利益，即要均衡所有者、经营者和劳动者各自的利益。

（5）不得采取过激行为。为订立集体合同产生争议，任何一方都不应采取激化事态的行为。双方都应顾全大局，维持正常的生产工作秩序。

2）订立集体合同的程序

（1）集体协商代表产生。集体协商代表（以下统称协商代表），是指按照法定程序产生并有权代表本方利益进行集体协商的人员。集体协商双方的代表人数应当对等，每方至少3人，并各确定1名首席代表。

职工一方的协商代表由本单位工会选派。未建立工会的，由本单位职工民主推举，并经本单位半数以上职工同意。职工一方的首席代表由本单位工会主席担任。工会主席可以书面委托其他协商代表代理首席代表。工会主席空缺的，首席代表由工会主要负责人担任。未建立工会的，职工一方的首席代表从协商代表中民主推举产生。

用人单位一方的协商代表由用人单位法定代表人指派。首席代表由单位法定代表人担任或由其书面委托的其他管理人员担任。

集体协商双方首席代表可以书面委托本单位以外的专业人员作为本方协商代表。委托人数不得超过本方代表的1/3。

首席代表不得由非本单位人员代理。用人单位协商代表与职工协商代表不得相互兼任。

（2）集体合同协商。集体合同的协商是协商代表为签订集体合同进行商谈的法律行为。其主要步骤为：

第一，协商要约。集体协商任何一方均可就签订集体合同或专项集体合同以及相关事宜，以书面形式向对方提出进行集体协商的要求。一方提出进行集体协商要求的，另一方应当在收到集体协商要求之日起20日内以书面形式给予回应，无正当理由不得拒绝进行集体协商。

第二，协商准备。协商代表在协商前应进行下列准备工作：熟悉与集体协商内容有关的法律、法规、规章和制度；了解与集体协商内容有关的情况和资料，收集用人单位和职工对协商意向所持的意见；拟定集体协商议题，集体协商议题可由提出协商一方起草，也可由双方指派代表共同起草；确定集体协商的时间、地点等事项；共同确定一名非协商代表担任集体协商记录员。记录员应保持中立、公正，并为集体协商双方保密。

第三，协商会议。集体协商会议由双方首席代表轮流主持，双方首席代表归纳意见。达成一致的，应当形成集体合同草案或专项集体合同草案，由双方首席代表签字。集体协商未达成一致意见或出现事先未预料的问题时，经双方协商，可以中止协商。中止期限及下次协商的时间、地点、内容由双方商定。

（3）集体合同签订。经双方协商代表协商一致的集体合同草案或专项集体合同草案应当提交职工代表大会或者全体职工讨论。职工代表大会或者全体职工讨论集体合同草案或专项集体合同草案，应当有2/3以上职工代表或者职工出席，并且必须经全体职工代表半数以上或者全体职工半数以上同意，集体合同草案或专项集体合同草案方获通过。

集体合同草案或专项集体合同草案经职工代表大会或者职工大会通过后，由集体协商双方首席代表签字。

（4）集体合同审查。集体合同或专项集体合同签订或变更后，应当自双方首席代表签字之日起10日内，由用人单位一方将文本一式3份报送劳动行政部门审查。

（5）集体合同生效。劳动行政部门自收到文本之日起15日内未提出异议的，集体合同或专项集体合同即行生效。

（6）集体合同公布。生效的集体合同或专项集体合同，应当自其生效之日起由协商代表及时以适当的形式向本方全体人员公布。

◇◇◇➡️ **知识链接 3-1**

## 工资集体协商协议书范本（集体合同）

根据《劳动法》《中华人民共和国工会法》《集体合同规定》《工资集体协商试行办法》等法律、法规和政策的规定，经甲、乙双方平等协商一致，签订本协议。

一、根据本企业生产经营和职工劳动特点，遵循按劳分配、同工同酬的原则，结合本企业经营效益情况，对本企业内部工资分配制度、工资标准、工资分配形式提出如下方案：

（一）工资分配制度：

……

（二）工资标准：

……

（三）根据各类人员不同岗位性质，工资分配的具体形式为：

……

二、甲、乙双方根据政府公布的 2024 年企业工资指导线和上年度本企业职工平均工资水平，参照同行业人工成本水平和劳动市场工资指导价位，并考虑本地区、同行业其他相关经济因素，协商确定本年度职工平均工资收入应达到××元，比上年增长××%（增/减××元）。

三、职工奖金、津贴、补贴的分配和发放办法：

……

四、企业应严格执行国家有关工作时间和休息休假的规定。企业加班加点工资的计发标准和计算办法：

（一）加班加点工资的计发基数：

……

（二）加班加点工资的计发标准：

1.安排职工在法定工作日延长工作时间，支付不低于工资的×××%的工资报酬；

2.安排职工在休息日工作又不能安排补休的，支付不低于工资的×××%的工资报酬；

3.安排职工在法定节假日工作的，支付不低于工资的×××%的工资报酬。

五、甲、乙双方商定，企业每月至少对职工发放工资一次，并于次月××日以货币的形式予以支付，如遇节假日和休息日应提前发放。企业不得拖欠职工工资性收入，生产经营困难时，可延长一个月发放工资；不得以产品、商品等实物抵付职工工资性收入。

六、职工带薪休假期间的工资待遇，因公（工）负伤期间的工资待遇，婚假、丧假、探亲假期间的工资待遇，因病或非因公（工）负伤期间的工作待遇和符合计划生育规定的女工产假期间的工资待遇，按照不低于劳动合同约定的职工本人的基本工资标准支付工资（该标准可按该职工前 12 个月平均工资计算，不足 12 个月的，按实际月份平均计算）。

七、甲、乙双方商定，企业内部职工最低工资标准按不低于政府公布的本市最低工资标准执行。企业内部职工本年度最低工资标准按每人每月不低于××××元确定。

八、奖金、津贴、补贴的标准按甲方合法的规章制度的规定执行，其分配形式为：

（一）月奖、津贴、补贴在发放本月工资时一并发放；

（二）年终奖根据企业内部的考核规定，对考核合格者发放，考核不合格的不予发放。

九、企业补充养老保险的办法和标准为……

十、各项福利待遇按甲方内部合法的规章制度执行。

十一、企业的权利和义务是：企业根据生产经营特点，可以制定与工资支付相关的规章制度；企业根据规章制度对员工进行考核和奖惩；根据对员工考核情况，必须按时足额支付员工的工资。

十二、员工的权利和义务是：企业工会或协商代表应参与企业规章制度的制定；员工应积极负责地按时完成生产或工作任务；员工完成任务后，按时足额领取劳动报酬。

十三、凡遇有下列情况之一的，经协议双方协商一致，可以对本协议进行修改或变更。任何一方提出协商要求时，双方应在7日内进行商谈。经双方协商未达成一致的，任何一方无权变更本协议内容。

（一）国家法律、法规有重大变化，如最低工资标准的调整；

（二）企业生产经营发生重大变化，工资协议中的部分条款难以履行时；

（三）本地区或同行业员工平均工资水平发生较大变化时；

（四）城镇居民生活费用价格指数发生重大变化，对企业员工实际收入影响较大时。

十四、凡遇有下列情况之一的，经协议双方协商一致，可以提前终止协议：

（一）企业破产或濒临破产；

（二）协议双方发生重大对抗，致使企业生产经营不能正常运行；

（三）发生人力不可抗拒的自然灾害。

十五、违约责任：

（一）由于甲乙双方中任何一方的过错造成协议不能被履行或部分条款不能被履行的，由有过错的一方承担法律责任，属双方均有过错的，根据实际情况，由双方分别承担法律责任；

（二）因不可抗拒因素造成不能履行协议或一方权益受损害的，可以不承担法律责任；

（三）甲乙双方中任何一方违反协议时，应按国家规定承担违约责任；

（四）甲乙双方中任何一方违反协议时，给对方造成损害的，应根据后果和责任，按国家有关规定承担违约责任。

十六、双方认为需要协商的与工资分配有关的其他事项：
……

十七、本协议条款如与法律、法规、政策有抵触的，按国家和地方现行有关规定执行。

十八、对本协议未予明确事项，双方应以有关法律、法规和规章等的规定为准，法律、法规和规章等未予明确的，由双方协商确定。

十九、本协议签订前必须经单位职工（代表）大会讨论审议通过。

二十、本协议经双方首席协商代表签字后报当地劳动行政部门审查备案，协商双方于5日内将生效的本协议以适当的形式向本方全体员工公布。

二十一、本协议一式四份，具有同等法律效力，甲乙双方各一份，报劳动行政部门和总工会各一份。

以上所列条款已经协商双方确认无误。

甲方首席代表：                              乙方首席代表：

企业盖章：                                  工会盖章：

×年×月×日                                 ×年×月×日

资料来源  根据某企业内部资料整理.

### 3.2.4  集体合同的变更和解除

1）集体合同的变更

企业集体合同的变更是指合同当事人依法对尚未履行或尚未完全履行的企业集体合同的有关条款和内容进行修改与补充的行为。一般来说，企业集体合同的变更只有在原定合同所依据的主观和客观条件发生变化的情况下才能获得法律的许可；否则，合同当事人和关系人只能按照合同的规定全面履行合同的内容和条款，不得提出变更合同的要求。

作为变更企业集体合同的条件，合同所依据的主客观条件的变化主要包括：

（1）企业破产、停产或转产，导致企业集体合同无法履行。

（2）国家的有关法规政策发生变化，使得合同原规定的有关标准低于现行法规政策的要求。

（3）发生不可抗拒事件，如水灾、火灾或地震等，致使集体合同的部分或者全部条款无法履行。

（4）合同双方当事人和关系人的某些主观条件发生变化，致使合同的部分甚至全部条款无法履行等。

企业集体合同的变更一般要按照法定程序进行，法定程序一般为：首先，一方当事人就变更合同向另一方提出请求，另一方应给予答复，并在规定的期限内由双方进行协商；其次，经双方协商一致后，对合同的有关条款和内容进行修改与补充；最后，合同变更后，要在规定的期限内上报劳动行政部门审查。

2）集体合同的解除

集体合同的解除就是提前终止集体合同关系。《集体合同规定》第三十九条规定，双方协商代表协商一致，可以解除集体合同。

企业集体合同的解除主要包括以下几种：

（1）协商解除。双方当事人经过协商，一致同意解除合同，则企业集体合同解除。

（2）无条件单方解除。企业集体合同的无条件单方解除适用于不定期合同的解除。

（3）有条件单方解除。对于定期企业集体合同、未履行一定期限的不定期企业集体合同，一般要求在一定条件下方可解除。这些条件限定要有法定事由，如企业破产、停产或转产，发生不可抗力，当事人双方团体解散等。当企业集体合同解除的这些法定事由成立后，解除方当事人应在规定的期限内书面通知另一方当事人，并书面说明解除合同的理由，同时要提交有关证明材料。

（4）裁决或判决解除。当企业集体合同的履行发生争议时，双方当事人要申请仲裁或提起诉讼。仲裁部门或人民法院要根据实际情况做出解除合同的裁决或判决。

### 3.2.5　集体合同争议的处理

集体合同争议作为劳动争议的一种，是指由工会或由上级工会指导劳动者推举的代表与本单位签订或履行集体合同时所发生的争执。根据《劳动法》的规定，我国集体合同争议可以分为因签订集体合同发生的争议和因履行集体合同发生的争议两类。与此对应，集体合同争议处理的两大内容也就是因签订集体合同发生的争议的处理和因履行集体合同发生的争议的处理。这两种集体合同争议处理的方式，其处理程序、处理机构都有所不同。

1）因签订集体合同而发生争议的处理

《劳动法》第八十四条第一款规定："因签订集体合同发生争议，当事人协商解决不成的，当地人民政府劳动行政部门可以组织有关各方协调处理。"这一规定明确了因签订集体合同发生的争议的处理有两条途径或者说是两个渠道，争议双方首先要协商解决，如果双方经过充分协商还不能达成一致意见、结束争执，那么当地人民政府劳动行政部门就要组织有关各方协调处理。可以说，我国处理因签订集体合同发生的争议是以行政调解为基本手段的。

因签订集体合同而发生争议的处理程序包括：①因签订集体合同发生争议，双方当事人不能自行协商解决的，当事人一方或双方可向劳动行政部门的劳动争议协调处理机构提出协调处理申请；未提出申请的，劳动行政部门认为必要时可视情况进行协调处理。②协调处理因签订集体合同发生的争议，双方当事人应各选派代表3至10名，并指定1名首席代表参加。③劳动行政部门协调处理因签订集体合同发生的争议时，应组织同级工会代表、企业方面的代表以及其他有关方面的代表共同进行。④劳动行政部门处理因签订集体合同发生的争议，应自决定受理之日起30日内结束。争议复杂或遇影响处理的其他客观原因需要延期时，延期最长不得超过15日。

2）因履行集体合同而发生争议的处理

《劳动法》第八十四条第二款规定："因履行集体合同发生争议，当事人协商解决不成的，可以向劳动争议仲裁委员会申请仲裁；对仲裁裁决不服的，可以自收到仲裁裁决书之日起15日内向人民法院提起诉讼。"《劳动合同法》第五十六条规定："用人单位违反集体合同，侵犯职工劳动权益的，工会可以依法要求用人单位承担责任；因履行集体合同发生争议，经协商解决不成的，工会可以依法申请仲裁、提起诉讼。"具体来讲，集体合同双方当事人在履行集体合同过程中发生争议，任何一方当事人都可以向企业所在地的劳动争议仲裁委员会申请仲裁。当事人对仲裁委员会的裁决不服的，可在规定的期限内向当地人民法院起诉。这类集体合同争议的处理程序与目前一般劳动争议处理的程序基本一致。

◆◆◆◆➤ **案例分析 3-1**

### 劳动合同与集体合同不一致应如何处理?

2020年9月,林某与某企业签订了为期5年的劳动合同。合同履行期间,2021年5月,企业工会与企业经协商签订了一份集体合同,集体合同中约定,企业员工每年年终可额外获得一个月工资的年终奖金。该集体合同获得企业职工代表大会通过并经当地劳动行政部门审核后,于2021年6月开始生效实施。2021年年底,林某在领工资时发现,自己并没有得到企业额外支付的一个月工资。于是,林某向企业提出补发一个月工资的要求。但企业方面表示,林某和企业签订的劳动合同中约定了劳动报酬的支付形式、次数及数额,其中并未约定额外支付工资的内容,双方应当严格按照劳动合同的约定履行。由于企业不同意林某提出的补发一个月工资的要求,双方产生争议。林某向当地劳动争议仲裁委员会申请仲裁。仲裁委员会审理后做出裁决:企业按照集体合同的约定,补发林某一个月工资的年终奖金。

资料来源　柯桥工会. 劳动合同纠纷典型案例18:劳动合同与集体合同不一致应如何处理?[EB/OL]. [2025-05-21]. https://mp.weixin.qq.com/s/vvAIUtff4GUe7nQ5T3to2A.

问题:当集体合同与劳动合同条款不一致时,应如何处理?

分析提示:《劳动法》第十七条第二款规定:"劳动合同依法订立具有法律约束力,当事人必须履行劳动合同规定的义务。"

《劳动法》第三十三条第一款规定:"企业职工一方与企业可以就劳动报酬、工作时间、休息休假、劳动安全卫生、保险福利等事项,签订集体合同。集体合同草案应当提交职工代表大会或全体职工讨论通过。"

《劳动法》第三十五条规定:"依法签订的集体合同对企业和企业全体职工具有约束力。职工个人与企业订立的劳动合同中劳动条件和劳动报酬等标准不得低于集体合同规定。"

根据以上规定,当劳动合同的内容与集体合同的内容不一致时,劳动合同中有关劳动条件和劳动报酬等标准不得低于集体合同的规定。

据上分析,企业应当按照集体合同的规定补发林某一个月的年终奖金。

### 3.2.6　违反集体合同的责任

**1) 违反集体合同的责任的含义**

违反集体合同的责任,是指集体合同当事人由于自己的过错,造成集体合同不能被履行或者不能被完全履行时,依照法律或集体合同的规定必须承受的法律制裁。应当指出,责任与义务有不同的含义,"责任"的基本含义是要制裁,而"义务"的含义是指应该做什么或不应该做什么。当事人只有不履行义务时,才发生承担责任问题。

**2) 违反集体合同的责任的内容**

违反集体合同的责任,从承担责任的主体看,有工会组织、企业经营者以及直接责任者个人。从承担责任的性质看,可以分为两种:一种是工会或企业经营者由于自己的过错造成的集体合同不能被履行或不能被完全履行所承担的责任;另一种是个人责任,是指个人由于失职、渎职或其他行为,造成集体合同不能被履行或不能被完全履行。

追究个人责任，必须同时具备两个条件：一是直接责任者个人有违法行为，使集体合同不能被履行或不能被完全履行，如因厂长失职，拖延劳动保护设备改造计划实施，酿成事故；二是已经造成重大事故或严重损失。直接责任者个人，可以是订立集体合同的法定代表人，如厂长（经理）、工会主席，也可以是集体合同的其他义务主体。追究直接责任者个人的经济责任，有扣发工资、奖金，赔偿部分经济损失等；行政责任有给予警告、记过、撤职、开除等处分；构成犯罪的，要追究刑事责任。由于上级机关的过错，造成集体合同不能被履行或不能被完全履行的，由上级机关承担责任。

3）集体合同规定违约责任的意义

（1）能有效地预防违约行为的发生，使当事人充分认识到，确定集体合同的内容必须慎重，履行集体合同的义务必须全面，这将对集体合同的全面履行产生积极意义。

（2）依照集体合同规定的处罚措施，可以借助国家强制力量保证这些措施的实施。对于因自己的过错造成集体合同不能被履行或不能被完全履行的当事人由有关部门追究责任，这对于违约者是有效的法治教育，可避免违约行为再次发生。

（3）保护当事人的合法权益，使权利人受到侵害的权益得到补偿。集体合同虽然只规定了义务性条款，但一方当事人承担的义务，也就是对方享有的权利。集体合同规定违约责任，有利于保护被侵犯权利人的利益。

### 3.2.7　集体合同管理

1）集体合同管理的概念

集体合同管理是指集体合同管理机关依法对集体合同运行过程所实施的一系列管理措施，包括运用指导、监督、调解和仲裁争议等方式，促使集体合同当事人依法订立、履行、变更、终止和解除集体合同，并追究其违反集体合同的责任，以实现集体合同运行的正常化和规范化，充分发挥集体合同对劳动关系协调和经济社会发展的积极作用。

2）集体合同管理的机关

我国的集体合同管理实行联合管理体制，即集体合同由几个机关联合实行管理，以劳动行政部门管理为主，上级工会机关和企业主管部门联合管理集体合同，其中联合管理兼有分工管理和统一管理双重性质。所谓分工管理，即不同管理部门在集体合同管理体制中，分别承担不同的任务，上级工会机关和企业主管部门分别侧重对基层工会和企业行政订立、履行集体合同的情况进行指导和监督检查；劳动行政部门除了对集体合同订立进行管理外，主要是监督集体合同履行和处理集体合同争议。所谓统一管理，即各主管部门在集体合同管理过程中相互配合和支持，并做到组织统一、标准统一和行动统一。为了便于对集体合同进行统一管理，应当将劳动争议仲裁委员会作为三方联合管理的工作机构。

3）集体合同管理的内容

我国集体合同管理的内容主要包括：

（1）宣传和普及集体合同制度及相关法律知识，提高企业管理人员、工会工作人员和职工群众的集体合同法律意识。

（2）制定集体合同法规政策，完善集体合同制度；建立和健全集体合同管理机构及其组织规则和活动规则。

（3）指导与监督企业和工会依法订立集体合同，通过制定集体合同文本，为拟订集体合同条款提供咨询，实行集体合同审查，以确保集体合同符合有效要件。

（4）确认和处理无效集体合同，查处违法集体合同。对不符合有效要件的集体合同，应依法认定为无效或部分无效；对部分无效集体合同应责令当事人修改；对违法性质严重的无效集体合同，以及利用集体合同危害国家、社会或职工利益的违法行为，必须严肃处理，需追究直接责任者刑事责任的，移送司法机关处理。

（5）监督集体合同的履行。对企业、工会和职工履行集体合同的情况进行检查，及时解决所发现的不利于集体合同履行和违反集体合同的问题，督促各当事人和关系人履行集体合同义务，提高集体合同的履约率。

（6）处理集体合同争议。这主要包括健全集体合同争议处理的体制，完善集体合同争议处理的手段等。

## 随堂测——劳动关系协调员职业技能理论测试

随堂测3
即测即评

1.（单选题）经协商形成一致意见的集体合同草案，应当提交职工代表大会（　　　）。

A.审议　　　　　　　　　　　B.审查

C.讨论研究　　　　　　　　　D.讨论通过

2.（单选题）集体合同签订后，用人单位应当在（　　　）日内将集体合同文本以及有关资料报送劳动行政部门。

A.5　　　　　　B.10　　　　　　C.15　　　　　　D.20

3.（单选题）集体协商过程中发生争议，双方当事人不能协调解决的，可以（　　　）。

A.向劳动行政部门提出协调处理申请　　B.向劳动行政部门投诉举报

C.向劳动争议仲裁委员会申请仲裁　　　D.向人民法院提起诉讼

4.（单选题）用人单位应当自集体合同生效之日起（　　　）日内，以书面形式向全体职工公布。

A.5　　　　　　B.10　　　　　　C.15　　　　　　D.20

5.（单选题）职工代表大会每年至少召开（　　　）次。

A.1　　　　　　B.2　　　　　　C.3　　　　　　D.4

## 以案说法

### 发挥集体协商作用　推动落实女职工生育福利待遇

为了让广大女职工享受到国家在构建生育友好型社会中的政策措施，一段时间以来，全国多省市修订女职工生育政策，包括延长产假、增加育儿假等。其中，工会组织可以通过集体协商机制帮助女职工落实生育福利待遇，同时确保政府的政策措施在实践层面有效执行。

借势借力借智，完善集体协商顶层设计。可以由各省市总工会牵头，会同协调劳动关系三方委员会成员单位联合制定实施加强女职工特殊权益保护专项集体协商工作的指导意见。以解决问题为导向，对标最新生育政策调整，聚焦女职工特殊权益（如孕期、产期、哺乳期）落实中的短板、弱项，推动建立常态化沟通协商机制，促进女职工关心关注的热点难点问题解决。建议改变必须签订专项女职工集体协议或综合性集体合同专章（附件）作为唯一结果的导向，可将工会推动用人单位协商女职工相关制度办法或不定期女职工专项协商形成会议纪要等列入协商一致的成果形式。同时，分层明确协商内容，对于女职工特殊权益保障有法律明确强制性条款规定的，应通过集体协商在用人单位落地执行；对于法律法规有可行性非强制性条款需因单位而制宜的，如重庆关于育儿假"在产假或者护理假期满后，经单位批准，夫妻一方可以休育儿假至子女一周岁止"的规定，应通过集体协商为女职工争取用人单位可承受范围之内的最大让渡利益；对于法律没有明确规定但女职工反映的焦点诉求，应推动诉求作为协商内容形成具体解决办法。

步调一致，与时俱进启动女职工特殊权益保障事项调整协商。在各省市出台女职工生育福利待遇调整政策后，各用人单位工会应及时推动本单位女职工特殊权益保障事项调整协商。除督促本单位严格落实新调整的女职工法定生育福利政策外，还应提升协商质量和实效，让协商内容尽量优于法律条款规定，如京东集团工会在首次集体协商会议中为符合条件的女职工提供额外 30 天全薪产假。在协商中秉持兼顾劳动关系双方利益的原则，多设置对提升职工工作积极性和生育意愿都有益的条款，如对于法律政策规定之外的女职工生育福利，可通过增加限定条件，形成工作年限越长享受假期时间越久的待遇，提升女职工对用人单位的忠诚度；在寒暑假，可通过协商为职工提供假期托管服务；用好工会经费，为女职工特殊时期提供工会福利。

整合多方资源，优化工会女职工品牌建设。创新职工互助保障计划，在特定互助金中增设女职工生育互助金。借助职工志愿者队伍自行管理或通过购买第三方服务进行委托管理，拓展职工子女托管服务，将托管服务从寒暑假托管班向针对幼儿的全日托管班、针对小学阶段的晚托管班以及解决职工燃眉之急的应急托管班延伸。发挥典型引领示范作用，借助媒体、互联网平台或召开"解决女职工生育后顾之忧工作现场推进会"等形式，宣传推广工会女职工维权服务品牌。注重总结不同行业、不同类型用人单位和工会以集体协商为载体推进女职工生育福利待遇保障的典型案例，以及宣传工会协调处理侵犯女职工权益问题优秀维权案例等，推动全社会形成关爱女职工的良好氛围。

健全监督检查机制，开展多种形式监督检查活动。坚持职代会报告制度。在职代会上将女职工专项集体合同内容以及履行情况作为厂务公开和职代会的重要内容，保障女职工的知情权、参与权、表达权和监督权。坚持女职工专项集体合同条款检查。各级工会可联合当地人社、卫健、医保等部门，就女职工专项集体合同的履行情况每年至少开展一次专项执法检查，对发现的问题要求用人单位及时进行整改。坚持与年终考核同步检查。结合年底目标考核验收，对女职工专项集体协商机制建立情况、集体合同有关女职工条款的签订与履行情况进行全面检查，纳入工会工作目标，统一考核，并作为工会评先选优的重要依据。

资料来源　范丽娜. 发挥集体协商作用　推动落实女职工生育福利待遇［EB/OL］.［2025-02-07］. http://www.workercn.cn/34198/202202/07/220207072736714.shtml.

解读：集体合同是指用人单位与本单位职工根据法律、法规、规章的规定，就劳动报酬、工作时间、休息休假、劳动安全卫生、职业培训、保险福利等事项，通过集体协商签订的书面协议。集体合同能够纠正和防止劳动合同对于劳动者的过分不公平，使之比较公平合理，也使劳资双方在实力方面取得基本的平衡。集体合同有利于劳动者借助集体的力量维护自身劳动权益，有利于劳资双方自主解决劳动纠纷，减轻政府压力，有利于企业减少劳动力管理成本。因此集体合同有助于保持劳资双方关系稳定和社会和谐。

### ▶ 基础训练

□ 简答题

1. 订立集体合同应遵循的原则有哪些？

2. 如何处理因订立集体合同而引起的争议？

### ▶ 综合应用

□ 案例分析

#### 依法认定集体合同效力，落实落细就业优先政策

袁某于2021年6月入职某科技公司，月薪为25 000元。2022年12月，科技公司以持续亏损为由召开职工代表大会，讨论2023年薪资调整事宜。经讨论、投票表决，77%的职工代表同意通过薪资调整方案，决定：为了避免大量裁员，采用降薪的措施渡过难关，基本月薪15 000元及以下的不降薪；基本月薪15 000元至25 000元（含）的降薪20%，降薪后最低值为15 000元；基本月薪25 000元以上的降薪30%，降薪后最低值为20 000元。科技公司将该方案在公司内公示。2023年1月，科技公司与公司工会签订工资集体合同，约定2023年度员工薪资按上述调整方案施行。该集体合同报送劳动行政部门审查通过。袁某不同意降薪，于2023年2月以公司克扣工资为由提出被迫离职。后袁某申请劳动仲裁，要求科技公司支付解除劳动合同的经济补偿和工资差额。仲裁裁决不予支持后，袁某诉至法院。法院经审理认为，用人单位因经营亏损，经平等协商，依法与工会组织签订的集体合同约定调整薪酬，具有法律约束力，职工应当遵守。本案中，2023年薪资调整方案经职工代表大会讨论，过半数通过。科技公司与工会订立关于2023年薪资调整的专项集体合同，报所在地劳动行政部门审查后已生效，科技公司和袁某均应按约履行。科技公司按照集体合同的约定支付袁某工资，不属于未足额支付劳动报酬。法院遂判决驳回袁某的诉讼请求。

资料来源　江苏法院. 2023年度劳动人事争议十大典型案例发布［EB/OL］.［2025-01-02］. http://www.js.xinhuanet.com/20240429/6df389060add48dd80b6150509347975/c.html.

问题：

（1）集体合同应当如何订立？

（2）集体合同如何生效？

（3）集体合同对劳动合同是否具有约束力？

分析提示：参见《劳动法》第三十三条规定、第三十四条规定；《集体合同规定》第六条规定、第三十二条规定、第三十六条规定、第四十二条规定。

集体合同的效力包括效力范围和效力形式两部分。其中效力范围又包括对人的效力和时间效力两部分。

□ 实践训练

以小组的形式调查企业有关集体合同的签订情况。

要求：调查的内容应包括以下内容：

（1）该企业有无签订过集体合同，如果有，属于什么类型。

（2）工会组织在建立和完善集体合同制度中做了哪些工作。

（3）工会如何组织与保证职工民主参与和监督集体合同工作。

（4）职工方协商代表如何构成，有哪些职责。

（5）平等协商和签订集体合同的内容有哪些。

（6）平等协商和签订集体合同主要有哪些程序。

# 第4章　社会保险管理

## 学习目标

**知识目标：**

1.了解社会保险的几种基本形式；

2.明确社会保险的日常业务办理；

3.熟知不同社会保险类型的缴费基数和比率；

4.掌握不同社会保险类型的基本内容。

**素养目标：**

引导学生认识社会保险制度是我国一项必不可少的社会和经济制度，我国社会保险的方针是"广覆盖、保基本、多层次、可持续"，我国社会保险有普遍性、强制性、互济性、非营利性等特点，使学生能主动宣传社会保险，促使企业和员工做好参保及待遇享受工作。

## 内容架构

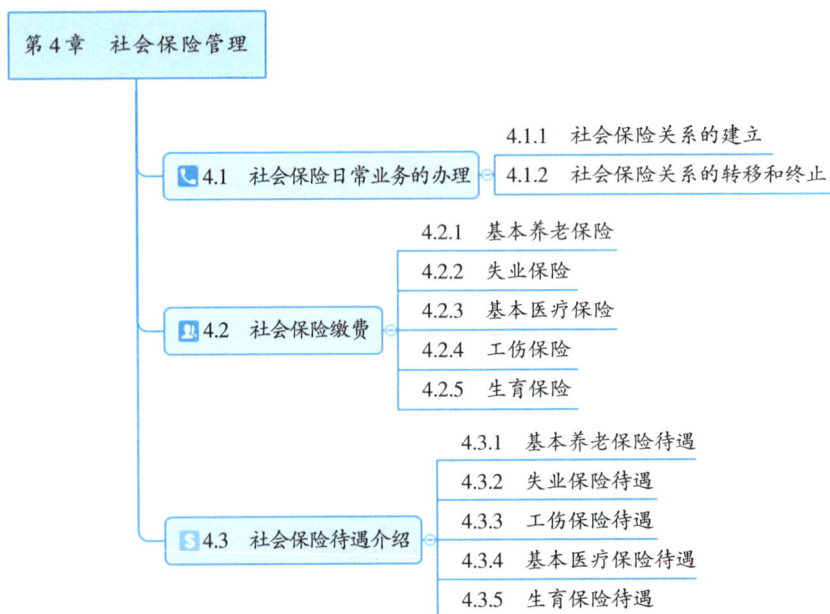

- 第4章　社会保险管理
  - 4.1　社会保险日常业务的办理
    - 4.1.1　社会保险关系的建立
    - 4.1.2　社会保险关系的转移和终止
  - 4.2　社会保险缴费
    - 4.2.1　基本养老保险
    - 4.2.2　失业保险
    - 4.2.3　基本医疗保险
    - 4.2.4　工伤保险
    - 4.2.5　生育保险
  - 4.3　社会保险待遇介绍
    - 4.3.1　基本养老保险待遇
    - 4.3.2　失业保险待遇
    - 4.3.3　工伤保险待遇
    - 4.3.4　基本医疗保险待遇
    - 4.3.5　生育保险待遇

**⟶ 引例**

### 覆盖超10亿人，养老保障网越织越密

养老金又涨了！到6月底，2021年调整增加的养老金已全部发放到位，全国企业职工基本养老金实现"17连涨"，养老保障更坚实。

敬老爱老、老有所养、老有所依……养老，是任何家庭和个人都要面对的话题。2020年第七次人口普查结果显示，全国60岁及以上人口为2.64亿人，占总人口的18.7%。当"银发浪潮"迎面而来，如何让他们享有幸福美满的晚年生活，成为一道小康必答题。

多年来，中国社会保障体系不断健全、保障水平逐步提高、养老服务设施提升改善，正有力托起老年人的"夕阳红"。

广泛覆盖——基本养老保险覆盖面从1993年的9 848万人增加至2020年的9.99亿人，2021年6月底达到10.14亿人，约2.9亿人按月领取基本养老金

（编者按：根据国家统计局《2021年国民经济和社会发展统计公报》（2022年2月28日），2021年年末全国参加城镇职工基本养老保险人数为48 075万人，比2020年年末增加2 454万人；参加城乡居民基本养老保险人数为54 797万人，比2020年年末增加554万人。参加基本医疗保险人数为136 424万人，比2020年年末增加293万人。其中，参加城镇职工基本医疗保险人数为35 422万人，比2020年年末增加967万人；参加城乡居民基本医疗保险人数为101 002万人。参加失业保险人数为22 958万人，增加1 268万人。2021年年末全国领取失业保险金人数为259万人。参加工伤保险人数为28 284万人，增加1 521万人，其中参加工伤保险的农民工为9 086万人，增加152万人。参加生育保险人数为23 851万人，增加283万人。）

"瞧，这是我的'工资卡'。"年逾古稀的湖南农民李老从箱子里翻出珍藏的社保卡，露出笑容。每月能领到养老金，让这个一辈子没离开土地的农民非常感慨。"咱农民也能领养老金了，过去真是不敢想！"李老说，在农村，这每月百多元的固定收入就很了不起，基本生活多了来源，有了国家保障，心里更是感觉不一样。

现在，像李老这样参加全国城乡居民基本养老保险的超过5.4亿人。建立企业职工基本养老保险制度、启动新农保试点、合并新农保与城居保、施行《中华人民共和国社会保险法》……中国从无到有建立起养老保险制度；从城镇扩大到乡村，从国有企业扩大到其他各类企业，从就业群体扩大到非就业群体，养老保障网越织越密。

在中国，基本养老保险覆盖面从1993年的9 848万人增加至2020年的9.99亿人，约2.9亿人按月领取基本养老金。2021年，全国基本养老参保人数进一步增加，6月底达到10.14亿人。2016年，国际社会保障协会授予中国政府"社会保障杰出成就奖"，表彰中国在扩大社保覆盖面上取得的卓越成就。

中国人民大学教授郑功成认为，我国已成为当今世界社会保障发展速度最快、覆盖人口规模最大、保障水平持续提升幅度最大的国家。

不仅是养老的广覆盖。2002年新型农村合作医疗制度开始建设，2007年城镇居民医疗保险制度启动试点……基本医疗保险网参保人数达13.6亿人，覆盖面稳定在95%

以上，对老年人来说更是一份可贵的保障。还有最低生活保障制度，对经济困难的高龄、失能老人给予相关补贴等，民生温暖传送到千家万户。

"10亿多个居民纳入社会保障范围，开始领取养老金、报销医药费、享有低保金，从制度上实现了城乡居民老有所养、病有所医、弱有所助，是前所未有的。"郑功成说，这反映了拥有14亿多人口的中国在民生发展方面质的飞跃。

从"养儿防老"到"制度养老"，几千年来中国人老有所养的愿望正一步步实现。"加快健全覆盖全民、统筹城乡、公平统一、可持续的多层次社会保障体系"——"十四五"规划纲要描绘的美好蓝图，让人们对未来更加充满信心。

待遇连涨——企业职工月人均养老金由2012年的1 686元增长到2020年的2 900元左右；"十四五"时期将继续推动"社会保障待遇水平稳步提高"

扩围增面广覆盖的同时，社保待遇"含金量"也在不断提升。近年来备受关注的基本养老金上涨，就是身边最鲜活的例子。

江西瑞金的邱庆萱是一名企业退休人员，今年（2022年）68岁，他对企业职工养老保险待遇的提高，有着切身感受。2014年刚退休那会儿，他的月均养老金不到2 000元，这些年养老金连年上涨，如今已增加到3 000多元。"今年国家继续为我们企业退休人员涨养老金，我们赶上了好时代。"邱庆萱说。

数据显示，自2009年以来，城乡居民基础养老金最低标准从每月55元、70元、88元提高到93元。企业职工月人均养老金由2012年的1 686元增长到2020年的2 900元左右，2021年企业职工基本养老金实现"17连涨"。

据了解，养老金调整主要考虑职工平均工资增长、物价上涨以及基金支撑能力等因素。在保障退休人员基本生活的基础上，也让他们适当分享经济社会发展成果。

不仅有基本养老保险，为积极应对人口老龄化、让养老钱拿得更踏实，近年来，多层次养老保险体系发展起来。

作为第二支柱的企业年金、职业年金制度初步建立并逐步完善。2020年年末，全国有10.5万户企业建立企业年金，参加职工2 718万人。启动职业年金基金市场化投资运营，2020年年末投资规模1.29万亿元，全年累计收益额1 010.47亿元。

作为第三支柱的个人养老金制度也正探索起步。人力资源和社会保障部有关负责人表示，将抓紧推动、尽早出台、尽早实施，满足多样化需求，更好地保障老年人的幸福生活。

展望未来，"十四五"时期的主要安排已经明确，不仅将"社会保障待遇水平稳步提高"定为主要目标之一，提出全面落实城乡居民基本养老保险待遇确定和基础养老金正常调整机制，还将逐步提高城乡居民基础养老金标准，提高企业年金覆盖率，推动个人养老金发展……一系列新举措，将让民生保障兜得更牢。

资料来源　李婕. 覆盖超10亿人，养老保障网越织越密［EB/OL］.［2024-08-05］. http：//www.gov.cn/xinwen/2021-08/05/content_5629682.htm. 节选.

上述引例表明：从上述人力资源和社会保障部提供的数据看，社会保险的覆盖率与若干年前相比，有了大幅度提升。在国家、工会、人力资源和社会保障部门及相关新闻舆论等的积极宣传与推动下，同时伴随着劳动者自身的维权意识提高，企业守法观念的改变，以及作为国外劳工机构对我国代加工行业与供应商劳工保障的要求写入到双方的合作协议上，并定期安排专业组织前往在华企业进行检查等，社会保险覆盖率明显提升。由于劳动者及部分企业管理者对社会保险的了解程度仍有限，且国家的社会保险跨地区享受、转移政策实施推进缓慢，导致部分劳动者对社会保险的信心仍显不足，这也是制约着社会保险全覆盖的核心因素之一。这个问题非常值得国家相关部门及工会等机构的深思，企业自身也要对社会保险有端正与全面的认识，更好地使劳动者和公民的合法权益得到保障。同时，在经济下行期，对于社会保险费率等给企业与劳动者带来的影响，国家也通过有关的政策予以关注与调整。从 2016 年 4 月起至今，国家持续执行阶段性降低社会保险费率政策。

　　社会保险是国家通过立法建立的，对劳动者在其生、老、病、死、伤、残、失业以及发生其他生活困难时，给予物质帮助的一项基本制度。我国目前的社会保险包括基本养老保险、失业保险、基本医疗保险、工伤保险和生育保险 5 个项目。《劳动法》第七十二条明确规定，用人单位和劳动者必须依法参加社会保险，缴纳社会保险费。同时为了保障企业和职工的合法权益，发展良好的劳动关系，《中华人民共和国劳动争议调解仲裁法》第二条第（四）项规定，"因工作时间、休息休假、社会保险、福利、培训以及劳动保护发生的争议"适用本法。《社会保险法》更是通过立法，将社会保险的缴纳与待遇的享受等上升到法律的层面。可见社会保险关系到用人单位和劳动者的切身利益，用人单位对国家规定的社会保险相关业务的办理必须慎重对待，劳动者作为参保人员也必须熟知社会保险业务、缴费以及待遇享受等内容。

　　党的二十大报告对"增进民生福祉，提高人民生活品质"做了全面部署，这也是我国社会福利发展的首要目标。

## 4.1　社会保险日常业务的办理

### 4.1.1　社会保险关系的建立

　　社会保险登记是用人单位、职工个人与社会保险经办机构建立社会保险关系的标志。《社会保险法》第五十七条第一款明确规定："用人单位应当自成立之日起 30 日内凭营业执照、登记证书或者单位印章，向当地社会保险经办机构申请办理社会保险登记。社会保险经办机构应当自收到申请之日起 15 日内予以审核，发给社会保险登记证件。"

　　对用人单位填报的社会保险登记表、提供的证件和资料，社会保险经办机构应当立即受理，并在自受理之日起 15 日内审核完毕，将用人单位提供的证件交还。用人单位填报的社会保险登记表、提供的证件和资料符合有关规定的，社会保险经办机构对其予以登记，并发给社会保险登记证。社会保险登记确立了社会保险经办机构与用人单位（包括单位内的职工）之间的权利和义务关系。

　　用人单位应当自用工之日起 30 日内为其职工向社会保险经办机构申请办理社会保险登记。未办理社会保险登记的，由社会保险经办机构核定其应当缴纳的社会保险费。

自愿参加社会保险的无雇工的个体工商户、未在用人单位参加社会保险的非全日制从业人员以及其他灵活就业人员，应当向社会保险经办机构申请办理社会保险登记。

社会保险各统筹地区在建立社会保险关系的过程中，办理手续既要合乎有关法律、法规的规定，又要具体、缜密。

用人单位在领取营业执照或获准成立后30天内，必须依法办理社会保险登记及申报缴费。办理手续时请按照相关规定提供资料。

### 4.1.2　社会保险关系的转移和终止

1）社会保险关系的转移

社会保险关系的转移包括两个方面：一是用人单位社会保险关系的转移。社会保险实行属地管理，用人单位应参加单位所在地的社会保险统筹，用人单位跨统筹地区转移，应向转出地社会保险经办机构提出申请，由经办机构审核后开具转移证明，注明职工人数、参加社会保险有关情况等，由转入地经办机构负责接续其社会保险关系。二是个人社会保险关系的转移。职工在职期间，个人跨统筹地区调动工作的，由调出地社会保险经办机构出具转移通知书，填写参加社会保险人员转移情况表，调入地社会保险经办机构应依据调出地提供的参加社会保险人员转移情况表和职工社会保险个人账户等资料，为职工接续社会保险关系并做好衔接工作。个人社会保险关系转移通知书一般采用下列格式：

---

**社会保险关系转移通知书**

_____单位：

贵单位职工_____同志从_____年_____月调入我单位工作，请转移社会保险关系。

用人单位（章）　　　　　　　　　　区、县社会保险分中心（章）

　　年　　月　　日　　　　　　　　　　年　　月　　日

注：此通知书一式两份，原用人单位和新用人单位所在社会保险分中心各一份。

---

2）社会保险关系的终止

《社会保险法》第五十七条第二款和第三款规定："用人单位的社会保险登记事项发生变更或者用人单位依法终止的，应当自变更或者终止之日起30日内，到社会保险经办机构办理变更或者注销社会保险登记。市场监督管理部门、民政部门和机构编制管理机关应当及时向社会保险经办机构通报用人单位的成立、终止情况，公安机关应当及时向社会保险经办机构通报个人的出生、死亡以及户口登记、迁移、注销等情况。"

缴费单位发生解散、破产、撤销、合并及其他情形，停止履行社会保险缴费义务时，应及时向社会保险登记机构申请办理注销社会保险登记，同时终止该单位与社会保险经办机构的社会保险关系。

用人单位发生注销、停业、解散、破产、撤销或其他情形时，须当月到社会保险经办机构办理手续。需要携带的材料有：

（1）"社会保险登记证"原件。

（2）税务部门（或者是市场监督管理部门）出具的注销受理回执或注销证明原件及复印件。

（3）办理当月的社会保险费银行托收凭证原件、复印件。

（4）如有欠款，须缴清欠款，并提供《中华人民共和国税收通用缴款书》的原件、复印件。

（5）填写"××市劳动用工和社会保险增减员表"一式两份，办理全部参保人员的减员手续。

对于缴费个人来说，死亡或者出国定居，社会保险关系即行终止。例如，职工移居国外，职工所在单位停止为其缴纳社会保险费，及时为其办理终止社会保险关系的手续。

## 4.2　社会保险缴费

社会保险的经办主体是国家，社会保险费用是由国家、企业和个人共同承担的。社会保险强调个人缴费，社会保险的缴费完全建立在自助自保和互助互济的基础上，参加社会保险的劳动者通过缴费，获得成员资格，有"先尽义务，后享权利"的说法。

按照《劳动法》等有关法规的规定，用人单位为劳动者缴纳社会保险费是法定义务，不能以任何借口停止缴费。缴费单位和缴费个人应当以货币形式全额缴纳社会保险费，缴费个人应当缴纳的社会保险费，由所在单位从其本人工资中代扣代缴。

《社会保险费征缴暂行条例》明确规定："社会保险费的费基、费率依照有关法律、行政法规和国务院的规定执行。"原则上，缴费单位以国家规定的职工工资总额作为缴费基数。在《社会保险法》中，明确规定了基本养老保险及工伤保险，用人单位应当按照国家规定的本单位职工工资总额的比例缴纳。其余的失业、医疗及生育保险均规定为按照国家规定标准缴纳。所谓职工工资总额，是指国家统计局规定的各单位在一定时期内直接支付给本单位全部职工的劳动报酬总额，包括计时工资、计件工资、奖金、津贴和补贴、加班加点工资、特殊情况下支付的工资。

目前，职工一般还是以上一年度本人月平均工资为缴费基数（以个人身份参保的，可以根据当地规定，选择上一年度职工月平均工资为缴费基数）。职工月平均工资高于当地职工月平均工资300%的，以当地职工月平均工资的300%作为缴费基数；低于当地职工月平均工资60%的，以当地职工月平均工资的60%作为缴费基数。

### 4.2.1　基本养老保险

基本养老保险是国家通过立法，保障劳动者在法定退休年龄后，从政府和社会获得一定的经济补偿、物质帮助和服务，以保证其晚年基本生活的一种社会保险制度。我国基本养老保险制度实行社会统筹与个人账户相结合的模式。

基本养老保险缴费由用人单位和劳动者个人共同承担。1997年7月国务院发布的《国务院关于建立统一的企业职工基本养老保险制度的决定》提出：企业缴纳的基本养老保险比例一般不得超过企业职工工资总额的20%（具体比例由各省、自治区、直辖市人民政府确定）；劳动者个人缴费比例不低于本人工资的4%，1998年起每两年提高一个百分点，最终达到缴费工资的8%。

从1997年7月至2006年，基本养老保险规定统一个人账户，按劳动者个人缴费工资的11%为每个职工建立基本养老保险个人账户，个人缴费部分全部计入，其余部分从企业缴费中划入；但2005年颁布的《国务院关于完善企业职工基本养老保险制度的决定》规定，从2006年1月1日起，个人账户的规模统一由本人缴费工资的11%调整为8%，全部由个人缴费形成，单位缴费不再划入个人账户。

根据人力资源和社会保障部、财政部于2016年4月20日发布的《关于阶段性降低社会保险费率的通知》的精神，为降低企业成本，增强企业活力，根据《社会保险法》等的有关规定，经国务院同意：从2016年5月1日起，企业职工基本养老保险单位缴费比例超过20%的省（区、市），将单位缴费比例降至20%；单位缴费比例为20%且2015年年底企业职工基本养老保险基金累计结余可支付月数高于9个月的省（区、市），可以阶段性将单位缴费比例降低至19%，降低费率的期限暂按两年执行。具体方案由各省（区、市）确定。2018年4月20日，根据《中华人民共和国社会保险法》（以下简称《社会保险法》）等的有关规定，经国务院同意，人力资源和社会保障部与财政部联合发布了《关于继续阶段性降低社会保险费率的通知》。2019年3月5日，时任国务院总理李克强在第十三届全国人民代表大会第二次会议开幕会上所做的政府工作报告中明确，对基本养老保险单位缴费率可以从原规定的20%降到16%，从5月1日起就要降社会保险费率。

### 4.2.2 失业保险

失业保险是国家通过立法强制实行，由社会集中建立基金，对非因本人意愿中断就业而失去工资的劳动者提供一定时期的物质帮助和就业服务的一种社会保险制度。

目前我国失业保险的缴费基数是缴费单位的工资总额。缴费单位的工资总额按照国家有关工资政策认定其构成和计算方式，主要是指单位在一定时期内直接支付给本单位全部职工的劳动报酬总额，职工个人的缴费基数是本人工资。按照《失业保险条例》的规定，参保单位按其工资总额的2%缴费，参保个人按照本人工资的1%缴费，农民合同制员工本人不缴纳失业保险费。

根据2018年4月20日人力资源和社会保障部、财政部发布的《关于继续阶段性降低社会保险费率的通知》，继2016年4月20日发布《关于阶段性降低社会保险费率的通知》后，自2018年5月1日起，企业职工基本养老保险单位缴费比例可降至19%，实施失业保险总费率1%的省（区、市）可延长阶段性降低费率的期限，同时可以根据各省（区、市）工伤保险基金累计结余情况，可在现行费率基础上下调20%至50%，该政策暂时执行至2019年4月30日。具体方案由各省（区、市）研究确定。目前，失业保险总费率仍执行阶段性降费率，未来可能根据经济形势进行调整，失业保险总费率普遍为1%，但单位部分存在进一步下调空间（如2025年单位部分最低至0.4%）。

### 4.2.3 基本医疗保险

党的二十大报告明确指出："促进多层次医疗保障有序衔接。"基本医疗保险是为了抗御疾病风险而建立的一种保险，通常以法律或合同的形式，向参保人预先收取保费，建立医疗保险基金，被保险人患病就诊发生费用后，由医疗保险机构对其给予一定的经济补偿。医疗保险具有风险转移和补偿转移功能，即将集中在个体身上的由疾病风险所导致的经济损失分摊给所有参加保险的社会成员，并用集中起来的医疗保险资金补偿由疾病风险所带来的经济损失。

基本医疗保险费由用人单位和个人共同缴纳。用人单位缴费水平按照当地工资总额的5%～9.8%确定，具体到各个统筹地区，则由当地政府根据各方面的实际负担能力、经济发展水平以及医疗消费水平来确定。按照"统账结合"的制度模式，基本医疗保险基金分为统筹基金和个人账户两个部分。因为基本医疗保险缴费与统筹地区经济发展水平相关，各统筹地区存在一定的差异，以广州市为例，基本医疗保险缴费具体情况为：

1）缴费比例

在职职工个人应当按其缴费基数的2%缴纳基本医疗保险费，用人单位应当按其缴费基数的5.45%缴纳基本医疗保险费（含生育保险费）。职工个人应当缴纳的基本医疗保险费，由用人单位按月从其工资中代扣代缴。

2）"统账结合"模式

（1）个人账户构成。①在职职工：个人缴纳的基本医疗保险费（缴费基数的2%）全额划入个人账户；用人单位缴纳的基本医疗保险费不再划入个人账户。

②退休人员：按参保地规定的固定额度按月划入个人账户，广州市为213.42元/月（2024年标准）。

③账户利息：个人账户余额按国家公布的记账利率计算利息。

（2）统筹基金。单位缴费全额划入统筹基金。

➡ **知识链接4-1**

### 城镇职工基本医疗保险制度改革目标任务和原则

任务：基本保障，广泛覆盖，双方负担，统账结合。

"基本保障"是指基本医疗保险的水平要和我国社会主义初级阶段的生产力发展水平相适应，相应的筹资水平要根据目前我国财政和企业的承受能力确定，只能保障职工的基本医疗需求。

"广泛覆盖"是指基本医疗保险要覆盖城镇所有用人单位和职工，不论是国有单位，还是非国有单位，不论是效益好的企业，还是效益差的企业，都要参加基本医疗保险。

"双方负担"是指改变过去职工医疗费由国家和企业包揽、个人不承担医疗保险费的规定，实行基本医疗保险费由单位和个人共同合理负担。

"统账结合"是指基本医疗保险实行社会统筹和个人账户相结合，建立医疗保险统筹基金和个人账户，并明确各自的支付范围，统筹基金主要支付大额医疗费用，个人账户主要支付小额医疗费用。

原则：

（1）基本医疗保险的水平要与社会主义初级阶段生产力发展水平相适应；

（2）城镇所有用人单位及其职工都要参加基本医疗保险，实行属地管理；

（3）基本医疗保险费由用人单位和职工双方共同负担；

（4）基本医疗保险基金实行社会统筹和个人账户相结合。

资料来源　佚名. 城镇职工基本医疗保险制度改革目标任务和原则［EB/OL］.［2024-09-29］. http：//www.jyumzsf.com/gongzuo/201109/2884.html.

### 4.2.4　工伤保险

工伤保险是指劳动者在工作中或在规定的特殊情况下，遭受意外伤害或患职业病导致暂时或永久丧失劳动能力以及死亡时，劳动者或其遗属从国家和社会获得物质帮助的一种社会保险制度。

我国目前工伤保险费的收缴根据以支定收、收支平衡的原则，实行行业差别费率和行业内费率档次。国家根据不同行业的工伤风险程度确定行业的差别费率，并根据工伤保险费用使用、工伤发生率等情况在每个行业内确定若干费率档次。用人单位按本单位职工工资总额的一定费率缴纳工伤保险费，职工个人不缴纳工伤保险费。各统筹地区根据用人单位工伤保险费使用、工伤发生率等情况，使用所属行业内相应的费率档次确定单位缴费费率。以广州市工伤保险为例，其缴费费率标准见表4-1。

表4-1　　　　　　　广州市工伤保险行业风险分类及基准费率一览表

| 行业类别 | 行业名称 | 基准费率 |
|---|---|---|
| 一 | 软件和信息技术服务业，货币金融服务、资本市场服务、保险业、其他金融业，科技推广和应用服务业，社会工作，广播、电视、电影和影视录音制作业，中国共产党机关、国家机构、人民政协、民主党派，社会保障，群众团体、社会团体和其他成员组织，基层群众自治组织，国际组织 | 0.2% |
| 二 | 批发业，零售业，仓储业，邮政业，住宿业，餐饮业，电信、广播、电视和卫星传输服务业，互联网和相关服务业，房地产业，租赁业，商务服务业，研究和试验发展、专业技术服务业，居民服务业，其他服务业，教育、卫生、新闻和出版业，文化艺术业 | 0.4% |
| 三 | 农副食品加工业，食品制造业，酒、饮料和精制茶制造业，烟草制品业，纺织业，木材加工和木、竹、藤、棕、草制品业，文教、工美、体育和娱乐用品制造业，计算机、通信和其他电子设备制造业，仪器仪表制造业，其他制造业，水的生产和供应业，机动车、电子产品和日用产品修理业，水利管理业，生态保护和环境治理业，公共设施管理业，娱乐业 | 0.7% |
| 四 | 农业、畜牧业、农、林、牧、渔服务业，纺织服装、服饰业，皮革、毛皮、羽毛及其制品和制鞋业，印刷和记录媒介复制业，医药制造业，化学纤维制造业，橡胶和塑料制品业，金属制品业，通用设备制造业，专用设备制造业，汽车制造业，铁路、船舶、航空航天和其他运输设备制造业，电气机械和器材制造业，废弃资源综合利用业，金属制品、机械和设备修理业，电力、热力生产和供应业，燃气生产和供应业，铁路运输业，航空运输业，管道运输业，体育 | 0.9% |
| 五 | 林业和开采辅助活动，家具制造业，造纸和纸制品业，建筑安装业，建筑装饰和其他建筑业，道路运输业，水上运输业，装卸搬运和运输代理业 | 1.1% |

| 行业<br>类别 | 行业名称 | 基准<br>费率 |
|---|---|---|
| 六 | 渔业，化学原料和化学制品制造业，非金属矿物制品业，黑色金属冶炼和压延加工业，有色金属冶炼和压延加工业，房屋建筑业，土木工程建筑业 | 1.2% |
| 七 | 石油和天然气开采业，其他采矿业，石油加工、炼焦和核燃料加工业 | 1.3% |
| 八 | 煤炭开采和洗选业，黑色金属矿采选业，有色金属矿采选业，非金属矿采选业 | 1.4% |

资料来源　根据《广州市人力资源和社会保障局 广州市财政局 国家税务总局广州市税务局 关于调整广州市工伤保险费率及有关问题的通知》整理.

### 4.2.5　生育保险

生育保险是对生育职工给予经济、物质等方面帮助的一种社会保险制度。生育保险是向法定范围内的劳动者，尤其是妇女，部分或全部提供怀孕、生产、哺乳期间的医护费用，保证产假和哺育假期间的经济来源，使其不至于因生育而基本生活需求没有保障的社会保险。

生育保险费的提取比例由当地人民政府根据计划内生育人数和生育津贴、生育医疗费等项目确定，并可根据费用支出情况适时调整，但最高不得超过工资总额的1%。在各地的实际操作中，生育保险缴费比例一般在1%以下，大部分地区提取比例控制在0.6%~0.8%。生育保险费全部由企业缴纳，职工个人不缴纳生育保险费。

应当注意的是，依据《社会保险法》的规定，只要与用人单位签订劳动合同或形成事实劳动关系，不分男女，均应参加生育保险。《社会保险法》规定职工未就业配偶按照国家规定享受生育医疗费用待遇，从而改变了过去全职太太生孩子后有关费用不能报销的状况。这也意味着，只要丈夫买了生育保险，全职太太生孩子的医疗费将由生育保险基金支出，只是不能享受生育津贴。

## 4.3　社会保险待遇介绍

只要依法参加社会保险，劳动者就能依法享受相应的社会保险待遇。目前我国企业职工可享受的社会保险待遇包括基本养老保险待遇、失业保险待遇、工伤保险待遇、基本医疗保险待遇以及生育保险待遇5个方面。

**▶▶▶ 小思考 4-1**

费某的丈夫张某系某人力资源公司员工，双方签订了自2020年7月6日起至2021年7月5日止的劳动合同。2020年7月6日，张某向公司书写了一份声明，内容为："本人入职公司，自愿将缴纳社保费的权益转给本人妻子费某，应缴纳的社保费用由公司从本人的工资中代扣代缴，日后不得以公司未给本人缴纳社保费为由要求公司为本人补缴社保费，由此产生的一切不利后果，由本人承担，与公司无关。"2020年8月，某人力资源公司开始为费某缴纳社会保险费。后费某生育子女，社会保险机构将费某的生育津贴转款到某人力资源公司账户，该公司未支付给费某，引发诉讼。

法院认为，劳动关系的成立，应当根据劳动者与用人单位达成建立劳动关系的合意、劳动者为用人单位提供劳动并接受用人单位的管理和安排、用人单位按期支付劳动者工资报酬等要素予以综合考虑。费某与某人力资源公司虽然签有劳务合同，但费某未提供其向该公司提供劳动的证据，亦未提供该公司向其支付工资的有效凭证，结合费某的丈夫张某向该公司出具的声明，应当认定费某与某人力资源公司之间签订的劳务合同属于虚假意思表示，费某与某人力资源公司之间不存在真实的劳动关系。费某与该公司通过签订劳务合同等材料虚构社会保险参保条件，该公司为费某违规代缴社会保险费，从而使费某生育时获得生育津贴，骗取社会保险待遇，属于欺诈骗保的行为，某人力资源公司应当将社保基金支付的生育津贴归还给社保机构。法院判决：驳回费某的全部诉讼请求。

互动课堂

小思考4-1
参考答案

资料来源　人民法院案例库. 费某诉南京某人力资源公司劳动争议案［EB/OL］.［2025-02-03］. https：//rmfyalk.court.gov.cn/.

那么，对于挂靠社会保险的人员，企业应承担何种责任？

### 4.3.1　基本养老保险待遇

劳动者如果具备以下条件，可以办理退休手续并按月领取养老金：达到国家法定退休年龄，即男年满60周岁，女年满50周岁（从事生产操作类岗位，如生产线工人、服务员等），女年满55周岁（从事管理技术类岗位，如部门经理、工程师等）；缴费年限（含视同缴费年限）满15年及以上，未满15年可延长缴费至满15年。2024年9月13日，第十四届全国人民代表大会常务委员会第十一次会议通过《国务院关于渐进式延迟法定退休年龄的办法》，自2025年1月1日起施行。同步启动延迟男、女职工的法定退休年龄，用15年时间，逐步将男职工的法定退休年龄从原60周岁延迟至63周岁，将女职工的法定退休年龄从原50周岁、55周岁分别延迟至55周岁、58周岁。实施渐进式延迟法定退休年龄坚持小步调整、弹性实施、分类推进、统筹兼顾的原则。

我国新的养老保险制度打破了企业所有制和职工身份的界限，规定凡是按照规定缴纳了养老保险费的人员，都可以按照同等条件享受养老保险待遇。按照参保人员参加工作时间的不同，《社会保险法》对基本养老金计发办法具体规定如下：

国有企业、事业单位职工参加基本养老保险前，视同缴费年限期间应当缴纳的基本养老保险费由政府承担。基本养老保险基金出现支付不足时，政府给予补贴。个人账户不得提前支取，记账利率不得低于银行定期存款利率，免征利息税。个人死亡的，个人账户余额可以继承。

基本养老金由统筹养老金和个人账户养老金组成。基本养老金根据个人累计缴费年限、缴费工资、当地职工月平均工资、个人账户金额、城镇人口平均预期寿命等因素确定。国家建立基本养老金正常调整机制。根据职工月平均工资增长、物价上涨情况，适时提高基本养老保险待遇水平。

参加基本养老保险的个人，达到法定退休年龄时累计缴费满15年的，按月领取基本养老金。参加基本养老保险的个人，达到法定退休年龄时累计缴费不足15年的，可以延长缴费至满15年，按月领取基本养老金；《社会保险法》实施前参保、延长缴费5

年后仍不足15年的，可以一次性缴费至满15年；但以上两种情形中延长缴费期间的待遇不再补发；也可以转入新型农村社会养老保险或者城镇居民社会养老保险，按照国务院规定享受相应的养老保险待遇；或一次性取出个人账户储存额，终止职工基本养老保险关系。

1998年7月1日后参加基本养老保险的参保人，基本养老金由基础养老金和个人账户养老金组成。

$$基础养老金 = \left( \frac{本地区上年度在岗}{职工月平均工资} + \frac{本人指数化月}{平均缴费工资} \right) \div 2 \times 缴费年限（含视同缴费年限）\times 1\%$$

基础养老金从基本养老保险统筹基金中支付。个人账户养老金月标准以本人首次领取基本养老金时个人账户储存额除以计发月数，计发月数按《关于完善企业职工基本养老保险制度的决定》（国发〔2005〕38号文）的规定执行。个人账户养老金从本人个人账户基金中支付。具有视同缴费权益并建立了视同缴费账户的参保人，按相关规定在计发基础养老金和个人账户养老金的基础上，再计发过渡性养老金。

参加基本养老保险的个人，因病或者非因工死亡的，其遗属可以领取丧葬补助金和抚恤金；在未达到法定退休年龄时因病或者非因工致残完全丧失劳动能力的，可以领取病残津贴。所需资金从基本养老保险基金中支付。个人跨统筹地区就业的，其基本养老保险关系随本人转移，缴费年限累计计算。个人达到法定退休年龄时，基本养老金分段计算、统一支付。具体办法由国务院规定。

另根据2009年12月28日颁布的《国务院办公厅关于转发人力资源和社会保障部、财政部城镇企业职工基本养老保险关系转移接续暂行办法》（国办发〔2009〕66号文）第五条的规定，参保人员跨省流动就业，其基本养老保险关系转移接续按下列规定办理：（1）参保人员返回户籍所在地（指省、自治区、直辖市，下同）就业参保的，户籍所在地的相关社保经办机构应为其及时办理转移接续手续。（2）参保人员未返回户籍所在地就业参保的，由新参保地的社保经办机构为其及时办理转移接续手续，但对男性年满50周岁和女性年满40周岁的，应在原参保地继续保留基本养老保险关系，同时在新参保地建立临时基本养老保险缴费账户，记录单位和个人全部缴费。参保人员再次跨省流动就业或在新参保地达到待遇领取条件时，将临时基本养老保险缴费账户中的全部缴费本息，转移归集到原参保地或待遇领取地。（3）参保人员经县级以上党委组织部门、人力资源和社会保障行政部门批准调动，且与调入单位建立劳动关系并缴纳基本养老保险费的，不受以上年龄规定限制，应在调入地及时办理基本养老保险关系转移接续手续。

同时在本办法第六条对劳动者养老保险待遇领取地，做了明确的规定与解释。跨省流动就业的参保人员达到待遇领取条件时，按下列规定确定其待遇领取地：（1）基本养老保险关系在户籍所在地的，由户籍所在地负责办理待遇领取手续，享受基本养老保险待遇。（2）基本养老保险关系不在户籍所在地，而在其基本养老保险关系所在地累计缴费年限满10年的，在该地办理待遇领取手续，享受当地基本养老保险待遇。（3）基本养老保险关系不在户籍所在地，且在其基本养老保险关系所在地累计缴费年限不满10年的，将其基本养老保险关系转回上一个缴费年限满10年的原参保地办理待遇领取手续，享受基本养老保险待遇。（4）基本养老保险关系不在户籍所在地，且在每个参保地的累计缴费年限均不满10年的，将其基本养老保险关系及相应资金归集到户籍所在地，由户籍所在地按规定办理待遇领取手续，享受基本养老保险待遇。

### 4.3.2　失业保险待遇

劳动者领取失业保险金必须具备的条件：失业前用人单位和本人已经缴纳失业保险费满一年的；非因本人意愿中断就业的；已经进行失业登记，并有求职要求的。

非本人意愿中断就业的是指下列人员：劳动合同期满自然终止劳动合同的；用人单位依法破产或关闭、解散自然解除劳动合同的；非本人主动提出辞职或自动离职、被用人单位提前解除劳动合同的；因本人过失被用人单位开除、除名、辞退的；职工因用人单位以暴力、威胁或者非法限制人身自由的手段强迫劳动而提出解除劳动合同的；职工因用人单位未按照劳动合同约定支付劳动报酬或者提供劳动条件而提出解除劳动合同的；法律、行政法规及规章另有规定的。

《社会保险法》规定，劳动者达到领取失业保险金的条件，发生失业后即可按照规定享受失业保险待遇。

（1）失业保险金。失业人员失业前用人单位和本人累计缴费满一年不足5年的，领取失业保险金的期限最长为12个月；累计缴费满5年不足10年的，领取失业保险金的期限最长为18个月；累计缴费10年以上的，领取失业保险金的期限最长为24个月。重新就业后，再次失业的，缴费时间重新计算，领取失业保险金的期限与前次失业应当领取而尚未领取的失业保险金的期限合并计算，最长不超过24个月。失业保险金的标准，由省、自治区、直辖市人民政府确定，不得低于城市居民最低生活保障标准。自2022年起，农民合同制职工与城镇职工统一参保缴费，不再区分户籍，取消"一次性生活补助"制度。

（2）医疗待遇。失业人员在领取失业保险金期间，参加职工基本医疗保险，享受基本医疗保险待遇。失业人员应当缴纳的基本医疗保险费从失业保险基金中支付，个人不缴纳基本医疗保险费。

（3）死亡待遇。失业人员在领取失业保险金期间死亡的，参照当地对在职职工死亡的规定，向其遗属发给一次性丧葬补助金和抚恤金。所需资金从失业保险基金中支付。个人死亡同时符合领取基本养老保险丧葬补助金、工伤保险丧葬补助金和失业保险丧葬补助金条件的，其遗属只能选择领取其中的一项。

参保人在领取失业保险金期间死亡的可享受丧葬补助和亲属抚恤：

丧葬补助金=死亡时上年度市职工月平均工资×3（个月）

供养的配偶、直系亲属抚恤金=死亡时上年度市职工月平均工资×6（个月）

用人单位应当及时为失业人员出具终止或者解除劳动关系的证明，并将失业人员的名单自终止或者解除劳动关系之日起15日内告知社会保险经办机构。失业人员应当持本单位为其出具的终止或者解除劳动关系的证明，及时到指定的公共就业服务机构办理失业登记。失业人员凭失业登记证明和个人身份证明，到社会保险经办机构办理领取失业保险金的手续。失业保险金领取期限自办理失业登记之日起计算。

失业人员在领取失业保险金期间有下列情形之一的，停止领取失业保险金，并停止享受其他失业保险待遇：重新就业的；应征服兵役的；移居境外的；享受基本养老保险待遇的；无正当理由，拒不接受当地人民政府指定部门或者机构介绍的适当工作或者提供的培训的。

职工跨统筹地区就业的，其失业保险关系随本人转移，缴费年限累计计算。

### 4.3.3　工伤保险待遇

参加了工伤保险的企业职工，发生工伤后，按照规定享受工伤保险待遇，由工伤保险基金支付费用。

根据《工伤保险条例》的规定，工伤职工可以根据评定的伤残等级，按照相应标准享受一次性伤残补助金、伤残津贴，可以按照规定享受医疗费、康复治疗费、一次性工伤医疗补助金和一次性伤残就业补助金等待遇。

职工治疗工伤应当在签订服务协议的医疗机构就医，情况紧急时可以先到就近的医疗机构急救。治疗工伤所需费用符合工伤保险诊疗项目目录、工伤保险药品目录、工伤保险住院服务标准的，从工伤保险基金中支付。工伤保险诊疗项目目录、工伤保险药品目录、工伤保险住院服务标准，由国务院社会保险行政部门会同国务院卫生行政部门、食品药品监督管理部门等部门规定。

职工住院治疗工伤的伙食补助费，以及经医疗机构出具证明，报经办机构同意，工伤职工到统筹地区以外就医所需的交通、食宿费用从工伤保险基金中支付，基金支付的具体标准由统筹地区人民政府规定。

工伤职工治疗非工伤引发的疾病，不享受工伤医疗待遇，按照基本医疗保险办法处理。

工伤职工到签订服务协议的医疗机构进行工伤康复的费用，符合规定的，从工伤保险基金中支付。

工伤职工因日常生活或者就业需要，经劳动能力鉴定委员会确认，可以安装假肢、矫形器、假眼、假牙和配置轮椅等辅助器具，所需费用按照国家规定的标准从工伤保险基金中进行支付。

职工因工作遭受事故伤害或者患职业病需要暂停工作接受工伤医疗的，在停工留薪期内，原工资福利待遇不变，由所在单位按月支付。

停工留薪期一般不超过 12 个月。伤情严重或者情况特殊，经设区的市级劳动能力鉴定委员会确认，可以适当延长，但延长期不得超过 12 个月。工伤职工评定伤残等级后，停发原待遇，按照有关规定享受伤残待遇。工伤职工在停工留薪期满后仍需治疗的，继续享受工伤医疗待遇。

生活不能自理的工伤职工在停工留薪期间需要护理的，由所在单位负责。

工伤职工已经评定伤残等级并经劳动能力鉴定委员会确认需要生活护理的，从工伤保险基金中按月支付生活护理费。

生活护理费按照生活完全不能自理、生活大部分不能自理或者生活部分不能自理 3 个不同等级支付，其标准分别为统筹地区上年度职工月平均工资的 50%、40%、30%。

职工因工致残被鉴定为一级至四级伤残的，保留劳动关系，退出工作岗位，并享受以下待遇：

（1）从工伤保险基金中按伤残等级支付一次性伤残补助金，标准为：一级伤残为27个月的本人工资；二级伤残为25个月的本人工资；三级伤残为23个月的本人工资；四级伤残为21个月的本人工资。

（2）从工伤保险基金中按月支付伤残津贴，标准为：一级伤残为本人工资的90%；二级伤残为本人工资的85%；三级伤残为本人工资的80%；四级伤残为本人工资的75%。伤残津贴实际金额低于当地最低工资标准的，由工伤保险基金补足差额。

（3）工伤职工达到退休年龄并办理退休手续后，停发伤残津贴，按照国家有关规定享受基本养老保险待遇。基本养老保险待遇低于伤残津贴的，由工伤保险基金补足差额。

职工因工致残被鉴定为一级至四级伤残的，由用人单位和职工个人以伤残津贴为基数，缴纳基本医疗保险费。

职工因工致残被鉴定为五级、六级伤残的，享受以下待遇：（1）从工伤保险基金中按伤残等级支付一次性伤残补助金，标准为：五级伤残为18个月的本人工资；六级伤残为16个月的本人工资。（2）保留与用人单位的劳动关系，由用人单位安排适当的工作。难以安排工作的，由用人单位按月发给伤残津贴，标准为：五级伤残为本人工资的70%；六级伤残为本人工资的60%，并由用人单位按照规定为其缴纳应缴纳的各项社会保险费。伤残津贴实际金额低于当地最低工资标准的，由用人单位补足差额。经工伤职工本人提出，该职工可以与用人单位解除或者终止劳动关系，由工伤保险基金支付一次性工伤医疗补助金，由用人单位支付一次性伤残就业补助金。一次性工伤医疗补助金和一次性伤残就业补助金的具体标准由省、自治区、直辖市人民政府规定。

职工因工致残被鉴定为七级至十级伤残的，享受以下待遇：（1）从工伤保险基金中按伤残等级支付一次性伤残补助金，标准为：七级伤残为13个月的本人工资；八级伤残为11个月的本人工资；九级伤残为9个月的本人工资；十级伤残为7个月的本人工资。（2）劳动、聘用合同期满终止，或者职工本人提出解除劳动、聘用合同的，由工伤保险基金支付一次性工伤医疗补助金，由用人单位支付一次性伤残就业补助金。一次性工伤医疗补助金和一次性伤残就业补助金的具体标准由省、自治区、直辖市人民政府规定。

工伤职工工伤复发，确认需要治疗的，享受《工伤保险条例》第三十条、第三十二条和第三十三条规定的工伤待遇。

职工因工死亡，其近亲属按照下列规定从工伤保险基金中领取丧葬补助金、供养亲属抚恤金和一次性工亡补助金：（1）丧葬补助金为6个月的统筹地区上年度职工月平均工资。（2）供养亲属抚恤金按照职工本人工资的一定比例发给由因工死亡职工生前提供主要生活来源、无劳动能力的亲属。标准为：配偶每月40%，其他亲属每人每月30%，孤寡老人或者孤儿每人每月在上述标准的基础上增加10%。核定的各供养亲属的抚恤金之和不应高于因工死亡职工生前的工资。供养亲属的具体范围由国务院社会保险行政部门规定。（3）一次性工亡补助金标准为上一年度全国城镇居民人均可支配收入的20倍。伤残职工在停工留薪期内因工伤导致死亡的，其近亲属享受（1）至（3）规定的待遇。一级至四级伤残职工在停工留薪期满后死亡的，其近亲属可以享受（1）和（2）规定的待遇。

伤残津贴、供养亲属抚恤金、生活护理费由统筹地区社会保险行政部门根据职工月平均工资和生活费用变化等情况适时调整。调整办法由省、自治区、直辖市人民政府规定。

工伤职工有下列情形之一的，停止享受工伤保险待遇：丧失享受待遇条件的；拒不接受劳动能力鉴定的；拒绝治疗的。

工伤职工符合领取基本养老金条件的，停发伤残津贴，享受基本养老保险待遇。基本养老保险待遇低于伤残津贴的，从工伤保险基金中补足差额。职工所在用人单位未依法缴纳工伤保险费，发生工伤事故的，由用人单位支付工伤保险待遇。用人单位不支付的，从工伤保险基金中先行支付。从工伤保险基金中先行支付的工伤保险待遇应当由用人单位偿还。用人单位不偿还的，社会保险经办机构可以依照《社会保险法》第六十三条的规定追偿。

### ◆◆◆➡ 案例分析 4-1

#### 未参加工伤保险　工厂承担数十万元赔偿金

张某 2023 年 10 月起进入某工厂担任搬运工，入职时该工厂人力资源部负责人口头告知张某，鉴于新入职员工的稳定性原因，该工厂将会在他们 3 个月的试用期满后，再与其签订劳动合同及缴纳社会保险费，张某当时不以为然，认为时下找工作也不容易，便没有向该工厂提出任何要求。在人力资源部人员的协助下，办理了入职手续正式进入该工厂工作。

2023 年 11 月的某天，张某在独自搬运货物时，仓库旁边的堆头上突然掉下一箱货物，重重地砸在张某的身上，造成张某的头部和手部受伤，工友立即将张某送往附近医院治疗，后转院至当地人民医院进行手术治疗，经过近 3 个月的治疗与恢复，医生诊断张某康复后肘部屈伸受限，其间共计产生医疗费用近 3.5 万元。而张某的家人在此期间也多次向张某工作的工厂追讨张某的工伤医疗费和相关补助，但该工厂均以入职时已明确告知张某权利为由，坚决不愿意支付张某的任何工伤医疗费和补助。无奈之下，张某的家属只好在 2024 年 6 月向当地人力资源和社会保障部门进行投诉，在当地人力资源和社会保障部门的协助下于 2024 年 9 月 30 日认定张某的情形属于工伤。2024 年 12 月，当地市劳动能力鉴定委员会根据其医生诊断报告等材料，鉴定张某伤残等级为八级。

资料来源　编者按真实案例整理、改编.

问题：张某相关的工伤待遇该由谁来承担？张某可以获得哪些工伤保险的待遇？

分析提示：该案例属于工伤保险类劳动争议中的典型案例，也是现在我国众多企业的惯常不当做法。企业考虑员工的稳定性，从人力资源管理学的观点来说是没有问题的，但是企业往往忽略了其中所一直隐藏着的风险，而工伤事故的发生就是其中最常见的风险。别以为没有参加社会保险或者员工自愿放弃参加社会保险等理由就能作为企业规避此类风险的借口，最终要对此类风险买单的，还是那些自作聪明的企业。

事件处理结果：由工厂向张某支付工伤停工医疗期内的正常工资待遇、医疗费、一次性伤残补助金、劳动能力鉴定费、交通费用及生活护理费，共计 257 800 元。

**法律规定：**

为了保障因工作遭受事故伤害或者患职业病的职工获得医疗救治和经济补偿，促进工伤预防和职业康复，分散用人单位的工伤风险，2003年4月27日中华人民共和国国务院令第375号公布《工伤保险条例》，2010年12月20日国务院第136次常务会议通过《国务院关于修改〈工伤保险条例〉的决定》，自2011年1月1日起施行。

《工伤保险条例》第二条规定，中华人民共和国境内的企业、事业单位、社会团体、民办非企业单位、基金会、律师事务所、会计师事务所等组织和有雇工的个体工商户（以下称用人单位）应当依照本条例规定参加工伤保险，为本单位全部职工或者雇工（以下称职工）缴纳工伤保险费。

按照《工伤保险条例》第三十条的规定，职工因工作遭受事故伤害或者患职业病进行治疗，享受工伤医疗待遇。

《社会保险法》第三十三条规定，职工应当参加工伤保险，由用人单位缴纳工伤保险费，职工不缴纳工伤保险费。

这也意味着，一旦用人单位不为员工购买工伤保险，那么员工在受工伤后是没有任何保障的。为了解决这一问题，《社会保险法》第四十一条也明确规定，职工所在用人单位未依法缴纳工伤保险费，发生工伤事故的，由用人单位支付工伤保险待遇。

《社会保险法》第八十六条还规定，用人单位未按时足额缴纳社会保险费的，由社会保险费征收机构责令限期缴纳或者补足，并自欠缴之日起，按日加收5‰的滞纳金；逾期仍不缴纳的，由有关行政部门处欠缴数额1倍以上3倍以下的罚款。

### 4.3.4  基本医疗保险待遇

单位职工按规定办理有关参保手续，履行缴费义务后，一般由当地社保中心为其建立个人医疗账户，发放医疗保险证、医疗保险病历和社会保险卡（IC卡），职工自缴费次月起享受医疗保险待遇。

由于基本医疗保险费用实行"统账结合"，所以根据参保人员所患疾病情况不同，基本医疗保险待遇分别从个人医疗账户和统筹基金两条线享受。以广州市为例，我们来看看基本医疗保险待遇的具体情况：

个人医疗账户资金主要用于支付以下范围的费用：门诊、急诊的基本医疗费用；住院及门诊特定项目基本医疗费用中，应由个人自付的费用；持医院外配处方到医保定点零售药店配基本医疗保险用药范围内的药，或者购买基本医疗保险用药范围内的非处方药的费用。

职工基本医疗保险统筹基金（以下简称统筹基金）支付的住院、普通门诊（含急诊，下同）以及恶性肿瘤放射治疗、恶性肿瘤化学治疗（含生物靶向药物治疗）、恶性肿瘤辅助治疗（放射治疗、化学治疗、生物靶向药物治疗期间）、恶性肿瘤（非放化疗）、急诊留院观察、家庭病床等门诊特定病种中的乙类药品，个人先自付费用比例为5%，若属于国家基本药物，个人先自付费用比例为零。

统筹基金非全额支付的住院、普通门诊以及门诊特定病种中的医疗服务项目和医用耗材，个人先自付费用比例分别为治疗项目10%、检查项目15%、可单独收费的一次性医用材料10%、安装各种人造器官和体内置放材料20%。（《广州市医疗保障局 广州市

财政局 广州市卫生健康委员会关于广州市职工医疗保险和生育保险待遇标准的通知》（穗医保规字〔2022〕2号））

另外，住院医疗费用包括起付标准、共付段和最高支付限额3种情况。

起付标准是指在统筹基金支付前按规定必须由个人支付的基本医疗费用额度。广州市患精神病的参保人员在指定精神病专科医疗机构或指定综合性医疗机构精神病专科病区住院治疗发生的基本医疗费用，不设起付标准。起付标准是以上年度本市职工平均工资为基数，每次住院根据医院等级按一定比例支付（举例见表4-2）。

表4-2　　　　　　　　　　　广州市基本医疗保险起付标准　　　　　　　　　　单位：元

| 类别 | 一级医院 | 二级医院 | 三级医院 |
|---|---|---|---|
| 在职职工/退休职工 | 250 | 500 | 1 000 |

注：①连续住院情形治疗时间每超过90天需要重新计算一次起付标准。在专科定点医疗机构连续住院治疗结核病的，每超过180天需要重新计算一次起付标准。

②参保人因精神病在本市精神病专科医疗机构或者指定综合性医疗机构精神病专科病区住院治疗的，起付标准为0元。

共付段是指起付标准以上至统筹基金最高支付限额以内所对应的应由参保人员和统筹基金按比例共同负担的医保基本医疗费用。共付段统筹基金具体的支付比例举例见表4-3。

表4-3　　　　　　　　　　广州市基本医疗保险共付段支付标准

| 类别 | | 基金支付比例 | | | 个人支付比例 | | |
|---|---|---|---|---|---|---|---|
| | | 一级医院 | 二级医院 | 三级医院 | 一级医院 | 二级医院 | 三级医院 |
| 职工医保 | 在职职工 | 90% | 85% | 80% | 10% | 15% | 20% |
| | 退休人员 | 93% | 89.5% | 86% | 7% | 10.5% | 14% |

统筹基金最高支付限额（封顶线）是指在一个医保年度内，统筹基金对参保人住院、门诊特定病种治疗发生的基本医疗费用，累计最高支付限额为本市上上年度城镇单位在岗职工年平均工资的6倍。2025年度广州市最高支付限额为949 908元。

职工大额医疗费用补助待遇：（1）一个医保年度内，参保人员住院或者二类门诊特定病种治疗发生的基本医疗费用，属于统筹基金最高支付限额及以下的个人自付的基本医疗费用，累计超过2 000元的部分由职工大额医疗费用补助金（以下简称补助金）按70%的比例支付。

（2）一个医保年度内，参保人员住院或者进行门诊特定病种治疗发生的基本医疗费用，超过统筹基金年度累计支付限额后由补助金支付，最高支付限额为本市上上年度城镇单位在岗职工年平均工资的3倍。

依据《广州市医疗保障局 广州市财政局 广州市人力资源和社会保障局关于广州市职工医疗保险和生育保险筹资标准的通知》（穗医保规字〔2022〕1号）的规定，职工基本医疗保险参保人员同步参加职工大额医疗费用补助。职工大额医疗费用补助金从职工基本医疗保险统筹基金列支，用人单位和参保人员无须另行缴费。

下列医疗费用不纳入基本医疗保险基金支付范围：应当从工伤保险基金中支付的；应当由第三人负担的；应当由公共卫生负担的；在境外就医的。个人跨统筹地区就业的，其基本医疗保险关系随本人转移，缴费年限累计计算。

### 4.3.5　生育保险待遇

《社会保险法》规定，职工应当参加生育保险，由用人单位按照国家规定缴纳生育保险费，职工不缴纳生育保险费。用人单位已经缴纳生育保险费的，其职工享受生育保险待遇；职工未就业配偶按照国家规定享受生育医疗费用待遇。所需资金从生育保险基金中支付。

以广州市为例，生育保险待遇具体规定如下：

1）享受条件

参加生育保险累计满一年的职工，在生育（流产）时仍在参保的，按相关规定享受生育保险待遇。

2）发放标准

（1）女职工生育津贴。职工应当享受的生育津贴，按照职工生育或者施行计划生育手术时用人单位上年度职工月平均工资除以30再乘以规定的假期天数计发。

①职工月平均工资说明：a.用人单位上年度职工月平均工资按照本单位上一自然年度参保职工各月缴费工资之和，除以其各月参保职工数之和确定。

b.本年度新参保的用人单位，生育津贴以该单位本年度参保职工月平均工资为基数计算。

②根据相关法规，职工享受生育津贴的假期天数，按照下列规定计算：

a.女职工生育享受产假：顺产的，计98天；难产的，增加30天；生育多胞胎的，每多生育1个婴儿，增加15天。

b.女职工终止妊娠享受产假：怀孕未满4个月终止妊娠的，根据医疗机构的意见，计15天至30天；怀孕4个月以上7个月以下终止妊娠的，计42天；怀孕满7个月终止妊娠的，计75天。

c.职工享受计划生育手术休假：取出宫内节育器的，计1天；放置宫内节育器的，计2天；施行输卵管结扎的，计21天；施行输精管结扎的，计7天；施行输卵管或者输精管复通手术的，计14天。

备注：a.同时存在两种以上计划生育手术情形，或者同时存在生育和计划生育手术情形的，合并计算享受生育津贴的假期天数。

b.除上述规定外，符合法律、法规规定生育子女的夫妻，女方享受80日的奖励假，男方享受15日的陪产假。在规定假期内照发工资，不影响福利待遇和全勤评奖。

国家、省、市对生育休假或者计划生育手术休假做出新规定的，从其规定。

（2）女职工生育医疗费。①职工基本医疗保险参保人员及职工未就业配偶在定点医疗机构发生的生育医疗费用，由医保经办机构采取以下方式与定点医疗机构结算：a.宫外孕终止妊娠手术治疗（包括手术类、介入治疗类操作）医疗费用，按项目付费方式结算。b.职工未就业配偶的产前检查医疗费用，按项目付费方式结算。c.其他生育医疗费用，总额不超过 1 万元的部分，按人头付费或者按病种付费方式结算；超过 1 万元的部分，按项目付费方式结算。

②职工基本医疗保险参保人员及职工未就业配偶因病情需要，转往本市其他定点医疗机构就医发生的生育医疗费用，由转出和转入定点医疗机构分别向医保经办机构申报结算费用。医保经办机构按结算标准与转出和转入定点医疗机构分别结算。其中，转出或者转入定点医疗机构发生的纳入结算范围的生育医疗费用，低于结算标准 70% 的，按实际费用结算；达到 70% 及以上的，按结算标准结算。

③定点医疗机构申报结算的生育医疗费用，月度以申报的统筹基金记账费用为基数，由医保经办机构按照 95% 的比例预拨付给定点医疗机构，暂未拨付的费用纳入年度清算处理。定点医疗机构申报的纳入结算范围的生育医疗费用，按照以下规定进行年度清算：低于结算标准总额 90% 的，按实际费用结算；达到结算标准总额 90% 及以上的，按结算标准总额结算。

#### ◆◇◇ ▶▶▶ 案例分析 4-2

##### 女职工奖励假工资应如何承担？

李某某于 2019 年 1 月 3 日入职某公司，同年 6 月 10 日被辞退，在职期间月平均工资为 8 000 元。2019 年 7 月 5 日，李某某申请劳动争议仲裁请求某公司支付违法解除劳动合同的赔偿金 8 000 元、产假工资 47 466.66 元等款项。2020 年 1 月 27 日，李某某生育一女婴。

**裁判结果：**

1）仲裁裁决：2020 年 7 月，劳动争议仲裁委员会裁决某公司支付违法解除劳动合同的赔偿金 8 000 元，驳回李某某的产假工资请求。李某某不服，向法院起诉。

2）一审判决：一审法院认为某公司违法解除劳动合同，李某某主张支付 80 天奖励假对应工资待遇的诉讼请求合理合法，法院对此予以支持。按李某某在职期间月工资 8 000 元的标准计算，某公司应支付李某某相应的奖励假期工资待遇 21 333.33 元（8 000÷30×80）（备注：李某某从某公司离职后"挂靠"朋友单位，享受生育津贴但未享受奖励假待遇）。某公司不服，提出上诉。

3）二审判决：驳回上诉，维持原判。

**关键问题：**

《广东省人口与计划生育条例》第三十条规定："符合法律、法规规定生育子女的夫妻，女方享受 80 日的奖励假，男方享受 15 日的陪产假。在规定假期内照发工资，不影响福利待遇和全勤评奖。"按照此规定，女方享受 80 日奖励假，假期内照发工资。问题：（1）奖励假期工资由生育保险基金发放，还是由公司发放？（2）奖励假期工资按照什么标准发放？

**律师意见：**

（1）女职工奖励假期工资应由用人单位发放，不享受生育津贴。

相关依据：《广东省职工生育保险规定（2014 年修订）》第十六条规定，职工依照计划生育法律、法规规定享受奖励增加的产假或者看护假期间，由用人单位按照规定发放工资，职工不享受生育津贴。

（2）奖励假期间，用人单位支付女职工正常工作时间工资，不包括延长工作时间工资、特殊工作环境（条件）下的津（补）贴和法律法规规定的劳动者福利待遇，以及奖金、提成、年终奖等非固定性、周期性发放的劳动报酬。

相关依据：《广州市劳动人事争议仲裁委员会、广州市中级人民法院民事审判庭〈关于劳动人事争议案件座谈会的意见综述（二）〉》（穗劳人仲发〔2017〕42号）一：女职工奖励假期间工资应按何标准计算？依据《广东省工资支付条例》第十九条的规定，支付正常工作时间的工资，不包括延长工作时间工资、特殊工作环境（条件）下的津（补）贴和法律法规规定的劳动者福利待遇，以及奖金、提成、年终奖等非固定性、周期性发放的劳动报酬，如用人单位规章制度或当事人双方约定的奖励假期间工资标准高于正常工作时间工资的，从其约定。

资料来源　仇敏．女职工奖励假工资应如何承担？［EB/OL］．［2024-04-09］．http：//www.zhi-baohr.com/a_lzal/？2347-4.

## ➡ 随堂测——劳动关系协调员职业技能理论测试

随堂测4
即测即评

1.（单选题）工伤保险的投保人是（　　　）。

A.用人单位　　　　　　　　　B.劳动者

C.用人单位和劳动者　　　　　D.用人单位、劳动者和政府

2.（多选题）下列属于社会保险的有（　　　）。

A.意外伤害保险　　　　　　　B.基本养老保险

C.基本医疗保险　　　　　　　D.失业保险

3.（单选题）失业人员失业前累计缴费时间10年以上，领取失业保险金的限期最长为（　　　）个月。

A.12　　　　　　　B.18　　　　　　　C.24　　　　　　　D.30

4.（多选题）下列情况应认定为工伤的有（　　　）。

A.杨某在办公室自杀

B.吴某患尘肺病

C.唐某因工外出期间，由于工作原因受到伤害或者发生事故下落不明

D.徐某在上下班途中，受到机动车事故伤害的

5.（多选题）用人单位依法终止因工致残职工的劳动合同，应当支付（　　　）。

A.经济补偿　　　　　　　　　B.一次性伤残补助金

C.一次性工伤医疗补助金　　　D.一次性伤残就业补助金

## ➡ 以案说法

### 柴某某与某电梯公司工伤保险待遇争议案

柴某某于2019年5月31日入职某电梯公司，双方同日订立劳动合同，约定劳动报酬实行计件工资制，发薪日为每月30日。2019年6月5日9时15分左右，柴某某在车间操作时，不慎受伤，经诊断为：左手第5指末节开放性骨折。2019年6月13日被认定为

工伤，经当地市劳动能力鉴定委员会鉴定，为十级伤残，无生活自理障碍。某电梯公司未给柴某某参加工伤保险。柴某某自2019年5月31日入职后至6月5日发生工伤前，共在某电梯公司工作4个工作日，之后未再提供劳动。2019年8月5日，某电梯公司通过银行代发方式向柴某某支付工资2 014元。2020年1月20日，柴某某通过中国邮政EMS特快专递向某电梯公司邮寄《劳动者解除劳动合同通知书》，以因工受伤后不能继续上班为由提出解除劳动合同，该邮件于2月13日由某电梯公司收发室签收。柴某某因工伤待遇支付与某电梯公司无法达成一致意见，申请仲裁，请求裁决某电梯公司支付柴某某停工留薪期待遇、一次性伤残补助金、一次性工伤医疗补助金、一次性伤残就业补助金，以及鉴定期间生活津贴、交通费、护理费、营养费等。

仲裁裁决：《工伤保险条例》第二条规定："中华人民共和国境内的企业、事业单位、社会团体、民办非企业单位、基金会、律师事务所、会计师事务所等组织和有雇工的个体工商户（以下称用人单位）应当依照本条例规定参加工伤保险，为本单位全部职工或者雇工（以下称职工）缴纳工伤保险费。中华人民共和国境内的企业、事业单位、社会团体、民办非企业单位、基金会、律师事务所、会计师事务所等组织的职工和个体工商户的雇工，均有依照本条例的规定享受工伤保险待遇的权利。"第六十二条第二款规定："依照本条例规定应当参加工伤保险而未参加工伤保险的用人单位职工发生工伤的，由该用人单位按照本条例规定的工伤保险待遇项目和标准支付费用。"仲裁裁决某电梯公司支付柴某某一次性伤残补助金、一次性工伤医疗补助金、一次性伤残就业补助金、停工留薪期待遇差额，驳回柴某某其他仲裁请求。

资料来源　重庆高院．重庆市人力资源和社会保障局劳动争议仲裁十大典型案例［EB/OL］．［2024-04-29］．https：//m.thepaper.cn/baijiahao_12458856.节选．

解读：社会保险能发挥社会稳定器的作用，能在一定范围内对劳动者遭遇劳动风险时给予必要的帮助，为劳动者提供基本生活保障，促使劳动力得以恢复，从而防止不安定因素出现。只要劳动者符合享受社会保险的条件，即或者与用人单位建立了劳动关系，或者已按规定缴纳各项社会保险费，即可享受社会保险待遇。社会保险在一定程度上实现社会的公平分配，有利于推动社会进步。

### ▶ 基础训练

□ 简答题

1.我国的基本社会保险包括哪几种形式？

2.建立社会保险关系应该注意哪些事项？

3.简述我国各种基本社会保险的缴费基数和缴费比率。

4.简述我国各种基本社会保险待遇。

### ▶ 综合应用

□ 案例分析

黎先生今年45岁，为A公司会计主管，为了完成税务年检的工作，最近一个月，黎先生基本都在公司加班到晚上8点后才下班。2024年6月15日晚上，黎先生依旧在公司处理相关账务和会计报表，7：30左右感觉到胸口有点闷，整个人也有点头晕，遂结束当天的工作下班，并在7：40正式打卡考勤下班回家。8：15，黎先生回到家楼下，突然晕倒在地，昏迷不醒，被小区物管人员发现，立即打120送黎先生去医院抢救，并通知家人。经医院诊断，黎先生是突发脑出血，立即送ICU抢救。次日（6月16日）凌晨2：40，黎先生终因抢救无效宣告死亡。

**问题**：案例中，黎先生的情况属于工伤吗？理由和依据分别是什么？

**分析提示**：注意对工伤认定情形及视同工伤情形的理解与判定，这是日常工伤保险业务中，容易出现判断差异的典型案例。上述案例如符合视同工伤情形，则需要按工伤保险的相关规定进行处理；如不属于工伤保险的范围，则需要参照医疗保险和其他相关规定处理。企业人力资源管理工作人员，需要清晰其区别与分辨技巧，做出准确的判断，申报正确的社会保险待遇。在该案例的分析中，同学们要切忌感情用事，要忠于事实和证据，忠于案例的实际情况去进行分析与学习，提出做出判断的依据和理由。

□ 实践训练

某天，黄师傅、朱阿姨、郑先生、罗老板4人坐在一起喝茶聊天，突然聊起他们将来退休后的养老保险事宜，4人都非常关心将来退休后的保障。

人物背景：

• 黄师傅，现年58岁，在1998年6月30日前视同缴费工龄共计5年，1998年7月1日至今已缴纳养老保险年限为24年。

• 朱阿姨，现年48岁，在1998年6月30日前视同缴费工龄共计4年，1998年7月1日至今累计缴纳养老保险的年限为8年，2008年8月失业至今。

• 郑先生，现年53岁，1998年6月30日前没有缴纳过养老保险费记录，1998年7月1日起至今累计缴纳养老保险10年（其中在深圳缴费年限为4年，广州为6年，目前已定居广州）。

• 罗老板，现年55岁，1998年6月30日前累计缴纳养老保险费3年，2000年7月起自己开铺做起了个体户，1998年7月1日至今仅累计缴纳了2年的养老保险费。

请利用本章所学知识，针对上述4人的实际情况，分析其达到法定退休年龄时，4人是否可以按月享受养老保险待遇。如果可以，他们能享受哪些待遇；如果不可以，他们的养老保险关系需如何处理。

**分析提示**：

（1）按月享受养老保险待遇的条件；

（2）基本养老金的组成部分；

（3）未累计缴费满规定年限的处理方式。

# 第5章 劳动安全卫生管理

## 学习目标

**知识目标：**

1.了解企业劳动安全卫生管理工作的重要性，相应管理制度的主要内容，事故管理、工伤保险、职业卫生等方面国家的法规要求，防尘、防毒、防辐射、防噪声等的相关知识，高温作业等特殊环境下作业的相关知识；

2.熟知女职工和未成年工禁忌的劳动范围及劳动保护的基本内容，以及对于职业病患者处理的一般方法；

3.掌握劳动防护用品的选用、使用的相关方法。

**素养目标：**

引导学生认识企业安全生产的重要性，加强安全生产意识和责任感；依法依规保障职工身体健康，守护生命安全；让学生认识到安全生产同样是企业的一笔财富。

## 内容架构

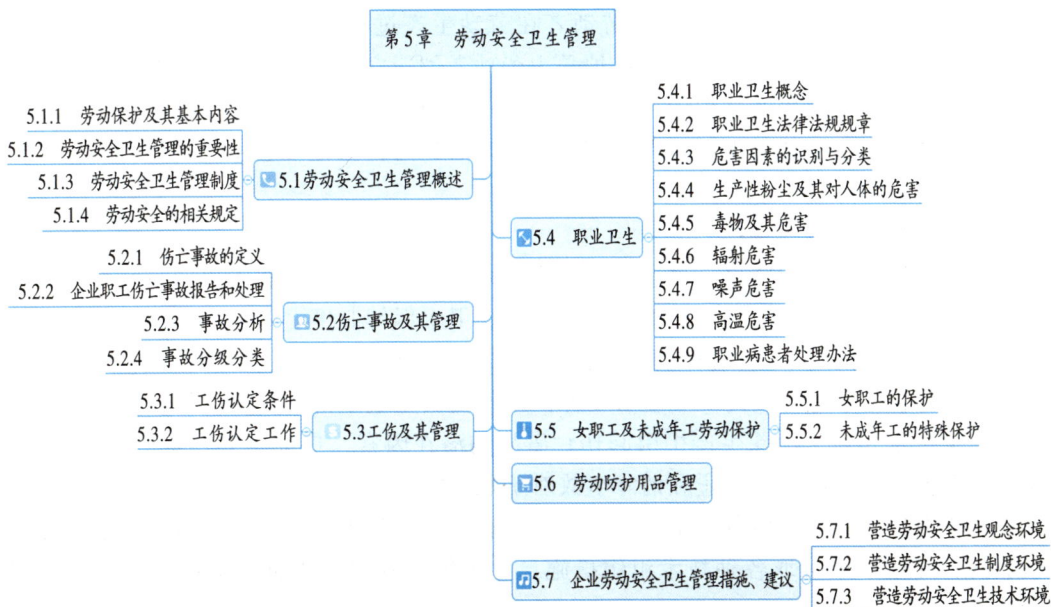

**⟹ 引例**

### 企业需要十分重视劳动安全卫生管理

张某是 C 公司劳动合同制工人，其工作是在产生大量粉尘的环境下进行的，经职业病诊断机构诊断后，张某被确诊为患有尘肺病，住院 3 个月后出院上班。出院时，诊断机构提出张某不应再从事原岗位劳动。张某返回 C 公司后，要求调离原岗位，但公司 3 个月后仍没有为其更换工作岗位。当张某再次催促公司为其调动工作岗位时，公司以各岗位满员，不好安排别的工作为由，让其继续从事原工作。张某无奈，向当地劳动争议仲裁委员会提出申诉，要求用人单位为其更换工作岗位。

劳动争议仲裁委员会受理后，经过调查了解，张某在产生粉尘的工作岗位工作多年，被确诊为尘肺病，有诊断机构的诊断书。尘肺病属于职业病，诊断机构认为张某不宜再从事原岗位工作，建议 C 公司为其调整工作岗位，这是职业病人的合理要求。劳动争议仲裁委员会认为，张某在确诊患有尘肺病后，C 公司仍要求其继续从事有毒有害工种违反了职业病保护规定，是违法的，故裁定 C 公司为张某调换工作岗位。

**⟸**

上述引例表明：随着信息社会和法治社会的到来，对工作环境和劳动条件越来越关注的员工，加强了维权意识，提高了维权能力。企业无论是出于遵纪守法的目的，还是出于安全生产的目的，抑或是出于防止劳动争议发生的目的，都需要十分重视劳动安全卫生管理工作。

## 5.1　劳动安全卫生管理概述

### 5.1.1　劳动保护及其基本内容

劳动保护是国家和单位为保护劳动者在劳动生产过程中的安全与健康所采取的立法、组织和技术措施的总称。劳动保护是为劳动者创造安全、卫生、舒适的劳动工作条件，消除和预防劳动生产过程中可能发生的伤亡、职业病和急性职业中毒，保障劳动者以健康的劳动力参加社会生产，促进劳动生产率的提高，保证社会主义现代化建设顺利进行。

劳动保护的基本内容：

劳动保护的立法和监察。这主要包括两大方面的内容：一是属于生产行政管理的制度，如安全生产责任制度、加班加点审批制度、卫生保健制度、劳保用品发放制度及特殊保护制度；二是属于生产技术管理的制度，如设备维修制度、安全操作规程等。

劳动保护的管理与宣传。企业劳动保护工作由安全技术部门负责组织、实施。

安全技术。为了消除生产中引起伤亡事故的潜在因素，保证工人在生产中的安全，在技术上采取各种措施，防止和消除事故对于职工安全的威胁。

工业卫生。为了改善劳动条件，避免有毒有害物质危害职工健康，防止职业中毒和职业病，在生产中采取各种技术组织措施，主要解决威胁职工健康的问题，实现文明生产。

工作时间与休假制度。

女职工与未成年工的特殊保护等。

### 5.1.2　劳动安全卫生管理的重要性

在激烈的市场竞争中，员工是企业实现发展战略、创造价值、赢得竞争的最重要的能动性资源。知识经济时代的员工，对劳动安全、职业卫生的要求越来越高，企业的人力资源管理工作要能充分调动员工的积极性，就不得不认真考虑：如何为员工营造一个安全、卫生、舒适的工作环境。

当前，有的企业劳动安全卫生事故频繁发生，这既对当事人及其家庭造成了伤害，又在社会上造成了不良影响，还给企业带来了成本上、社会声誉上的损失。因此，加强企业的劳动安全卫生管理，对员工、对企业、对社会都具有十分重要的意义。

1）有利于保护员工的安全与健康，提高工作效率，促进家庭美满

马斯洛需求理论告诉我们，安全是员工的最基本的需求。员工只有在身体健康、工作环境与劳动条件安全卫生的情况下才能够全身心地投入工作，提高工作效率；反之，员工在劳动环境恶劣、劳动安全保护措施缺乏的情况下工作，他们一方面担心安全与健康问题，另一方面要进行紧张的工作，这时的工作效果是可想而知的。不仅如此，如果发生工伤事故或者员工患上职业病，不但员工承受着伤病的痛苦，也会使企业的正常生产经营受到影响，还会使员工所在的家庭承受着来自经济上、情感上、心理上的压力。

2）有利于降低企业生产运营成本，提高企业竞争能力

企业的竞争战略主要有差异化战略、低成本战略和集中化战略，而低成本战略是绝大多数企业采用的竞争战略。表面上看，企业加强劳动安全卫生管理需要投入一定的财力和人力，但是这种投入能够防止企业因重大事故而遭受破产的风险，也能给企业带来更多的利润。

一个企业如果不幸发生员工伤亡事故，或者有员工患上职业病，那么这个企业很可能需要为此付出昂贵的代价。比如，2019 年 3 月 21 日 14 时 48 分左右，位于江苏省盐城市响水县陈家港镇的江苏天嘉宜化工有限公司发生爆炸事故，截至同年 3 月 25 日，死亡 78 人。之后，盐城市宣布该化工园区关闭，波及多家 A 股上市公司。

通过加强劳动安全卫生管理，除了能够减少或杜绝因劳动安全卫生问题而带来的额外成本，还能够提高员工的出勤率、降低员工的离职率和医疗费用，从而为企业节约成本、提高劳动生产率。例如，美国一家公司在 1998 年推出一项防治职业病的计划，其中包括员工健康风险评估、营养咨询、压力管理、戒烟、减肥等。该计划的成本-效益分析表明，这些活动使公司在近 10 年内因医疗费和病伤人数减少及生产效率的提高而至少增加了 2 100 万美元的收益。对该公司而言，这就意味着此项计划每一美元的投资产生了近 7 美元的回报。

3）有利于树立企业良好的社会形象

企业如果能够遵守国家法律法规，加强劳动安全卫生管理，就能够减少或避免劳动安全卫生方面问题的发生，就能够与社区、劳动力市场、政府相关部门建立良好的合作关系。企业的安全运行记录是一项十分重要的无形资产，能从侧面反映企业良好的管理

水平和人性化的劳动环境，因而能够吸引更多更优秀的人来求职，也能够吸引更多更理性的合作商来洽谈生意。这些都十分有助于企业在社会上树立良好的形象，而好的社会形象是一个企业在激烈的竞争中取胜的重要法宝。

4）有利于促进社会和谐

企业中任何劳动安全卫生事故的发生，都会对员工的正常生活、企业的正常生产带来不良的影响。企业中发生的劳动安全卫生事故，往往是很难处理的，如果处理不当，很可能会引发更大的劳动争议。劳动争议的处理，企业人力资源部门、工会、其他行政部门、法定代表人以及劳动争议仲裁部门，甚至法院等，都会卷入其中，这必然会形成复杂的局面，不利于社会的和谐与稳定。企业应该光荣地承担起社会责任，为员工创造一个安全、卫生、舒适的工作环境，为创造劳动关系和谐而做出自己应有的努力。

### 5.1.3　劳动安全卫生管理制度

职业危害是职业危害因素对劳动者人身造成的有害后果，既可能表现为对劳动者的急性伤害（如劳动安全卫生事故），又可能表现为对劳动者的慢性伤害（即各类职业病）。职业危害因素是劳动过程中各类物质因素及其固有的物理、化学或生物属性所含有的对人的危害或危险性。此类危害因素的存在，仅仅表明劳动过程中存在发生职业危害的可能性，但并非一定造成职业危害。科技日新月异，对劳动者劳动过程进行高效组织和有效保护的措施越来越先进，因而企业也就能够尽可能减少或避免职业危害的发生。

事实表明，潜在的职业危害因素转变为职业危害，必须具备一定的诱发或激发条件。这些条件主要是：劳动条件的不良状态、劳动组织的不完善、人的错误管理行为与错误操作行为，以及人们对自然规律的认识不足和防护手段、方法的欠缺等。

重大劳动安全卫生事故虽然表现为突发事件，但大量的事实表明，此类事故的发生正是由于在经常性的工作中没有严格执行有关制度，是一系列缺陷和不完善的管理行为积累的结果。企业内可能存在导致重大人身伤亡或重大经济损失的因素，或者潜伏于作业场所、设备设施之中，或者表现为生产组织、管理行为中的缺陷。这些因素会使职业危害的可能性转变为现实性。

国家为了保护劳动者在生产过程中的安全健康，根据生产的客观规律和生产实践经验的科学总结，规定了企业必须制定和严格执行以下劳动安全卫生管理制度：

1）安全生产责任制度

企业各级领导、职能部门，工程技术人员和生产工人在生产过程中，对各自的职务或职责范围内劳动安全卫生都负有相应的责任。安全生产责任制度是从企业组织体系上规定企业各类人员的劳动安全卫生责任，使各个层次的安全卫生责任与管理责任、生产责任统一起来。其中，企业法定代表人对本单位安全卫生负全面责任，分管安全卫生的负责人和专职人员对安全卫生负直接责任，总工程师承担安全卫生技术领导责任，各职能部门、各级生产组织负责人在各自分管的工作范围内对安全卫生负责，工人在各自的岗位上承担严格遵守劳动安全技术规程的义务。

2）安全卫生技术措施计划管理制度

此项制度是企业编制年度生产、技术、财务计划的同时，必须编制以改善劳动条件、防止和消除伤亡事故与职业病为目的的安全卫生技术措施计划的管理制度。其计划项目主要包括安全技术措施、劳动卫生措施、辅助性设施建设、改善措施以及劳动安全卫生宣传教育措施等。安全卫生技术措施所需资金，按照计划专款专用、专户储存，在更新改造基金中予以安排。上述措施所需设备、材料，应列入物资供应计划，并应确定实现的期限和负责人。

3）安全生产教育制度

此项制度是企业对劳动者进行安全技术知识、安全技术法治观念的教育、培训和考核制度，是防止发生工伤事故的重要措施。

4）安全生产检查制度

此项制度是劳动部门、产业主管部门、用人单位、工会组织对劳动安全卫生法律、法规、制度的实施依法进行监督检查的制度。

5）重大事故隐患管理制度

此项制度是对企业可能导致重大人身伤亡或重大经济损失，潜伏于作业场所、设备设施以及生产、管理行为中的安全缺陷进行排查、报告、整改的规定。其要点为：重大事故隐患分类；重大事故隐患排查；重大事故隐患预防与整改措施；劳动行政部门、企业主管部门对重大事故隐患整改完成情况的检查验收。

6）伤亡事故报告和处理制度

此项制度是国家制定的对劳动者在劳动生产过程中发生的与生产有关的伤亡事故的报告、登记、调查、处理、统计和分析的规定。其目的是及时报告、统计、调查和处理职工伤亡事故，采取预防措施，总结经验，追究事故责任，防止伤亡事故再度发生。它包括以下内容：企业职工伤亡事故分类；伤亡事故报告；伤亡事故调查；伤亡事故处理。

7）安全卫生认证制度

此项制度是通过对劳动安全卫生的各种制约因素是否符合劳动安全卫生要求进行审查，并对符合要求者正式认可、允许进入生产过程的制度。其要点为：有关人员资格认证，如特种作业人员资格认证；有关单位、机构的劳动安全卫生资格认证，如矿山安全资格、劳动安全卫生防护用品设计和制造单位的资格认证等；与劳动安全卫生联系特别密切的物质技术产品的质量认证等。凡是被国家纳入认证范围的对象，都实行强制认证。

8）个人劳动安全卫生防护用品管理制度

个人劳动安全卫生防护用品管理制度分为两类：

（1）国家关于个人劳动安全卫生防护用品的国家标准和行业标准的制定、生产特种个人劳动防护用品的企业生产许可证颁发、质量检验检测的规定。

（2）企业内部有关个人劳动安全卫生防护用品的购置、发放、检查、修理、保存、使用的规定，包括个人劳动安全卫生防护用品发放制度、检查修理制度、相关教育培训制度等，其目的是保证防护用品充分发挥对操作人员及有关人员的劳动保护作用。

9）劳动者健康检查制度

健康检查制度包括两类制度：

（1）员工招聘健康检查。企业对拟招聘人员进行体检，一般岗位为常规体检；岗位对员工的健康有特定需要的进行特定体检，以便决定是否招聘其或让其从事某项特定工作岗位。

应当注意，2010年2月10日人力资源和社会保障部、教育部、卫生部（现国家卫生健康委员会）联合下发的《关于进一步规范入学和就业体检项目维护乙肝表面抗原携带者入学和就业权利的通知》（人社部发〔2010〕12号）明确规定，取消入学、就业体检中的乙肝5项检查，同时各级医疗卫生机构也不得在入学、就业体检中提供乙肝5项检查服务。另一方面，对于女性不得查孕。

（2）企业员工定期体检，发现疾病及时治疗以及预防职业病的发生。

### 5.1.4　劳动安全的相关规定

保护劳动者在劳动过程中的安全性，这是每一个企业应尽的基本责任。虽然企业的生产特点和工艺流程不同，劳动设备、劳动条件的复杂程度各具特点，但是企业不能任意制定各自的劳动安全制度与标准，而应认真执行国家在劳动安全卫生方面的标准，绝不能低于国家标准。所以，企业劳动安全管理的首要任务是全面掌握国家的相关规程和标准，掌握国家对用人单位在劳动安全卫生方面的要求。

劳动安全技术规程是国家为了防止和消除在生产过程中的伤亡事故，保护劳动者的生命安全和减轻繁重体力劳动，以及防止生产设备遭到破坏而制定的法律规范。

《劳动法》第五十二条规定："用人单位必须建立、健全劳动安全管理制度，严格执行国家劳动安全卫生规程和标准，对劳动者进行劳动安全卫生教育，防止劳动过程中的事故，减少职业危害。"

《劳动法》第五十三条规定："劳动安全卫生设施必须符合国家规定的标准。新建、改建、扩建工程的劳动安全卫生设施必须与主体工程同时设计、同时施工、同时投入生产和使用。"

《劳动法》第五十四条规定："用人单位必须为劳动者提供符合国家规定的劳动安全卫生条件和必要的劳动防护用品，对从事有职业危害作业的劳动者应当定期进行健康检查。"

企业如果在劳动安全管理方面的工作没有做好，就会增加工伤事故的发生率，从而对企业的正常生产经营带来不利的影响。

## 5.2　伤亡事故及其管理

### 5.2.1　伤亡事故的定义

事故是指生产和工作中的意外事件，这个事件造成了财产损失、生产中断、人员伤亡等。伤亡事故是指企业职工在生产劳动过程中发生的人身伤害、急性中毒事故。安全工作的目的就是保护人民群众的生命、财产安全。其中，最为重视的是"人"。

自2000年以来，由于生产安全事故造成的死亡人数呈先上升后下降的趋势。2000年，事故死亡人数为11.8万人，2002年上升至13.9万人。之后，由于加强了劳动安全生产管理，事故死亡人数逐年下降，2011年为75 572人，平均每天仍有207人因生产安全事故而死亡。

《2024 年国民经济和社会发展统计公报》显示，全年各类生产安全事故共死亡 19 626 人，比上年下降 7.6%。工矿商贸企业就业人员 10 万人生产安全事故死亡人数为 1.089 人，比上年下降 12.5%；煤矿百万吨死亡人数为 0.059 人，比上年下降 37.2%；道路交通事故万车死亡人数为 1.31 人，比上年下降 5.1%。

这些安全事故，特别是死亡性事故的发生，会给多少曾经美好的家庭带来沉重甚至灾难性的打击。如果能够加强劳动安全卫生管理，尽可能减少这类灾难性事件的发生，就能让更多的家庭过上安宁美好的生活。

根据事故严重的程度可以将事故划分为：

特别重大事故，是指造成 30 人（含）以上死亡，或者 100 人（含）以上重伤（包括急性工业中毒，下同），或者 1 亿元（含）以上直接经济损失的事故。

重大事故，是指造成 10 人（含）以上 30 人以下死亡，或者 50 人（含）以上 100 人以下重伤，或者 5 000 万元（含）以上 1 亿元以下直接经济损失的事故。

较大事故，是指造成 3 人（含）以上 10 人以下死亡，或者 10 人（含）以上 50 人以下重伤，或者 1 000 万元（含）以上 5 000 万元以下直接经济损失的事故。

一般事故，是指造成 3 人以下死亡，或者 10 人以下重伤，或者 1 000 万元以下直接经济损失的事故。

### 5.2.2　企业职工伤亡事故报告和处理

对于企业发生的员工伤亡事故，应该严格按照《生产安全事故报告和调查处理条例》（国务院令第 493 号，2007 年 6 月 1 日起施行）、《国家安全监管总局关于修改〈《生产安全事故报告和调查处理条例》罚款处罚暂行规定〉等四部规章的决定》（国家安全生产监督管理总局令第 77 号，自 2015 年 5 月 1 日起施行）等文件进行报告和处理。

1）事故报告

事故报告应当及时、准确、完整。任何单位和个人不得迟报、漏报、谎报或者瞒报。现场有关人员应立即向本单位负责人报告；本单位负责人接到报告后，应于 1 小时内向县级以上人民政府安全生产监督管理部门和有关部门报告。

特别重大事故、重大事故逐级上报至国务院安全生产监督管理部门和有关部门。

较大事故逐级上报至省、自治区、直辖市人民政府安全生产监督管理部门和有关部门。

一般事故上报至设区的市级人民政府安全生产监督管理部门和有关部门。

每级上报的时间不得超过 2 小时。一方面向上一级报，另一方面要报本级政府。

事故发生单位负责人、事故发生地地方政府、安全生产监督管理部门及有关部门接到事故报告后，其负责人应立即赶赴现场组织救援。

公安机关对涉嫌犯罪的，依法立案侦查。犯罪嫌疑人逃匿的，迅速追捕归案。

《生产安全事故信息报告和处置办法》还规定：

安全生产监督管理部门、煤矿监察机构应当建立事故信息报告和处置制度，设立事故信息调度机构，实行 24 小时不间断调度值班，并向社会公布值班电话，受理事故信息报告和举报。

发生较大以上事故的，在按规定逐级上报的同时，应当在1小时内报告省级安全生产监督管理部门。

发生重大、特别重大生产安全事故的，在按规定逐级上报的同时，应当立即报告国家安全生产监督管理总局（现应急管理部）。

安全生产监督管理部门接到事故发生单位的事故信息报告后，应当按规定上报，同时书面通知同级公安机关、劳动保障行政部门、工会、人民检察院和有关部门。

发生较大事故或者社会影响重大的事故，县级、市级安全生产监督管理部门，在逐级上报的同时，应当在1小时内先用电话快报省级安全生产监督管理部门，随后补报文字报告；乡镇安全生产监督管理站（办）可以根据事故情况越级直接报告省级安全生产监督管理部门。

发生重大、特别重大事故或者社会影响恶劣的事故，县级、市级安全生产监督管理部门接到事故报告后，在逐级上报的同时，应当在1小时内先用电话快报省级安全生产监督管理部门，随后补报文字报告；必要时，可以直接用电话报告国家安全生产监督管理总局（现应急管理部）。

国家安全生产监督管理总局（现应急管理部）接到事故报告后，应当在1小时内先用电话快报国务院总值班室，随后补报文字报告。

事故具体情况暂时不清楚的，可以先报事故概况，随后补报事故全面情况。

事故信息报告后出现新情况的，及时续报。较大涉险事故、一般事故、较大事故每日至少续报1次；重大事故、特别重大事故每日至少续报2次。

我国将每月通报未按规定及时报告重特大生产安全事故的单位。

2）报告事故应当包括的内容

（1）事故发生单位概况；

（2）事故发生的时间、地点以及事故现场情况；

（3）事故的简要经过；

（4）事故已经造成或者可能造成的伤亡人数（包括下落不明的人数）和初步估计的直接经济损失；

（5）已经采取的措施；

（6）其他应当报告的情况。

3）事故调查

特别重大事故由国务院或者国务院授权有关部门组织事故调查组进行调查。

重大事故、较大事故、一般事故分别由事故发生地省级人民政府、设区的市级人民政府、县级人民政府负责调查。

根据事故的具体情况，事故调查组由有关人民政府、安全生产监督管理部门、负有安全生产监督管理职责的有关部门、监察机关、公安机关以及工会派人组成，并应当邀请人民检察院派人参加。

事故调查组可以聘请有关专家参与调查。

事故调查组成员应当与所发生的事故没有直接关系，且具有调查某一方面的专长。

调查组组长由负责事故调查的政府指定。

事故调查组履行下列职责：

（1）查明事故发生的经过、原因、人员伤亡情况及直接经济损失；

（2）认定事故的性质和事故责任；

（3）提出对事故责任者的处理建议；

（4）总结事故教训，提出防范和整改措施；

（5）提交事故调查报告。

事故调查遵循四不放过基本原则：事故原因不查清不放过；群众没有受到教育不放过；防范措施不落实不放过；事故责任者没有受到处理不放过。

事故调查组应当自事故发生之日起60日内提交事故调查报告。

特殊情况下，经负责事故调查的人民政府批准，提交事故调查报告的期限可以适当延长，但延长的期限最长不超过60日。

事故调查报告报送负责事故调查的人民政府后，事故调查工作即告结束。

国务院安全生产委员会《重大事故查处挂牌督办办法》（安委〔2010〕6号）规定：

国务院安全生产委员会对重大事故调查处理实行挂牌督办。各省级人民政府负责落实挂牌督办事项。

在中央主流媒体和中央政府网站、中国安全生产报、原安全生产监督管理总局（现应急管理部）政府网站上公布挂牌督办信息，接受社会监督。

为依法严厉打击非法违法生产经营建设导致较大生产安全事故的行为，严格事故责任追究，2011年4月19日国务院安全生产委员会办公室制定了《非法违法较大生产安全事故查处跟踪督办暂行办法》，规定：

省（区、市）人民政府安全生产委员会对包括非法违法较大事故在内的各类较大事故查处实行挂牌督办。

国务院安全生产委员会办公室对本办法规定的非法违法较大事故查处实行跟踪督办。

4）事故报告批复

重大事故、较大事故、一般事故，负责事故调查的人民政府应当自收到事故调查报告之日起15日内做出批复。

特别重大事故，30日内做出批复，特殊情况下，批复时间可以适当延长，但延长的时间最长不超过30日。

5）《生产安全事故报告和调查处理条例》的重要意义

落实"两个主体、两个责任制"。以"两个主体、两个责任制"为内容的工作制度是安全工作的基本责任制度。

两个主体：政府是安全生产监管主体，企业是安全生产责任主体。

两个责任制：政府行政首长负责制，企业法定代表人负责制。

### 5.2.3　事故分析

事故分析包括原因分析、责任分析和预防措施分析。

1）原因分析

事故原因分析包括事故原因4M要素、直接原因和间接原因分析。

事故发生的原因各式各样，但从大量各式各样的事故原因中，抽取其中的基本共同要素，可以发现，每一次事故的发生原因都取决于一些基本因素，即人、物、环境、管理，称为事故原因4M要素。

人：不按操作规程操作；误操作；疲劳等。

物：设备结构不合理；防护装置不齐全；磨损老化等。

环境：布局不当；物料堆放不当；温湿度、照明通风不良等。

管理：管理混乱；缺乏培训教育；规程不健全等。

事故的直接原因又称一次原因，是在时间上最接近事故发生的原因，包括机械物质或环境的不安全状态和人的不安全行为等。

事故直接原因分析，一般按8项内容进行：①受伤程度；②受伤性质；③伤害部位；④事故类别；⑤起因物、致害物、伤害方式；⑥不安全状态；⑦不安全行为；⑧确定事故的直接原因。

间接原因是直接原因得以产生和存在的原因。间接原因有7个方面，主要原因是对事故的发生起了主要作用的原因，不一定是直接原因；间接原因也可能成为主要原因。

2）责任分析

在查明事故原因的基础上，进行事故责任分析。其目的在于对造成事故的责任者按国家有关规定，给予处分处罚。

分析事故的责任，必须弄清楚事故的性质。分析研究确定是责任事故，非责任事故还是破坏。

无法抗拒的事故为非责任事故，如海啸、地震等。

操作失误、违章操作、管理不善等属于责任事故。企业发生的生产安全事故绝大多数是责任事故。

定性为责任事故应做责任人责任分析，划分直接责任者、领导责任者和主要责任者。

3）预防措施分析

在查明事故原因后，针对问题所在，采取对应措施，力求从根本上消除危险因素。

### 5.2.4　事故分级分类

1）按事故严重程度分级

根据《生产安全事故报告和调查处理条例》的规定，如前所述，分为四级。

2）按伤害程度分类

以事故伤害损失工作日分类可分为轻伤、重伤、死亡。事故伤害损失工作日分类标准见《事故伤害损失工作日标准》（GB/T15499-1995）。

3）按事故类别分类（共20类）

按事故类别分类可分为：①物体打击；②车辆伤害；③机械伤害；④起重伤害；⑤触电；⑥淹溺；⑦灼烫；⑧火灾；⑨高处坠落；⑩坍塌；⑪冒顶片帮；⑫透水；⑬放炮；⑭瓦斯爆炸；⑮火药爆炸；⑯锅炉爆炸；⑰容器爆炸；⑱其他爆炸；⑲中毒和窒息；⑳其他伤害。

➡ **知识链接 5-1**

**涉及生产安全事故管理的重要法律法规和规章**

•《中华人民共和国安全生产法》，2002 年制定，2021 年第三次修改。

•《生产安全事故报告和调查处理条例》，国务院令第 493 号，自 2007 年 6 月 1 日起施行。《国家安全监管总局关于修改〈《生产安全事故报告和调查处理条例》罚款处罚暂行规定〉等四部规章的决定》，国家安全生产监督管理总局令第 77 号，自 2015 年 5 月 1 日起施行。

•《安全生产违法行为行政处罚办法》，国家安全生产监督管理总局令第 77 号，自 2015 年 5 月 1 日起施行。

•《生产安全事故信息报告和处置办法》，国家安全生产监督管理总局令第 21 号，自 2009 年 7 月 1 日起施行。

•《重大事故查处挂牌督办办法》，安委〔2010〕6 号，自 2010 年 9 月 2 日起施行。

•《非法违法较大生产安全事故查处跟踪督办暂行办法》，国务院安全生产委员会办公室制定，自 2011 年 4 月 19 日起施行。

•《生产安全事故应急条例》，国务院令第 708 号，自 2019 年 4 月 1 日起施行。

## 5.3　工伤及其管理

工伤又称职业伤害、工作伤害，是指劳动者在从事职业活动或者与职业责任有关的活动时所遭受的事故伤害和职业病伤害。

### 5.3.1　工伤认定条件

职工有下列情形之一的，应当认定为工伤：

（1）在工作时间和工作场所内，因工作原因受到事故伤害的；

（2）工作时间前后在工作场所内，从事与工作有关的预备性或者收尾性工作受到事故伤害的；

（3）在工作时间和工作场所内，因履行工作职责受到暴力等意外伤害的；

（4）患职业病的；

（5）因工外出期间，由于工作原因受到伤害或者发生事故下落不明的；

（6）在上下班途中，受到非本人主要责任的交通事故或者城市轨道交通、客运轮渡、火车事故伤害的；

（7）法律、行政法规规定应当认定为工伤的其他情形。

职工有下列情形之一的，视同工伤：

（1）在工作时间和工作岗位，突发疾病死亡或者在 48 小时之内经抢救无效死亡的；

（2）在抢险救灾等维护国家利益、公共利益活动中受到伤害的；

（3）职工原在军队服役，因战、因公负伤致残，已取得革命伤残军人证，到用人单位后旧伤复发的。

对于视同工伤的 3 种情形，其中前两种情形，享受工伤保险待遇；第三种情形享受除一次性伤残补助金以外的工伤保险待遇。

《广东省工伤保险条例》对视同工伤增加了以下两种情形：

（1）因工作环境存在有毒有害物质或者在用人单位食堂就餐造成急性中毒而住院抢救治疗，并经县级以上卫生防疫部门验证的；

（2）由用人单位指派前往依法宣布为疫区的地方工作而感染疫病的。

职工虽然有上述情形，但有下列情形之一的，不得认定为工伤或者视同工伤：

（1）故意犯罪的；

（2）醉酒或者吸毒的；

（3）自残或者自杀的；

（4）法律、行政法规规定的其他情形。

➡➡➡ **小思考5-1**

吕某于2010年8月到某汽车俱乐部工作，任汽车修理工。当年9月25日，吕某在工作中左眼因铁屑溅入而受伤，经专科医院检查，诊断为"左眼外伤性白内障、左眼内异物，左角膜裂伤"。2011年8月，吕某经所在地区劳动能力鉴定委员会鉴定为工伤十级伤残。2011年9月，吕某因工伤赔偿问题申请仲裁，10月经区劳动争议仲裁委员会调解达成协议：俱乐部向吕某支付一次性伤残补助金、一次性工伤医疗补助金和一次性伤残就业补助金，吕某放弃其他诉求，双方解除劳动关系。

2013年4月，吕某左眼视力突然下降，经诊断"左视网膜脱离、左人工晶体眼"。吕某立即再次向所在区劳动争议仲裁委员会申请仲裁，后不服裁决，向人民法院提起诉讼。

资料来源　中国就业培训技术指导中心．企业人力资源管理师［M］．北京：中国劳动社会保障出版社，2014．

对于工伤复发赔偿问题，你如何看？

互动课堂

小思考 5-1
参考答案

### 5.3.2　工伤认定工作

1）工伤认定

职工发生事故伤害或者按照职业病防治法规定被诊断、鉴定为职业病，所在单位应当自事故伤害发生之日或者被诊断、鉴定为职业病之日起30日内，向统筹地区劳动保障行政部门提出工伤认定申请。遇有特殊情况，经报劳动保障行政部门同意，申请时限可以适当延长。

用人单位未按上述规定提出工伤认定申请的，工伤职工或者其直系亲属、工会组织在事故伤害发生之日或者被诊断、鉴定为职业病之日起1年内，可以直接向用人单位所在地统筹地区劳动保障行政部门提出工伤认定申请。

用人单位未在规定的时限内提交工伤认定申请，在此期间发生符合工伤保险条例规定的工伤待遇等有关费用由该用人单位负担。

提出工伤认定申请应当提交下列材料：工伤认定申请表；与用人单位存在劳动关系（包括事实劳动关系）的证明材料；医疗诊断证明或者职业病诊断证明书（或者职业病诊断鉴定书）。工伤认定申请表应当包括事故发生的时间、地点、原因以及职工伤害程

度等基本情况。工伤认定申请人提供材料不完整的，劳动保障行政部门应当一次性书面
告知工伤认定申请人需要补正的全部材料。申请人按照书面告知要求补正材料后，劳动
保障行政部门应当受理。

　　劳动保障行政部门受理工伤认定申请后，根据审核需要可以对事故伤害进行调查核
实，用人单位、职工、工会组织、医疗机构以及有关部门应当予以协助。职业病诊断和
诊断争议的鉴定，依照职业病防治法的有关规定执行。对依法取得职业病诊断证明书或
者职业病诊断鉴定书的，劳动保障行政部门不再进行调查核实。职工或者其直系亲属认
为是工伤而用人单位不认为是工伤的，由用人单位承担举证责任。劳动保障行政部门应
当自受理工伤认定申请之日起 60 日内做出工伤认定的决定，并书面通知申请工伤认定
的职工或者其直系亲属和该职工所在单位。劳动保障行政部门工作人员与工伤认定申请
人有利害关系的，应当回避。

　　2）劳动能力鉴定

　　《劳动能力鉴定　职工工伤与职业病致残等级》（GB/T 16180-2014）对劳动能力鉴定
的定义、依据和等级进行了规定。

　　（1）劳动能力鉴定的定义。劳动能力鉴定是指法定机构对劳动者在职业活动中因工
负伤或患职业病后，根据国家工伤保险法规的规定，在评定伤残等级时通过医学检查对
劳动功能障碍程度（伤残程度）或生活自理障碍程度做出的技术性鉴定结论。

　　（2）劳动能力鉴定的依据。依据工伤致残者于评定伤残等级技术鉴定时的器官损
伤、功能障碍及其对医疗与日常生活护理的依赖程度，适当考虑由于伤残引起的社会心
理因素影响，对伤残程度进行综合判定分级。

　　（3）伤残等级划分。伤残等级分为一至十级，最重为一级，最轻为十级。具体分级
原则是：一级——器官缺失或功能完全丧失，其他器官不能代偿，存在特殊医疗依赖，
或完全或大部分或部分生活自理障碍；二级——器官严重缺损或畸形，有严重功能障碍
或并发症，存在特殊医疗依赖，或大部分或部分生活自理障碍；三级——器官严重缺损
或畸形，有严重功能障碍或并发症，存在特殊医疗依赖，或部分生活自理障碍；四
级——器官严重缺损或畸形，有严重功能障碍或并发症，存在特殊医疗依赖，或部分生
活自理障碍或无生活自理障碍；五级——器官大部缺损或明显畸形，有较重功能障碍或
并发症，存在一般医疗依赖，无生活自理障碍；六级——器官大部缺损或明显畸形，有
中等功能障碍或并发症，存在一般医疗依赖，无生活自理障碍；七级——器官大部分缺
损或畸形，有轻度功能障碍或并发症，存在一般医疗依赖，无生活自理障碍；八级——
器官部分缺损，形态异常，轻度功能障碍，存在一般医疗依赖，无生活自理障碍；九
级——器官部分缺损，形态异常，轻度功能障碍，无医疗依赖或者存在一般医疗依赖，
无生活自理障碍；十级——器官部分缺损，形态异常，无功能障碍，无医疗依赖或者存
在一般医疗依赖，无生活自理障碍。

　　（4）劳动能力的鉴定。劳动能力鉴定由用人单位、工伤职工或者其直系亲属向设区
的市级劳动能力鉴定委员会提出申请，并提供工伤认定决定和职工工伤医疗的有关资
料。省、自治区、直辖市劳动能力鉴定委员会和设区的市级劳动能力鉴定委员会分别由
省、自治区、直辖市和设区的市级劳动保障行政部门、人事行政部门、卫生行政部门、

工会组织、经办机构代表以及用人单位代表组成。

设区的市级劳动能力鉴定委员会应当自收到劳动能力鉴定申请之日起60日内做出劳动能力鉴定结论，必要时，做出劳动能力鉴定结论的期限可以延长30日。劳动能力鉴定结论应当及时送达申请鉴定的单位和个人。

申请鉴定的单位或者个人对设区的市级劳动能力鉴定委员会做出的鉴定结论不服的，可以在收到该鉴定结论之日起15日内向省、自治区、直辖市劳动能力鉴定委员会提出再次鉴定申请。省、自治区、直辖市劳动能力鉴定委员会做出的劳动能力鉴定结论为最终结论。

自劳动能力鉴定结论做出之日起1年后，工伤职工或者其直系亲属、所在单位或者经办机构认为伤残情况发生变化的，可以申请劳动能力复查鉴定。

## 5.4　职业卫生

### 5.4.1　职业卫生概念

据报道，全球每年发生约2.5亿起工伤事故，约1.6亿名职工患有职业疾病，每年约有120万名职工因职业事故和职业相关疾病失去生命，这些数字令人触目惊心。2006年卫生部公布，我国约有1 600万家企业存在有毒有害作业场所，约2亿名劳动者在从事劳动过程中遭受不同程度职业病危害。国家卫生健康委员会发布，2023年全国共报告各类职业病新病例12 087例，其中职业性尘肺病及其他呼吸系统疾病8 105例。

职业卫生包括职业病的预防和诊治。预防是对职业有害因素的识别、评价和控制。诊治是对职业病患者（或疑似患者）进行诊断、治疗和康复。诊治是属于医疗卫生工作内容。

### 5.4.2　职业卫生法律法规规章

《职业病防治法》以及国家安全生产监督管理总局（现应急管理部）于2012年颁布施行的几部规章，如《职业病危害项目申报办法》《用人单位职业健康监护监督管理办法》，2017年5月1日实施的《建设项目职业病防护设施"三同时"监督管理办法》，2021年2月1日实施的由国家卫生健康委员会制定的《工作场所职业卫生管理规定》以及《职业卫生技术服务机构管理办法》等对企业职业卫生管理提出要求。

职业病防治工作坚持预防为主、防治结合的方针，建立用人单位负责、行政机关监管、行业自律、职工参与和社会监督的机制，实行分类管理、综合治理。

劳动者依法享有职业卫生保护的权利。用人单位的主要负责人对本单位的职业病防治工作全面负责。国家实行职业卫生监督制度。

产生职业病危害的用人单位，其工作场所还应当符合下列职业卫生要求：

（1）职业病危害因素的强度或者浓度符合国家职业卫生标准；

（2）有与职业病危害防护相适应的设施；

（3）生产布局合理，符合有害与无害作业分开的原则；

（4）有配套的更衣间、洗浴间、孕妇休息间等卫生设施；

（5）设备、工具、用具等设施符合保护劳动者生理、心理健康的要求；

（6）法律、行政法规和国务院卫生行政部门、安全生产监督管理部门关于保护劳动者健康的其他要求。

用人单位工作场所存在职业病目录所列职业病的危害因素的，应当及时、如实向所在地安全生产监督管理部门申报危害项目，接受监督。

用人单位应当采取下列职业病防治管理措施：

（1）设置或者指定职业卫生管理机构或者组织，配备专职或者兼职的职业卫生管理人员，负责本单位的职业病防治工作；

（2）制订职业病防治计划和实施方案；

（3）建立、健全职业卫生管理制度和操作规程；

（4）建立、健全职业卫生档案和劳动者健康监护档案；

（5）建立、健全工作场所职业病危害因素监测及评价制度；

（6）建立、健全职业病危害事故应急救援预案。

用人单位与劳动者订立劳动合同时，应当将工作过程中可能产生的职业病危害及其后果、职业病防护措施和待遇等如实告知劳动者，并在劳动合同中写明，不得隐瞒或者欺骗。

劳动者享有下列职业卫生保护权利：

（1）获得职业卫生教育、培训；

（2）获得职业健康检查、职业病诊疗和康复等职业病防治服务；

（3）了解工作场所产生或者可能产生的职业病危害因素、危害后果和应当采取的职业病防护措施；

（4）要求用人单位提供符合防治职业病要求的职业病防护设施和个人使用的职业病防护用品，改善工作条件；

（5）对违反职业病防治法律、法规以及危及生命健康的行为提出批评、检举和控告；

（6）拒绝违章指挥和强令进行没有职业病防护措施的作业；

（7）参与用人单位职业卫生工作的民主管理，对职业病防治工作提出意见和建议。

### 5.4.3　危害因素的识别与分类

1）识别是有效控制的前提

企业应当首先识别岗位的职业有害因素及其存在的形态、从哪里来的、扩散途径、如何侵害人体、对人体造成怎样的损害，以及影响危害程度的相关因素等。

2）职业病危害因素的分类

职业病危害因素按性质分类可分为：

（1）物理因素：①异常气象条件，如高温、高湿、低温、高气压、低气压等；②电离辐射，如 α 粒子、β 粒子、X 射线、γ 射线等高能电磁波；③非电离辐射，如紫外线、红外线、高频电磁场、微波、激光等；④噪声、超声、次声、振动等；⑤设备、设施缺陷等。

（2）化学因素：①工业毒物，如铅、苯、汞、锰、一氧化碳等；②生产性粉尘，如矽尘、煤尘、石棉尘、有机性粉尘等。

（3）生物因素：①细菌，如皮毛畜产品中的炭疽杆菌、布鲁氏杆菌等；②病毒，如森林脑炎、流感病毒等；③霉菌、有机粉尘中的真菌和真菌孢子等。

（4）生理因素：①负荷超限；②身体状况异常；③职业禁忌证等。

（5）其他因素，如行为因素等。

在各种危害因素中，化学因素占比超过90%。

3）《职业病分类和目录》

《职业病分类和目录》（2025）将职业病分为12类135种，12类分别为职业性尘肺病及其他呼吸系统疾病、职业性皮肤病、职业性眼病、职业性耳鼻喉口腔疾病、职业性化学中毒、物理因素所致职业病、职业性放射性疾病、职业性传染病、职业性肿瘤、职业性肌肉骨骼疾病、职业性精神和行为障碍、其他职业病。

### 5.4.4　生产性粉尘及其对人体的危害

1）粉尘危害概述

由粉尘引起的尘肺病是我国最严重的职业病之一。如果作业场所粉尘浓度严重超标，很短时间便可导致尘肺病。在一般有尘作业环境，尘肺的形成是比较缓慢的，因此往往不为人们觉察和重视，但是一旦发现得了尘肺病，后果非常严重。

能较长时间悬浮于工作场所空气中的固体微粒称为生产性粉尘。工人在有生产性粉尘的工作地点，从事生产劳动的作业，称为接触生产性粉尘作业。

2）粉尘危害类型

粉尘危害引起的疾病种类很多，主要有以下类型：

（1）使粉尘吸入者患尘肺病：尘肺病是指在职业活动中长期吸入不同致病性的生产性粉尘并在肺内潴留而引起的以肺组织弥漫性纤维化为主的一组职业性肺部疾病的总称。在我国尘肺病是最常见，也是最严重的职业病。由于发病人数多、治疗困难等，所以一直被定为职业病防治的重点。

（2）导致感染：金属粉尘、生石灰、漂白粉、水泥、烟草等粉尘可引起肺脏的进行性或慢性炎症。

（3）引起过敏：大麻、黄麻、面粉、羽毛、锌烟等粉尘可诱发过敏反应，如职业性过敏性哮喘等疾病。

（4）具有致癌性：砷、钴、石棉及某些光感应性和放射性物质等粉尘可诱发肿瘤。

（5）造成中毒：铅、锰、砷化物等有毒粉尘的吸入可引起各种急、慢性中毒。

（6）引发皮肤病：沥青和某些生物性粉尘可引起皮脂腺炎、皮炎和干燥症等。

（7）损伤眼睛：磨碾粉尘、金属粉尘可引起角膜损坏，甚至角膜混浊、失明。

3）国家标准

国家制定颁布了《工作场所有害因素职业接触限值》。该标准分为两部分：第一部分是化学有害因素（GBZ 2.1-2019），包括化学物质、粉尘和生物因素等；第二部分是物理因素（GBZ 2.2-2022），包括辐射、电磁场、微波、噪声、高温等。

标准中，职业性有害因素的接触限制量值是指劳动者在职业活动过程中长期反复接触，对绝大多数接触者的健康不引起有害作用的容许接触水平。

时间加权平均容许浓度（PC-TWA）是以时间为权数规定的8小时工作日、40小时工作周的平均容许接触浓度，即每周作业 40 小时加权平均容许浓度。在此浓度下几乎所有作业人员不会受到损害。GBZ 2.1-2019 规定了 49 种粉尘接触限值。

4）防治粉尘八字方针

防治粉尘八字方针，综合使用了技术措施、教育措施和管理措施等，是十分适用的、行之有效的防尘指导方针。八字方针的具体内容如下：

（1）革：改革工艺，技术革新。对工艺、材料、设备技术等进行改革，如自动化、封闭作业等，从源头上进行控制，减少粉尘的产生和释放，这是防尘的根本性措施。

（2）水：湿式作业。采用湿式作业，降尘效果突出，经济、简便、易行，能够湿式作业的场所应优先考虑采用。

（3）密：密闭尘源。封闭粉尘源，阻止其向外扩散释放，降低作业场所空气中粉尘的浓度。

（4）风：通风排尘。通过通风、送风、排风、吸尘和净化技术，将作业场所含有粉尘的空气排出，补充新鲜空气，降低作业场所粉尘的浓度。

（5）护：个体防护。加强有尘作业者的个人防护，按规定使用防尘口罩、防尘面具等防护用品，尽量减少粉尘的吸入。

（6）管：科学管理。加强作业场所现场防尘管理，健全管理制度，制定操作规程，维护和保养防尘设施等。

（7）教：宣传教育。通过教育、培训，提高员工对粉尘危害的认识水平，增强其个体防护意识，熟悉和掌握操作规程及应急的知识与技能。

（8）查：监督检查。定期检测粉尘浓度和防护设施的性能；监督和检查规章制度执行情况、纠正各种违章行为；定期进行健康体检，及时发现异常迹象和疑似尘肺病等。

### 5.4.5　毒物及其危害

从广义上讲，任何物质都具有一定的毒性，只要其在特定条件下且数量足够，就会对人体产生危害作用。本节所介绍的毒物是指在一定条件下，较小剂量即可破坏生物体的正常生理机能，造成某些暂时性或永久性病变、导致疾病甚至死亡的化学物质。

1）按相态分类

（1）固体类毒物：包括金属和非金属固体如铅、铊、砷等。

（2）气体类毒物：以气体的形式散发在作业的场所中，包括窒息性气体和刺激性气体，如氯气、氨气、硫化氢、一氧化碳等。

（3）液体类毒物：如强酸、强碱以及有机化合物苯、醛、酚等。

（4）其他：以粉尘、烟雾、蒸气等形式存在的毒物，如汞蒸气、电焊烟、漆雾等，以及悬浮于空气中的粉尘、烟和雾等微粒，统称为气溶胶。

2）国家标准

在 GBZ 2.1-2019 中，化学有害因素的职业接触限值 OELs 包括时间加权平均容许浓度、短时间接触容许浓度和最高容许浓度 3 类。

（1）时间加权平均容许浓度（PC-TWA）（GBZ 2.1-2019）。在此浓度下几乎所有作业人员不会受到损害。

（2）短时间接触容许浓度（PC-STEL）（GBZ 2.1-2019）。在遵守PC-TWA前提下容许短时间（15秒）接触的浓度称为短时间接触容许浓度。

（3）最高容许浓度（MAC）（GBZ 2.1-2019）。最高容许浓度是指在工作地点、一个工作日内、任何时间有毒化学物质均不应超过的浓度。GBZ 2.1-2019中，列出358种工作场所空气中化学有害因素职业接触限值。

3）作业场所防毒措施

（1）控制毒物源措施。采用低毒、无毒物质取代有毒、高毒原材料；限制使用剧毒、高毒原料；采用新工艺、新技术和新材料，减少毒物产生；禁止违法生产有毒产品。

（2）控制泄漏措施。改进设备，实现生产过程的密闭和自动化；密封包装；严密储存；防止包装、容器破损；妥善处置有毒废弃物。

（3）降低毒物浓度措施。采用相应的有害气体等净化设施和方法，以达到无毒排放的目标。

（4）监测报警措施。监测报警的目的是及时发现异常和紧急情况，以便立即采取措施应对。

（5）防毒标志。生产场所设置：警告标志，如"当心中毒""当心有毒气体"等；指令标志，如"戴防毒面具""穿防护服""注意通风"等；提示标志，如"紧急出口""救援电话"等；告知卡，依据《高毒物品目录》和《高毒物品作业岗位职业病危害告知规范》（GBZ/T203-2007），在使用高毒物品的作业岗位的醒目位置设置告知卡，告知毒物名称、理化特性、健康危害、应急处理、警示标志、防护要求和应急电话等内容。

储存场所和运输车辆设置相应的防毒标志。

（6）个体防护措施。接触毒物的人员应经过培训并考核合格，持证上岗；具有防毒意识、知识和技能；具有应急避难、逃生、急救的基本技能。

在有毒作业场所操作应注意遵守操作规程，防止操作失误导致毒物的泄漏等事故。在接触毒物的作业中不得饮食，不得用手擦嘴、脸和眼睛。每次作业完毕，应及时用肥皂（或专用洗涤剂）洗净面部、手部，用清水漱口，必要时应洗浴。防护用具应及时清洗，集中存放，禁止带出作业场所。

作业人员应按要求正确使用劳动防护用品，对皮肤和呼吸道进行防护。

（7）应急预案。任何防毒措施都有可能失效或突发紧急情况。应针对可能出现的事故或紧急情况制订应急预案，配备必要的应急物资器材，并组织员工学习和演练，一旦发生意外或事故，可以有效应对，最大限度地减少损失。

4）职业中毒

（1）中毒途径。

有毒物侵入人体的途径主要有3种，即呼吸道、皮肤和消化道。在生产过程中，有毒物主要是通过呼吸道侵入人体，其次是皮肤，而经消化道侵入的较少。当生产中发生意外事故时，可能发生有毒物直接冲入口腔而引起中毒的事件。而在日常生活中，中毒事故主要是以消化道入侵为主。

（2）中毒类型。

急性中毒：由于毒物毒性极强，且在一次或短时间内进入体内，或毒物毒性一般但大量进入人体，立即发生毒性反应甚至致命，如硫化氢、一氧化碳、氯气等中毒。

慢性中毒：由于小量毒物长期地进入机体所致，毒性反应不明显而不为人所重视，随着毒物的蓄积和毒性作用的累积而引起严重的伤害，如铅、汞、锰等中毒。

亚急性中毒：介于急性中毒与慢性中毒之间，在一段时间内有较多的毒物进入人体或多次接触毒物而产生的中毒现象。

带毒状态：虽然接触毒物，但由于进入人体的量少尚无中毒症状和体征，而检验尿、血时发现所含的毒物值（或代谢产物）超过正常值上限，这种状态称带毒状态或称毒物吸收状态，如早期的铅中毒者。

### 5.4.6　辐射危害

1）辐射的定义

辐射是指以粒子或电磁波的形式进行能量传递、传播与转化的过程。分为电离辐射与非电离辐射两类。电离辐射包括 α 粒子、β 粒子和 X 射线等高能电磁波；非电离辐射包括高频电磁场、超高频电磁场、微波、紫外线、红外线、激光等。

2）辐射标准

电离辐射标准等效采用国际标准。在 GBZ 2.2–2022 中，对超高频辐射、高频辐射、微波辐射、工频电场等非电离辐射的职业接触限值等都有明确规定。

3）辐射危害

众所周知，核辐射的危害是非常严重的。1986 年，苏联的切尔诺贝利核电站发生的严重泄漏事故，导致数万人因核辐射伤害受到长期影响，死亡或重病缠身。

电离辐射的射线使受辐射的人体组织的原子发生电离，引起一系列伤害和细胞分裂的畸形改变，可诱发肿瘤等疾病。非电离辐射危害由于波长、频率等特性不同，造成伤害的部位和影响也有所区别。高频电磁场和微波主要危害心血管造成组织损伤等；红外线造成皮肤和眼睛损伤、白内障等；紫外线造成皮炎、烧伤、电光眼等；激光造成皮肤和眼睛损伤、烧伤等。

### 5.4.7　噪声危害

声音是由物体的振动而产生的。噪声与乐音并无本质区别，一般将超过人们习惯、人们心理上认为是不需要的、使人厌烦的、起干扰作用的声音都认为是噪声。由于噪声对听力具有较大影响，因此也是作业场所的主要职业性危害之一。

1）噪声来源

噪声来源于工作场所物体的振动，包括固体、气体、液体的振动（流动）等。生产性噪声主要来源于各种机器和设备的运转、气体的排放、工件撞击与摩擦等。①机械性噪声，如压力泵、车床、压缩机、电锯、冲床等；②流体性噪声，如通风机、空压机、管道中流体快速流动等；③电磁性噪声，如发电机、变压器、电器等。

2）噪声对人体的危害

噪声对人体的危害主要表现为对听力的损伤，对神经、心脏等生理功能的伤害和对心理产生的不良影响。听力损伤有的是听力暂时下降——数分钟或数小时后可完全恢复；有的则是永久性噪声耳聋——听力不能恢复或无听力，终身耳聋。

表5-1是听力与噪声强度的关系对应表。

表5-1                       **听力与噪声强度的关系对应表**

| 噪声强度（dB） | 80 | 90 | 100～110 | 110～129 |
|---|---|---|---|---|
| 听力损伤开始时间（年） | 10～15 | 5 | 2～3 | 1～2 |

3）GBZ 2.2-2022规定的工作场所噪声职业接触限值（见表5-2）

表5-2                       **工作场所噪声职业接触限值**

| 接触时间 | 接触限值／[dB（A）] | 备注 |
|---|---|---|
| 5 d／w，=8 h／d | 85 | 非稳态噪声计算8 h等效声级 |
| 5 d／w，≠8 h／d | 85 | 计算8 h等效声级 |
| ≠5 d／周 | 85 | 计算40 h等效声级 |

### 5.4.8  高温危害

1）名词概念

GBZ 2.2-2022规定，在生产劳动过程中，当工作地点的平均WBGT指数≥25℃时的作业称为高温作业。接触高温作业时间（GBZ 2.2-2022）是指作业人员在一个工作日内（8h）实际接触高温作业的累计时间（min）。接触时间率（GBZ 2.2-2022）是指劳动者在一个工作日内实际接触高温作业的累计时间与8h的比率。

本地区夏季通风设计计算温度是指参照近10年本地区气象台正式记录每年最热月的每日13时—14时的气温平均值。

WBGT指数又称湿球黑球温度，是综合评价人体接触作业环境热负荷的一个基本参量，单位为℃。它采用了自然湿球温度（tnw）、黑球温度（tg）和干球温度（ta）3种参数，并由下列两式计算而获得。室内作业：$WBGT=0.7tnw+0.3ta$。室外作业：$WBGT=0.7tnw+0.2tg+0.1ta$。

2）高温场所

高温高湿场所的特点是温度、湿度双高，形成湿热环境。在化工生产过程中，烘干等作业过程易形成该类场所。高温强辐射场所的特点是气温高，热辐射强度大，相对湿度低，形成干热环境。一般在加热炉等设备周边易产生该类场所。露天高温场所的特点是酷热夏季，人员不仅处于高温的环境而且直接受到太阳的强烈辐射。

3）高温作业限值

根据劳动强度、接触高温环境时间的不同，高温作业限值也不同，详见GBZ 2.2-2022。

4）高温对人体的影响

高温对人体的影响主要是造成身体的体温调节和水、盐代谢的紊乱。高温环境下，人体产热明显增加，而环境温度较高，人体散热受阻，不能维持热平衡，体温就会升高。大量出汗使体内水分和盐大量丢失，引起体内水、盐代谢紊乱，酸碱平衡失调，进而使循环、消化、泌尿等系统也发生功能失调。

### 5.4.9 职业病患者处理办法

职工被确诊患有职业病后，其所在单位应根据职业病诊断机构（职业病诊断鉴定委员会）的意见，安排其医治或疗养。在医治或疗养后被确认不宜继续从事原有害作业或工作的，应在确认之日起的两个月内将其调离原工作岗位，另行安排工作；对于因工作需要暂不能调离的生产、工作的技术骨干，调离期限最长不得超过半年。

职业病病人的诊疗、康复费用，伤残以及丧失劳动能力的职业病病人的社会保障，按照国家有关工伤社会保险的规定执行。职业病病人除依法享有工伤社会保险外，依照有关民事法律，尚有获得赔偿的权利，有权向用人单位提出赔偿要求。

劳动者被诊断患有职业病，但用人单位没有依法参加工伤社会保险的，其医疗和生活保障由最后的用人单位承担；最后的用人单位有证据证明该职业病是先前用人单位的职业病危害造成的，由先前的用人单位承担。

职业病病人变动工作单位，其依法享有的待遇不变。用人单位发生分立、合并、解散、破产等情形的，应当对从事接触职业病危害的作业的劳动者进行健康检查，并按照国家有关规定妥善安置职业病病人。

劳动合同制工人、临时工终止或解除劳动合同后，在待业期间新发现的职业病与上一个劳动合同期工作有关时，其职业病待遇由原终止或解除劳动合同的单位负责；如原单位已与其他单位合并者，由合并后的单位负责；如原单位已撤销，则应当由原单位的上级主管机关负责。

## 5.5 女职工及未成年工劳动保护

党的二十大报告再次明确提出，"坚持男女平等基本国策，保障妇女儿童合法权益"。

### 5.5.1 女职工的保护

女职工履行着社会化生产和人类社会再生产的双重重任，女职工的生理特点使得职业危害因素更容易对其身体健康造成伤害，所以用人单位必须加强对女职工的保护。国家已经出台了相关法律法规，加强对女职工的特殊保护。

1）职业危害对女职工的影响

（1）化学因素对女职工的影响。长期从事或接触有毒有害作业，对女性的生殖机能会产生不良影响。有的毒物侵入体内后，蓄积在肝、肾、骨髓中，时间长了，就会造成女性月经机能失调和不孕等症。有的即使脱离了有毒有害作业多年，由于毒物在体内仍然存在，怀孕时就会游离出来，通过胎盘影响胎儿正常发育。

女职工在孕期由于机体发生了变化，对毒物敏感性增高，较平时更容易吸收毒物，有些毒物蓄积在母体内对胎儿正常发育将造成难以弥补的损害。

女职工在哺乳期从事有毒有害作业，对婴儿的危害主要有两种途径：一种是有毒有害物质被母体吸收后，通过乳汁进入婴儿体内，直接对婴儿造成危害，如铅及其化合物、苯、二硫化碳、有机氯化物、甲醛等；另一种是通过乳母的工作服、鞋等物，将有毒有害物质带到哺乳室或家中，造成室内环境污染，对婴儿健康造成危害，如铅尘、染料、石棉尘等。因此，女职工在孕期、哺乳期应暂时调离有毒有害作业岗位，以免对后代产生不良影响，这对家庭、社会都是一个不容忽视的问题。

（2）物理因素对女职工的影响。物理因素的影响主要表现在以下几个方面：①电离辐射。电离辐射对胚胎及胎儿发育产生不良后果早已被证实。放射线可直接通过母体作用于胚胎，造成胎儿先天性缺陷，如小头畸形、白内障、智力低下等。②非电离辐射。非电离辐射对人体危害主要是高频电磁场和微波辐射。据有关资料，从事高频电磁场和微波作业的女职工自然流产率较高，低体重婴儿率高，同时对女性生理机能产生不良影响，使月经周期缩短、经期延长、血量减少、痛经加重、闭经等。③噪声。噪声对人的听觉、神经系统、心血管系统等有危害。有关专家就噪声对女性生理机能的影响做了大量的调查研究表明：噪声使女性月经周期改变及痛经；流产、死产率增高；噪声对胎儿发育可造成一定影响，高噪声使低体重婴儿出生率增高、先天缺陷出生率增高。④振动。振动对人体的影响取决于振动的频率和振幅，对女职工影响较大的是全身振动，主要表现为经期延长、血量多、痛经和妊娠中毒症等。孕期从事振动作业主要对胎儿的发育产生不良影响。⑤高温。女职工从事高温作业比男性更易引起中暑，并降低生育能力。⑥低温。女职工在经期不适于参加低温冷水作业，易引起皮温下降、血流减少、血管收缩，引起内脏瘀血，致使痛经加重、白带增多。⑦重体力劳动作业。女职工长期从事重体力劳动作业，容易发生月经不调、痛经、血量过多或不规则、闭经等。对孕妇可导致流产和早产的发生。

2）女职工保护的有关法规

当前不少企业为了利益最大化有意或无意中侵犯了女职工的劳动权益，女职工往往由于法律意识淡薄或者对保护自己权益的法律法规不了解而不能及时维护自己的权益。为了保护"为人类社会再生产做出巨大贡献的女职工"的合法权益，无论是企业方，还是女职工本人，都需要了解、掌握女职工权益保护方面的法律法规。

目前，我国有关女职工权益保护方面的法律法规有很多，主要有以下几种：

（1）保障女职工权益的专项法律法规主要有《中华人民共和国妇女权益保障法》《女职工劳动保护特别规定》《女职工禁忌从事的劳动范围》《中华人民共和国母婴保健法》等。

（2）含有保障女职工权益的综合性法律法规主要有《劳动法》等。

3）女职工禁忌的劳动范围

《女职工劳动保护特别规定》对女职工禁忌的劳动范围进行了具体的规定。

（1）女职工禁忌从事的劳动范围：矿山井下作业；体力劳动强度分级标准中规定的第四级体力劳动强度的作业；每小时负重6次以上、每次负重超过20千克的作业，或者间断负重、每次负重超过25千克的作业。

（2）女职工在经期禁忌从事的劳动范围：冷水作业分级标准中规定的第二级、第三级、第四级冷水作业；低温作业分级标准中规定的第二级、第三级、第四级低温作业；体力劳动强度分级标准中规定的第三级、第四级体力劳动强度的作业；高处作业分级标准中规定的第三级、第四级高处作业。

（3）女职工在孕期禁忌从事的劳动范围：①作业场所空气中铅及其化合物、汞及其化合物、苯、镉、铍、砷、氰化物、氮氧化物、一氧化碳、二硫化碳、氯、己内酰胺、氯丁二烯、氯乙烯、环氧乙烷、苯胺、甲醛等有毒物质浓度超过国家职业卫生标准的作业；②从事抗癌药物、己烯雌酚生产，接触麻醉剂气体等的作业；③非密封源放射性物质的操作，核事故与放射事故的应急处置；④高处作业分级标准中规定的高处作业；⑤冷水作业分级标准中规定的冷水作业；⑥低温作业分级标准中规定的低温作业；⑦高温作业分级标准中规定的第三级、第四级的作业；⑧噪声作业分级标准中规定的第三级、第四级的作业；⑨体力劳动强度分级标准中规定的第三级、第四级体力劳动强度的作业；⑩在密闭空间、高压室作业或者潜水作业，伴有强烈振动的作业，或者需要频繁弯腰、攀高、下蹲的作业。

（4）女职工在哺乳期禁忌从事的劳动范围：孕期禁忌从事的劳动范围的第①项、第③项、第⑨项；作业场所空气中锰、氟、溴、甲醇、有机磷化合物、有机氯化合物等有毒物质浓度超过国家职业卫生标准的作业。

4）女职工劳动保护的基本内容

（1）维护女职工就业权和收益权。凡适合妇女从事劳动的单位，不得拒绝招收女职工。不得在女职工怀孕期、产期、哺乳期降低其基本工资，或者解除劳动合同。怀孕的女职工，在劳动时间内进行产前检查，应当算作劳动时间。

**➡ 小思考5-2**

互动课堂

小思考 5-2 参考答案

甲于2023年3月起在某企业任职，2025年5月份，双方的劳动合同尚未到期，企业以甲"不服从管理、顶撞上司"为由，出具解雇通知书。随后，甲称自己已经怀孕，并出具相关证明材料，并称公司就是知道她怀孕后，才提前解雇她的。甲申请劳动争议仲裁。

请问：对于孕期妇女，公司这样解雇她，是否可以？

（2）合理安排劳动岗位。

（3）加强女职工"四期"的劳动保护。①用人单位应当遵守女职工禁忌从事的劳动范围的规定。②女职工在孕期不能适应原劳动的，用人单位应当根据医疗机构的证明，予以减轻劳动量或者安排其他能够适应的劳动。对怀孕7个月以上的女职工，用人单位不得延长劳动时间或者安排夜班劳动，并应当在劳动时间内安排一定的休息时间。③职工生育享受98天产假，其中产前可以休假15天；难产的，增加产假15天；生育多胞胎的，每多生育1个婴儿，增加产假15天。女职工怀孕未满4个月流产的，享受15天产假；怀孕满4个月流产的，享受42天产假。④对哺乳未满1周岁婴儿的女职工，用人单位不得延长劳动时间或者安排夜班劳动。用人单位应当在每天的劳动时间内为哺乳期女职工安排1小时哺乳时间；女职工生育多胞胎的，每多哺乳1个婴儿每天增加1小时哺乳时间。

（4）建立女职工辅助托幼设施。女职工比较多的用人单位应当根据女职工的需要，建立女职工卫生室、孕妇休息室、哺乳室等设施，妥善解决女职工在生理卫生、哺乳方面的困难。

（5）女职工劳动保护权益的维护。用人单位违反《女职工劳动保护特别规定》，侵害女职工合法权益的，女职工可以依法投诉、举报、申诉，依法向劳动人事争议调解仲裁机构申请调解仲裁，对仲裁裁决不服的，依法向人民法院提起诉讼。用人单位违反《女职工劳动保护特别规定》，侵害女职工合法权益，造成女职工损害的，依法给予赔偿；用人单位及其直接负责的主管人员和其他直接责任人员构成犯罪的，依法追究刑事责任。

### 5.5.2　未成年工的特殊保护

1）未成年工及其特殊保护的定义

（1）未成年工。未成年工是指年满16周岁、未满18周岁的劳动者。其正处于生长发育时期，人体器官尚未定型，身材一般不高，体力较差，抵抗力较差，耐力差，睡眠较多，文化知识程度不高。为维护未成年工的合法权益，保护其在生产劳动中的健康，因此要对未成年工采取相应的保护措施。

（2）未成年工的特殊保护。未成年工的特殊保护是针对未成年工处于生长发育期的特点，以及接受义务教育的需要，采取的特殊劳动保护措施，包括限制就业年龄、限制工作时间、禁止从事某些作业、定期进行健康检查等特殊劳动保护。

2）用人单位招用未成年工的相关规定

根据《劳动法》、《中华人民共和国未成年人保护法》和《未成年工特殊保护规定》的相关条款，用人单位招收使用未成年工的规定主要有：

（1）用人单位招收使用未成年工，除符合一般用工要求外，还须向所在地的县级以上劳动行政部门办理登记。另外，用人单位应当在工种、劳动时间、劳动强度和保护措施等方面执行国家有关规定，不得安排其从事过重、有毒、有害的劳动或者危险作业。

（2）用人单位应对未成年工定期进行健康检查，并根据未成年工的健康检查结果安排其从事适合的劳动，对不能胜任原劳动岗位的，应根据医务部门的证明，予以减轻劳动量或安排其他劳动。同时，未成年工须持由国务院劳动行政部门（人力资源和社会保障部）统一印制的"未成年工登记证"上岗。

（3）未成年工上岗前用人单位应对其进行有关的职业安全卫生教育、培训；未成年工体检和登记，由用人单位统一办理和承担费用。

（4）县级以上劳动行政部门对用人单位招收使用未成年工的现实情况进行监督检查，对违反《未成年工特殊保护规定》的行为依照有关法规进行处罚。

➡ **小思考5-3**

赵某在某工厂连续工作了8年，不幸因工死亡，其家庭生活陷入极度贫困的境地。工厂决定录用赵某的儿子（17岁）顶替其父亲的工作岗位，也可以解决其家庭困难。赵某的儿子与工厂签订了为期3年的劳动合同。因为工作任务紧，工厂就安排赵某的儿子加班加点或上夜班。赵某的儿子觉得自己的体力不足以承受如此繁重的工作，因此向领导提出自己是未成年工，请求享受不同于成年工的劳动保护待遇，被领导以任务繁重、人手少为由拒绝。

工厂领导的做法是否正确？

互动课堂
小思考5-3
参考答案

　　3）身体正常未成年工禁忌从事劳动的范围

　　根据《劳动法》和《未成年工特殊保护规定》的相关条款，用人单位不得安排未成年工从事以下范围的劳动：

　　（1）《生产性粉尘作业危害程度分级》国家标准中第一级以上的接尘作业；

　　（2）《有毒作业分级》国家标准中第一级以上的有毒作业；

　　（3）《高处作业分级》国家标准中第二级以上的高处作业；

　　（4）《冷水作业分级》国家标准中第二级以上的冷水作业；

　　（5）《高温作业分级》国家标准中第三级以上的高温作业；

　　（6）《低温作业分级》国家标准中第三级以上的低温作业；

　　（7）《体力劳动强度分级》国家标准中第四级体力劳动强度的作业；

　　（8）矿山井下及矿山地面采石作业；

　　（9）森林业中的伐木、流放及守林作业；

　　（10）工作场所接触放射性物质的作业；

　　（11）有易燃易爆、化学性烧伤和热烧伤等危险性大的作业；

　　（12）地质勘探和资源勘探的野外作业；

　　（13）潜水、涵洞、涵道作业和海拔3 000米以上的高原作业（不包括世居高原者）；

　　（14）连续负重每小时在6次以上且每次超过20千克，间断负重每次超过25千克的作业；

　　（15）使用凿岩机、捣固机、气镐、气铲、铆钉机、电锤的作业；

　　（16）工作中需要长时间保持低头、弯腰、上举、下蹲等强迫体位和动作频率每分钟大于50次的流水线作业；

　　（17）锅炉司炉。

　　4）身体非正常未成年工禁忌从事劳动的范围

　　身体非正常未成年工是指患有某种疾病或具有某些生理缺陷（非残疾型）的未成年工，具体是指有以下一种或一种以上情况者：

　　（1）心血管系统：先天性心脏病；克山病；收缩期或舒张期二级以上心脏杂音。

　　（2）呼吸系统：中度以上气管炎或支气管哮喘；呼吸音明显减弱；各类结核病；体弱儿，呼吸道反复感染者。

　　（3）消化系统：各类肝炎；肝、脾肿大；胃、十二指肠溃疡；各种消化道疝。

　　（4）泌尿系统：急、慢性肾炎；泌尿系统感染。

　　（5）内分泌系统：甲状腺功能亢进；中度以上糖尿病。

　　（6）精神神经系统：智力明显低下；精神忧郁或狂暴。

　　（7）肌肉、骨骼运动系统：身高和体重低于同龄人标准；一个及一个以上肢体存在明显功能障碍；躯干1/4以上部位活动受限，包括强直或不能旋转。

　　（8）其他：结核性胸膜炎；各类重度关节炎；血吸虫病；严重贫血，其血色素每升低于95克（<9.5g/dL）。

　　未成年工患有某种疾病或具有某些生理缺陷（非残疾型）时，用人单位不得安排其从事以下范围的劳动：

（1）《高处作业分级》国家标准中第一级以上的高处作业；

（2）《低温作业分级》国家标准中第二级以上的低温作业；

（3）《高温作业分级》国家标准中第二级以上的高温作业；

（4）《体力劳动强度分级》国家标准中第三级以上体力劳动强度的作业；

（5）接触铅、苯、汞、甲醛、二硫化碳等易引起过敏反应的作业。

5）未成年工的健康检查

（1）用人单位应按下列要求对未成年工定期进行健康检查：安排工作岗位之前；工作满1年；年满18周岁，距前一次的体检时间已超过半年。

（2）未成年工的健康检查，应按《未成年工特殊保护规定》所附"未成年工健康检查表"列出的项目进行。

（3）用人单位应根据未成年工的健康检查结果安排其从事适合的劳动，对不能胜任原劳动岗位的，应根据医务部门的证明，予以减轻劳动量或安排其他劳动。

## 5.6  劳动防护用品管理

2018年1月15日，国家安全监管总局办公厅《关于修改用人单位劳动防护用品管理规范的通知》（安监总厅安健〔2018〕3号）规定，劳动防护用品是指由用人单位为劳动者配备的，使其在劳动过程中免遭或者减轻事故伤害及职业病危害的个体防护装备。劳动防护用品是由用人单位提供的，保障劳动者安全与健康的辅助性、预防性措施，不得以劳动防护用品替代工程防护设施和其他技术、管理措施。

用人单位应当安排专项经费用于配备劳动防护用品，不得以货币或者其他物品替代。该项经费计入生产成本，据实列支。用人单位应当为劳动者提供符合国家标准或者行业标准的劳动防护用品。使用进口的劳动防护用品，其防护性能不得低于我国相关标准。

劳动防护用品分为以下十大类：

（1）防御物理、化学和生物危险、有害因素对头部伤害的头部防护用品。

（2）防御缺氧空气和空气污染物进入呼吸道的呼吸防护用品。

（3）防御物理和化学危险、有害因素对眼面部伤害的眼面部防护用品。

（4）防噪声危害及防水、防寒等的耳部防护用品。

（5）防御物理、化学和生物危险、有害因素对手部伤害的手部防护用品。

（6）防御物理和化学危险、有害因素对足部伤害的足部防护用品。

（7）防御物理、化学和生物危险、有害因素对躯干伤害的躯干防护用品。

（8）防御物理、化学和生物危险、有害因素损伤皮肤或引起皮肤疾病的护肤用品。

（9）防止高处作业劳动者坠落或者高处落物伤害的坠落防护用品。

（10）其他防御危险、有害因素的劳动防护用品。

劳动防护用品选择程序如图5-1所示。

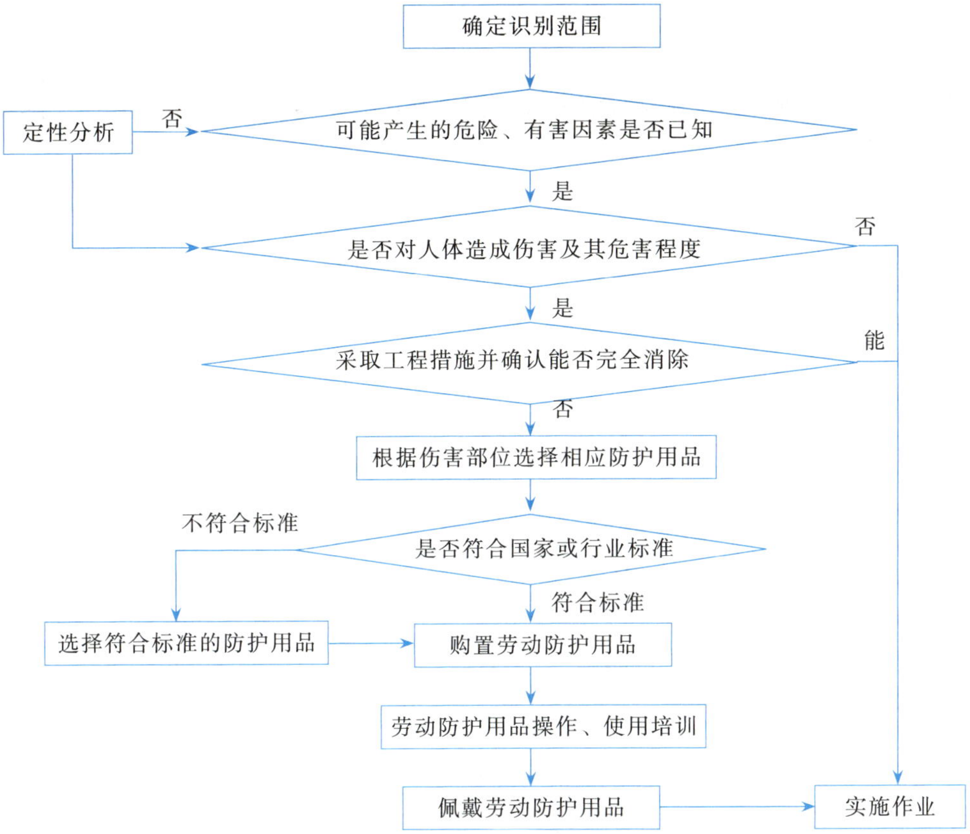

图5-1　劳动防护用品选择程序

用人单位劳动防护用品配备标准见表5-3。劳动防护用品发放登记表见表5-4。

表5-3　　　　　　　　　　　　　用人单位劳动防护用品配备标准

| 岗位/工种 | 作业者数量 | 危险、有害因素类别 | 危险、有害因素浓度/强度 | 配备的防护用品种类 | 防护用品型号/级别 | 防护用品发放周期 | 呼吸器过滤元件更换周期 |
|---|---|---|---|---|---|---|---|
|  |  |  |  |  |  |  |  |
|  |  |  |  |  |  |  |  |
|  |  |  |  |  |  |  |  |
|  |  |  |  |  |  |  |  |
|  |  |  |  |  |  |  |  |
|  |  |  |  |  |  |  |  |
|  |  |  |  |  |  |  |  |
|  |  |  |  |  |  |  |  |
|  |  |  |  |  |  |  |  |
|  |  |  |  |  |  |  |  |

表5-4                                        **劳动防护用品发放登记表**

单位/车间：

| 序号 | 岗位/工种 | 员工姓名 | 防护用品名称 | 型号 | 数量 | 领用人签字 | 备注 |
|------|-----------|----------|--------------|------|------|------------|------|
|      |           |          |              |      |      |            |      |
|      |           |          |              |      |      |            |      |
|      |           |          |              |      |      |            |      |
|      |           |          |              |      |      |            |      |
|      |           |          |              |      |      |            |      |
|      |           |          |              |      |      |            |      |
|      |           |          |              |      |      |            |      |
|      |           |          |              |      |      |            |      |
|      |           |          |              |      |      |            |      |
|      |           |          |              |      |      |            |      |

发放人：                          日期：    年　月　日

## 5.7　企业劳动安全卫生管理措施、建议

　　企业要在生产经营中搞好劳动安全卫生管理工作，一定要树立安全第一、预防为主的劳动安全卫生观念，积极营造科学合理的劳动安全卫生环境。

### 5.7.1　营造劳动安全卫生观念环境

　　企业要牢固树立安全第一、预防为主的劳动安全卫生观念，使其成为企业劳动安全卫生保护工作的主导观念。安全第一是处理生产与安全两者之间关系的基本准则。预防为主，防重于治，是处理职业危害的预防与治理关系应遵循的原则。

　　企业要建立以人为本的劳动安全卫生价值理念。在企业劳动安全卫生保护工作中坚持以人为本，集中反映了企业组织整体对劳动保护工作的价值取向。此种劳动保护工作的价值取向奠定了在企业劳动安全卫生管理工作中坚持安全第一、预防为主的劳动保护工作方针的基础。

　　安全第一、预防为主、以人为本是企业所有员工在劳动安全卫生保护工作中的职业道德行为准则，可以规范、引导企业员工的劳动行为和管理行为向着正确的方向发展。

### 5.7.2　营造劳动安全卫生制度环境

　　1）建立健全劳动安全卫生管理制度

　　各项劳动安全卫生管理制度是企业的决策行为、管理行为、劳动行为准则的依据。劳动安全卫生事故的发生，主要是人的错误行为造成的。比如，决策人员违反客观规律的错误决策行为；管理人员的违章管理行为，如强令劳动者违章冒险作业；劳动者的违

章操作行为，如不按照操作规程作业。因此，制度环境的营造是实现安全生产的保证。

2）严格执行各项劳动安全卫生规程

企业的劳动安全卫生管理工作也应该做到"有法可依、有法必依、执法必严、违法必究"。各项劳动安全卫生规程必须得到有效的执行，企业上至高层领导，下至一般员工都要严格执行各项劳动安全卫生规程，并将其转化为所有员工的自觉行为。

3）奖惩分明

为了使企业员工严格执行各项劳动安全卫生规程，必须施以科学的奖惩。对于严格执行规程的员工，应当给予相应的奖励；对于违反规程的员工，应当给予相应的惩罚。企业要奖惩分明，奖惩结合，克服以惩代管、重惩罚轻奖励的倾向。

### 5.7.3　营造劳动安全卫生技术环境

1）直接使用安全技术和无害装置、无害工艺，从根本上避免劳动安全卫生事故

通常，企业是否会发生劳动安全卫生事故与是否采用科学合理的安全技术紧密相关，是否会发生职业中毒事故与是否提供无害工作的技术环境直接相关。要从根本上避免劳动安全卫生事故，就必须从源头上抓起，采用科学适用的安全技术和无害装置、无害工艺等。

2）完善劳动场所设计，实现工作场所优化

企业应该从人、机、环境的相互关系出发创造条件，设法减轻员工作业疲劳，包括生理疲劳、心理疲劳，降低劳动强度，从而减少因作业疲劳导致的错误操作行为。工作场所优化应该做到：科学装备、布置工作场地；保持工作场所的正常秩序和良好的工作环境；正确组织工作场所的供应和服务工作；劳动环境优化等。

3）劳动组织优化

劳动组织优化主要包括以下几项工作：不同工种、工艺阶段合理组织；准备性工作和执行性工作合理组织；作业班组合理组织；工作时间合理组织等。

### ▶ 随堂测——劳动关系协调员职业技能理论测试

随堂测5

即测即评

1．（多选题）下列有关劳动能力鉴定的说法正确的有（　　　）。

A．劳动功能障碍分为十个伤残等级，一级最重，十级最轻

B．劳动功能障碍分为十个伤残等级，一级最轻，十级最重

C．生活自理障碍分为四个等级

D．生活自理障碍分为三个等级

2．（多选题）以下关于未成年工的说法正确的有（　　　）。

A．未成年工是年满16周岁、未满18周岁的劳动者

B．用人单位使用未成年工应实行定期健康检查制度

C．用人单位不得安排未成年工从事国家禁止从事的劳动

D．用人单位不得安排未成年工在33℃以上的高温天气期间从事室外露天作业

3．（单选题）下列有关"职业病"的表述错误的是（　　　）。

A．职业病属于职业性有害因素对劳动者健康的慢性伤害

B．确诊为职业病即享受基本医疗待遇

C.职业病一般是指劳动者在劳动过程中接触职业性有害因素所导致的疾病

D.我国现行的法定职业病范围为10类，共132种

4.（单选题）下列不属于特殊劳动者保护群体的是（　　　　）。

A.自由职业者　　　　B.妇女劳动者　　　　C.残疾劳动者　　　　D.未成年劳动者

5.（单选题）劳动法律关系延续的情形不包括（　　　　）。

A.孕期　　　　　　　　　　　　　　　　B.哺乳期

C.规定的医疗期　　　　　　　　　　　　D.法院宣告死亡前的失踪期

## ➡ 以案说法

**以案释法：某镇卫生院职业危害因素超标，罚款 227 500 元！**

案情回顾：2021年4月，卫生监督员在查询"职业病及健康危害因素监测信息系统"时发现：2020年8月，某镇卫生院手术室工作人员汪某被职业病医院诊断为职业性慢性中度苯中毒（再生障碍性贫血）。卫生监督员围绕上述线索，对该医院的职业健康监护情况进行监督检查，发现汪某工作的手术室为新建，其中存在苯、甲醛等职业病危害因素，该卫生院涉嫌未按照规定组织职业健康检查以及安排未经职业健康检查的劳动者、有职业禁忌的劳动者从事接触职业病危害的作业以及禁忌作业。

处罚情况：最终依据《职业病防治法》第七十一条第（四）项、第七十五条第（七）项，做出行政处罚决定，给予该用人单位罚款227 500元的行政处罚。

案例思考：（1）被处罚对象的意想不到。不同于传统以企业作为职业健康监督执法的对象，本案的处罚对象是乡镇卫生院，一个大家觉得似乎跟职业病危害毫无关联的地方。

（2）职业病危害因素产生原因的意想不到。不同于传统职业病危害因素主要在生产过程中产生，本案中的职业病危害因素为手术室装修导致苯、甲醛等职业病危害因素超标。《职业病防治法》第八十五条规定，职业病危害因素包括职业活动中存在的各种有害的化学、物理、生物因素以及在作业过程中产生的其他职业有害因素。由此可见，不管是在生产过程中产生还是其他原因产生，只要劳动者接触到了职业病危害因素，用人单位就有责任履行职业病防治的义务。

（3）职业病患者职业的意想不到。不同于传统职业病患者主要是企业职工，本案中职业病患者是手术室工作人员。这也提醒我们，职业病防治没有旁观者，每一位劳动者都应提高警惕，职业病可能就在你身边！希望通过这起不一样的职业卫生行政处罚案例，能给职业健康监督工作思路带来启发，能给各生产经营单位带来警示，能给广大劳动者带来提醒。

资料来源　徐州卫生监督.以案释法|某镇卫生院职业危害因素超标，罚款227 500元！［EB/OL］.［2024-05-16］. https://news.zybw.com/xw/wwsg/16839.html.

**解读：**随着社会的不断发展，工作环境不断变化，工作人员接触环境内物理、化学、生物等职业危害因素的风险始终存在。用人单位要做好职业病危害因素的预防和职业病形成环境的监测预警，尽可能将职业病危害消除在萌芽状态。劳动者要提高自我防范意识，全面认识工作环境可能存在职业健康风险，及时关注身体健康状况，用法律武

器维护自身的健康权益。

## 基础训练

□ 简答题

1.企业为什么要重视劳动安全卫生管理？劳动安全卫生管理制度包含哪几个方面的内容？

2.什么是伤亡事故？发生伤亡事故应该如何进行报告与处理？

3.工伤认定的条件有哪些？

4.企业应该如何做好职业病的防护工作？

5.劳动保护的基本内容有哪些？

6.女职工禁忌的劳动范围有哪些？女职工劳动保护的基本内容有哪些？

7.特殊劳动防护用品可以分为哪几类？特殊劳动作业环境主要有哪些？

## 综合应用

□ 案例分析

某公司承接机场保洁项目，女员工李某2020年5月入职并任保洁员，劳动合同期限为两年，岗位为工人类（操作岗）。2021年10月李某年满50周岁，但公司没有为其办理终止劳动合同手续。2021年12月，李某在上班途中骑电动车不慎与同向行驶的大货车碰撞，当场身亡。由于李某是进城务工的农民工，社保缴费年限不足15年，没有办理退休手续，不能享受退休人员待遇。家属要求公司承担李某的工亡责任。

问题：

（1）李某与该公司是否是劳动关系？

（2）李某家属可以依据《工伤保险条例》诉求工亡待遇吗？

（3）如果可以申请工亡待遇，应由谁承担责任？

（4）公司在管理中还应当注意哪些问题？

分析提示：工伤事故是指适用《工伤保险条例》的所有用人单位的职工在工作过程中发生的人身伤害和急性中毒事故。《最高人民法院行政审判庭关于超过法定退休年龄的进城务工农民因工伤亡的，应否适用〈工伤保险条例〉请示的答复》（〔2010〕行他字第10号）明确："用人单位聘用的超过法定退休年龄的务工农民，在工作时间内、因工作原因伤亡的，应当适用《工伤保险条例》的有关规定进行工伤认定。"《人力资源和社会保障部关于执行〈工伤保险条例〉若干问题的意见（二）》（人社部发〔2016〕29号）规定，达到或超过法定退休年龄，但未办理退休手续或者未依法享受城镇职工基本养老保险待遇，继续在原用人单位工作期间受到事故伤害或患职业病的，用人单位依法承担工伤保险责任。用人单位招用已经达到、超过法定退休年龄或已经领取城镇职工基本养老保险待遇的人员，在用工期间因工作原因受到事故伤害或患职业病的，如招用单位已按项目参保等方式为其缴纳工伤保险费的，应适用《工伤保险条例》。《工伤保险条例》规定，用人单位依照本条例规定应当参加工伤保险而未参加的，由劳动保障行政部门责令改正；未参加工伤保险期间用人单位的职工发生工伤的，由该用人单位按照本条例规定的工伤保险待遇项目和标准支付费用。

资料来源　冯筱珩．退休农民工的工伤管理［EB/OL］．［2024-04-10］．http：//www.zhibaohr.com/a_lzal/？2352-4.节选．

□ 实践训练

1.场景模拟。

背景：张丽丽应聘到某外资企业上班，工作中，她每天都是勤勤恳恳，从没有请过任何病事假。公司领导为此很欣赏她，并多次在公开场合表扬她。

2024年张丽丽与相恋多年的男友结了婚，婚后不久她突然得了心肌炎，住院治疗了整整两个半月才算基本痊愈。出院后，她立即就上班了。

上班后，张丽丽经常感到乏力，到医院检查后，发现自己已经怀有两个月的身孕，但医生建议她做流产手术，原因是她的心肌炎还没有完全痊愈，胎儿可能会给她带来生命危险。于是，张丽丽做了流产手术，医生给她开了一张休假25天的证明。手术后，张丽丽休息了25天。25天过后，张丽丽来公司上班，刚走进公司大门，就看见墙上贴着一张通知："本公司员工张丽丽半年内累计休病假3个多月，公司认为她超过了其应享受的患病医疗期3个月，根据有关法律法规，决定解除与她的劳动合同。"

看完通知后，张丽丽觉得公司不应该这样对待自己，急忙来到了总经理办公室……

要求：

（1）角色分配：将班级同学分为若干组，每组有3~5位同学，一组代表张丽丽一方，一组代表总经理一方，一组代表劳动争议仲裁一方或评价者一方。

（2）操作要求：请模拟张丽丽与总经理的对话；代表三方的几位同学要充分收集相关法律法规信息作为表达或评判的依据；劳动争议仲裁方或评价者一方要发表总结性观点，并对张丽丽一方和总经理一方的表述进行点评。

提示：怀孕流产休假算病假还是产假？

2.请利用寒暑假或周末时间，到学校附近的某家企业进行劳动安全卫生管理方面的调查活动。

要求：

（1）调查活动可以采用面谈法，也可以采用问卷调查法，但不管采用何种调查方法，都要尽可能结合本章所学内容。

（2）调查中注意方法与技巧，特别是不要与所调查企业发生冲突，调查完后写一份调查报告。

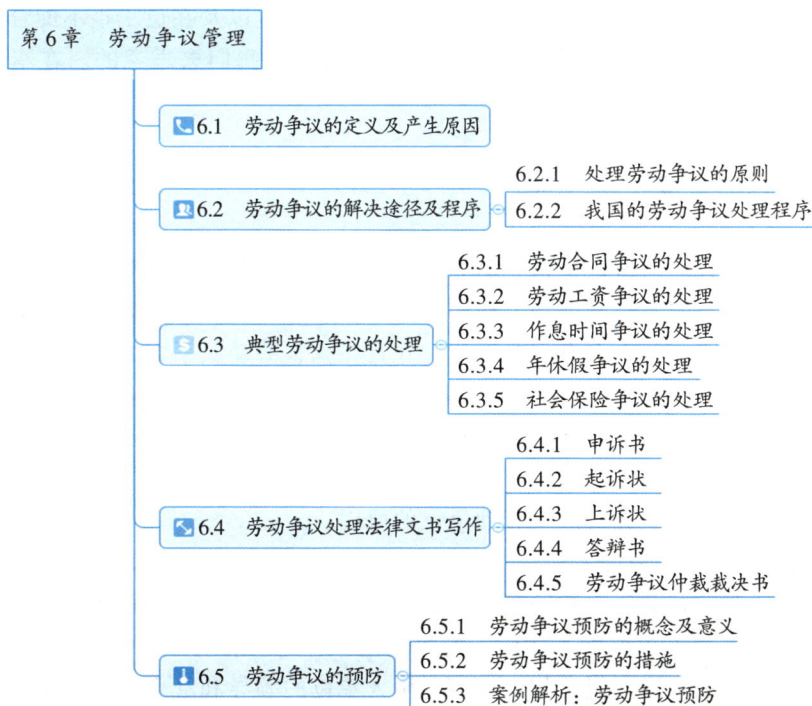

# 第6章 劳动争议管理

## 学习目标

**知识目标：**

1. 了解劳动争议的定义、劳动争议产生的系列原因；

2. 明确处理劳动争议的途径及一般程序；

3. 熟悉处理劳动争议过程中的系列法律文书写作；

4. 掌握典型劳动争议的处理方法。

**素养目标：**

引导学生正确看待企业人力资源管理中的劳动争议，了解并掌握劳动争议的处理方法和要求，树立法治思维，在日常工作中依法做好劳动争议预防与处理工作。

## 内容架构

**第6章 劳动争议管理**

- 6.1 劳动争议的定义及产生原因
- 6.2 劳动争议的解决途径及程序
  - 6.2.1 处理劳动争议的原则
  - 6.2.2 我国的劳动争议处理程序
- 6.3 典型劳动争议的处理
  - 6.3.1 劳动合同争议的处理
  - 6.3.2 劳动工资争议的处理
  - 6.3.3 作息时间争议的处理
  - 6.3.4 年休假争议的处理
  - 6.3.5 社会保险争议的处理
- 6.4 劳动争议处理法律文书写作
  - 6.4.1 申诉书
  - 6.4.2 起诉状
  - 6.4.3 上诉状
  - 6.4.4 答辩书
  - 6.4.5 劳动争议仲裁裁决书
- 6.5 劳动争议的预防
  - 6.5.1 劳动争议预防的概念及意义
  - 6.5.2 劳动争议预防的措施
  - 6.5.3 案例解析：劳动争议预防

**引例**

劳动合同到期后，单位未及时续签书面劳动合同，劳动者能否主张支付二倍工资？

张某于2020年4月1日与甲公司签订了为期三年的固定期限劳动合同。2023年3月31日，张某的第一份劳动合同到期，甲公司未向张某提出续签要求，也未书面通知其终止劳动关系，张某继续在甲公司工作，公司也正常支付工资并为其缴纳社会保险。2023年6月1日，张某向甲公司提出续签书面劳动合同的要求，但甲公司未给予答复。张某继续在公司工作至2023年12月31日，甲公司一直未与张某签订书面劳动合同。张某要求单位支付未签订劳动合同期间的二倍工资，甲公司拒绝支付，故提起仲裁申请。

仲裁委认为：本案中，甲公司在第一个劳动合同期满后未及时与张某续签劳动合同，但张某仍在甲公司工作，甲公司也未提出异议，应视为双方同意以原条件继续履行劳动合同。然而这并不意味着用人单位可以免除签订书面劳动合同的义务，订立书面劳动合同是用人单位的法定义务，贯穿整个用工过程，用人单位应规范用工行为。故根据相关规定，对张某要求甲公司支付二倍工资的仲裁请求予以支持。

资料来源　衢江区人力资源和社会保障局.【以案释法】劳动合同到期后，单位未及时续签书面劳动合同，劳动者能否主张支付二倍工资？［EB/OL］.［2025-01-03］. https://www.qjq.gov.cn/art/2025/1/2/art_1229075094_59029876.html.

这一引例表明：甲公司劳动合同管理工作方面的漏洞是非常明显的，正是由于公司在劳动合同管理工作上的"不作为"，才导致该劳动争议的发生。争议的结果，甲公司承担未签订劳动合同期间的二倍工资已不可避免。该案例对企业的劳动合同管理工作很有启发。关于劳动合同的时效性、劳动合同的签订方式，以及在员工拒不配合签订劳动合同时应如何规避风险，避免劳动争议的发生，是值得我们去思考的。在本章的学习中，希望能给予大家相应的启发。

## 6.1　劳动争议的定义及产生原因

劳动争议也称劳动纠纷，是指劳动关系当事人之间因劳动权利和义务产生分歧而引起的争议。随着社会的不断发展和劳动法规的逐步健全，劳动争议处理已经成为一项法律制度，在劳动法律制度中占有重要地位，并且在调整劳动关系方面发挥着至关重要的作用。《中华人民共和国劳动争议调解仲裁法》（以下简称《劳动争议调解仲裁法》）已由第十届全国人民代表大会常务委员会第三十一次会议于2007年12月29日通过，并于2008年5月1日起施行。

我们可以从以下角度分析产生劳动争议的原因：

1）用人单位方面的原因

（1）随着《劳动合同法》的颁布以及劳动力市场的日益成熟，正式工和临时工之间的差别已经淡化，用人单位中各类职工的权利是一样的。相对于正式工而言的临时工，如今几乎已成为历史名词，但是相当一部分用人单位的领导和管理人员在主观意识上没有完成这个观念的转变或者说根本不了解这个劳动用工政策上的巨大变更，他们不了解、不熟悉《劳动合同法》及现行的有关劳动保障方面的法规、政策，不按法律办事，还是按传统的办法管理员工，这是造成劳动争议的主要原因。

（2）用人单位内部规章制度是用人单位自行制定，用于经营、管理单位及规范员工行为的规范性文件。它是用人单位处理违纪员工的"操作手册"，是用人单位内部的"法律"。在实践中，因为用人单位内部规章存在问题而引发的劳动纠纷也不少，如有的用人单位规章制度不健全，出现了许多漏洞，导致了违规行为的发生。

（3）目前，仍有相当一部分用人单位不按规定与职工签订劳动合同，由此引发的劳动争议屡见不鲜。《劳动合同法》明确规定，建立劳动关系应当订立劳动合同，明确双方的权利和义务。

（4）劳动用工日常管理不规范。引发劳动争议的原因很多，包括社会保险缴纳、劳动报酬支付、辞退、解除和终止劳动合同等方面产生的问题。例如，有的用人单位虽然为职工缴纳了社会保险，但是为了单位自身的利益，压低缴费基数，侵害职工利益；有的用人单位虽然和职工订立了劳动合同，但是合同条款不规范，不约定岗位、工资，且随意变更职工的岗位，降低工资，从而引发劳动报酬争议；有的用人单位管理方法过于单一，在职工有违纪行为或没能完成规定的某项工作时，没有明确、合法的规章制度可以参考，而是一概用扣发职工工资的做法作为惩罚，以罚代管、代教；某些用人单位解除、终止劳动合同的条款不明晰，不了解解除和终止劳动合同之间的区别，从而引发经济补偿金争议；有的用人单位的领导和管理人员不了解国家的工时制度，任意延长工作时间，无节制地安排职工加班，不按规定支付加班工资等，从而引发劳动争议。

2）劳动者方面的原因

（1）当前，劳动者的法律意识、维权意识不断增强，因此，在自身的利益受到侵害后劳动者能勇敢地拿起法律武器维护自身的合法权益。

（2）个别劳动者恶意用法，违反用人单位的劳动纪律或侵害用人单位的利益，甚至在社会上有专门为这方面劳动者支招的"黑律师"，不断为劳动者出"损招"，严重破坏了劳动用工市场秩序，给用人单位造成严重损失。

3）社会环境因素

（1）社会舆论导向与新闻媒介在对劳动用工政策规定进行报道时，由于部分从业者对劳动用工政策一知半解，经常在撰稿时主观臆断，片面报道与宣传，因而产生了传播误导，进而加大了企业和劳动争议仲裁部门对政策的解释与劳动争议处理的难度。

（2）随着互联网和自媒体的快速发展，流言蜚语与"假消息"不断发酵，虚假消息与报道频繁出现并迅速传播，影响劳动者获取正确的劳动用工政策信息，从而造成对有关政策错误或片面的理解。

（3）劳动者群体在过去一段时间常被定义为"弱势群体"，人们出于对"弱势群体"的同情，经常先入为主，从而影响了对劳动争议与内部矛盾的正确认知。

## 6.2　劳动争议的解决途径及程序

由于劳动争议对企业生产、劳动者生活乃至社会稳定有着直接影响，因此长期以来人们一直在积极探索解决争议的有效途径，目前劳动争议由专门机构负责解决。根据《劳动合同法》和《劳动争议调解仲裁法》的相关规定，有权处理劳动争议的机构包括企业劳动争议调解委员会、地方劳动争议仲裁委员会和人民法院。

### 6.2.1　处理劳动争议的原则

劳动争议的处理原则是指劳动争议处理机构在解决劳动争议过程中应当遵循的行为准则。《劳动争议调解仲裁法》第三条规定：解决劳动争议，应当根据事实，遵循合法、公正、及时、着重调解的原则，依法保护当事人的合法权益。因此，处理劳动争议要在查清事实的基础上，遵循法律规定的原则进行。

1）合法原则

合法原则是指劳动争议处理机构在处理劳动争议案件的过程中应当坚持以事实为依据，以法律为准绳，依法处理劳动争议。

合法原则要求劳动争议处理机构要查清案件事实，并在此基础上正确运用法律法规。此外，贯彻合法原则还要求劳动争议的处理程序、处理方法、处理结果要合法，对当事人双方在适用法律上要一律平等，不得损害社会公众的利益和他人的合法权益。

2）公正原则

公正原则是指劳动争议处理机构要秉公执法，不徇私情，客观、公平、合理地处理劳动争议，不偏袒任何一方，保证双方当事人处于平等的法律地位，具有平等的权利和义务。公正原则还体现为任何一方当事人都不存在超越另一方当事人的特权，任何一方在申请调解、仲裁和提起诉讼时，在参加调解、仲裁和诉讼活动中，都享有同等权利，承担的义务也相同。

3）及时处理原则

劳动争议与劳动者的生活和企业生产密切相关，一旦发生争议，不仅影响企业正常的生产经营秩序，还会直接影响劳动者及其家人的生活，甚至影响社会的安定。因此，对劳动争议必须及时进行处理，及时保护权利受侵害一方的合法权益，以协调劳动关系。

及时处理原则是指在劳动争议案件处理过程中，当事人要及时申请调解或仲裁，超过法定期限，劳动争议处理机构将不予受理。同时，劳动争议处理机构在处理劳动争议案件时，要在规定的时间内完成，否则要承担相应的责任。

4）调解原则

调解是指在第三方的主持下，依法劝说争议双方当事人进行协商，在互谅互让的基础上达成协议，从而解决争议。劳动争议经过说服教育和协商对话有可能得到及时化解。

### 6.2.2　我国的劳动争议处理程序

《劳动争议调解仲裁法》第四条规定：发生劳动争议，劳动者可以与用人单位协商，也可以请工会或者第三方共同与用人单位协商，达成和解协议。该法第五条规定：发生劳动争议，当事人不愿协商、协商不成或者达成和解协议后不履行的，可以向调解组织申请调解；不愿调解、调解不成或者达成调解协议后不履行的，可以向劳动争议仲裁委员会申请仲裁；对仲裁裁决不服的，除本法另有规定的外，可以向人民法院提起诉讼。

由此可知：发生劳动争议，当事人的基本解决方法是申请调解、仲裁和提起诉讼，劳动争议双方也可以自行协商解决。协商和调解不是劳动争议处理的必经程序，而仲裁是其必要程序；同时，只有不服仲裁裁决的，才可以向人民法院提起诉讼，不能一发生劳动争议就向人民法院起诉。

1）劳动争议调解

（1）劳动争议调解的基本概念。它是指企业调解委员会对企业一方与劳动者一方发生的劳动争议，以国家的劳动法律、法规为准绳，以民主协商的形式使双方当事人达成协议，消除劳动纠纷。劳动争议调解是企业内的基层群众组织所做的调解，是我国处理劳动争议的基本形式之一。

关于劳动争议调解的组织形式，《劳动争议调解仲裁法》第十条指出：发生劳动争议，当事人可以到下列调解组织申请调解：①企业劳动争议调解委员会；②依法设立的基层人民调解组织；③在乡镇、街道设立的具有劳动争议调解职能的组织。企业劳动争议调解委员会由职工代表和企业代表组成。职工代表由工会成员担任或者由全体职工推举产生，企业代表由企业负责人指定。企业劳动争议调解委员会主任由工会成员或者双方推举的人员担任。

企业劳动争议调解委员会受理的案件必须属于国家法律规定的劳动争议、发生在本企业范围内的劳动争议、双方当事人自愿申请调解的劳动争议。

调解通常是处理劳动争议的第一个程序，但必须以当事人双方自愿申请为前提。双方当事人可以自由选择调解或仲裁，也可以先进行调解，如果调解达不成一致，再申请仲裁。

（2）劳动争议调解的基本程序。企业劳动争议调解委员会调解劳动争议，一般包括调解准备、调解开始、实施调解、调解终止几个阶段。

按照我国现行劳动法律法规的规定，劳动争议发生后，当事人可申请调解，既可以书面申请，又可以口头申请。口头申请的，调解组织应当当场记录申请人基本情况、申请调解的争议事项、理由和时间。在调解劳动争议的过程中，调解组织应当充分听取双方当事人对事实和理由的陈述，耐心疏导，帮助其达成协议。经调解达成协议的，应当制作调解协议书。

调解协议书由双方当事人签名或者盖章，经调解员签名并加盖调解组织印章后生效，对双方当事人具有约束力，双方当事人应当履行。

自劳动争议调解组织收到调解申请之日起15日内未达成调解协议的，当事人可以依法申请仲裁。达成调解协议后，一方当事人在协议约定期限内不履行调解协议的，另一方当事人可以依法申请仲裁。另外，因拖欠劳动报酬、工伤医疗费、经济补偿或者赔偿金事项达成调解协议，用人单位在协议约定期限内不履行的，劳动者可以持调解协议书依法向人民法院申请支付令，人民法院应当依法发出支付令。

2）劳动争议仲裁

（1）劳动争议仲裁的基本概念。它是指劳动争议仲裁委员会对用人单位与劳动者之间发生的争议，在查明事实、明确是非、分清责任的基础上，依法做出裁决的活动。

根据我国现行劳动法律法规的规定，仲裁程序是处理劳动争议的必经程序。劳动争议当事人只有在仲裁委员会裁决后，对裁决不服时，才能向人民法院起诉，否则法院不予受理。

（2）劳动争议仲裁的基本程序。其具体为：

第一，申请仲裁的期限。根据《劳动争议调解仲裁法》第二十七条的规定，劳动争议申请仲裁的时效期间为1年。仲裁时效期间从当事人知道或者应当知道其权利被侵害之日起计算。仲裁时效因一方当事人向对方当事人主张权利，或者向有关部门请求权利救济，或者对方当事人同意履行义务而中断。从中断时起，仲裁时效期间重新计算。因不可抗力或者有其他正当理由，当事人不能在本条第一款规定的仲裁时效期间申请仲裁的，仲裁时效中止。从中止时效的原因消除之日起，仲裁时效期间继续计算。劳动关系存续期间因拖欠劳动报酬发生争议的，劳动者申请仲裁不受本条第一款规定的仲裁时效期间的限制；但是，劳动关系终止的，仲裁申请应当自劳动关系终止之日起1年内提出。

第二，提交书面申请。申请人申请仲裁应当提交书面申请，并按照被申请人人数提交副本。仲裁申请书应当载明下列事项：①劳动者的姓名、性别、年龄、职业、工作单位和住所，用人单位的名称、住所和法定代表人或者主要负责人的姓名、职务；②仲裁请求和所根据的事实、理由；③证据及其来源、证人姓名和住所。

书写仲裁申请确有困难的，可以口头申请，由劳动争议仲裁委员会做笔录，并告知对方当事人。

第三，仲裁受理。劳动争议仲裁委员会自收到仲裁申请之日起5日内，认为符合受理条件的，应当受理，并通知申请人；认为不符合受理条件的，应当书面通知申请人不予受理，并说明理由。对劳动争议仲裁委员会不予受理或者逾期未做出决定的，申请人可以就该劳动争议事项向人民法院提起诉讼。

第四，做出裁决的期限。仲裁庭裁决劳动争议案件，应当自劳动争议仲裁委员会受理仲裁申请之日起45日内结束。案情复杂需要延期的，经劳动争议仲裁委员会主任批准，可以延期并书面通知当事人，但是延长期限不得超过15日。逾期未做出仲裁裁决的，当事人可以就该劳动争议事项向人民法院提起诉讼。

仲裁庭裁决劳动争议案件时，其中一部分事实已经清楚的，可以就该部分先行裁决。对于追索劳动报酬、工伤医疗费、经济补偿或者赔偿金的案件，根据当事人的申请，仲裁庭可以裁决先予执行，移送人民法院执行。

仲裁庭裁决先予执行的，应当符合下列条件：当事人之间权利、义务关系明确，不先予执行将严重影响申请人的生活。

劳动者申请先予执行的，可以不提供担保。

第五，仲裁裁决的效力。《劳动争议调解仲裁法》第四十七条规定：下列劳动争议，除本法另有规定的外，仲裁裁决为终局裁决，裁决书自做出之日起发生法律效力：①追索劳动报酬、工伤医疗费、经济补偿或者赔偿金，不超过当地月最低工资标准12个月金额的争议；②因执行国家的劳动标准在工作时间、休息休假、社会保险等方面发生的争议。

劳动者对《劳动争议调解仲裁法》第四十七条规定的仲裁裁决不服的，可以自收到仲裁裁决书之日起15日内向人民法院提起诉讼。

用人单位有证据证明《劳动争议调解仲裁法》第四十七条规定的仲裁裁决有下列情形之一的，可以自收到仲裁裁决书之日起30日内向劳动争议仲裁委员会所在地的中级人民法院申请撤销裁决：①适用法律、法规确有错误的；②劳动争议仲裁委员会无管辖权的；③违反法定程序的；④裁决所依据的证据是伪造的；⑤对方当事人隐瞒了足以影响公正裁决的证据的；⑥仲裁员在仲裁该案时有索贿受贿、徇私舞弊、枉法裁决行为的。

人民法院经组成合议庭审查核实裁决有前款规定情形之一的，应当裁定撤销。仲裁裁决被人民法院裁定撤销的，当事人可以自收到裁定书之日起15日内就该劳动争议事项向人民法院提起诉讼。

当事人对《劳动争议调解仲裁法》第四十七条规定以外的其他劳动争议案件的仲裁裁决不服的，可以自收到仲裁裁决书之日起15日内向人民法院提起诉讼；期满不起诉的，裁决书发生法律效力。

对于发生法律效力的调解书、裁决书，当事人应当依照规定的期限履行。一方当事人逾期不履行的，另一方当事人可以依照《民事诉讼法》的有关规定向人民法院申请执行。受理申请的人民法院应当依法执行。

3）劳动争议诉讼

（1）劳动争议诉讼的概念。它是指劳动争议当事人不服劳动争议仲裁委员会的裁决，在规定的期限内向人民法院起诉，人民法院依法受理后，依法对劳动争议案件进行审理的活动。实行劳动争议诉讼制度对提高劳动争议仲裁质量十分有利。

人民法院审理劳动争议案件适用《民事诉讼法》所规定的诉讼程序。

（2）提起劳动争议诉讼的条件。根据《劳动法》的规定，劳动争议当事人可以依法向人民法院起诉。但当事人提起劳动争议诉讼必须符合法定条件，否则法院不予受理。依照我国诉讼法的有关规定，起诉条件包括：①起诉人必须是劳动争议的当事人，当事人因故不能亲自起诉的，可以委托代理人代其起诉，其他人未经委托授权的无权起诉；②必须是不服劳动争议仲裁委员会裁决而向法院起诉，不能未经仲裁程序直接向人民法院起诉；③必须有明确的被告、具体的起诉请求和事实依据；④起诉不得超过起诉时效，即自收到仲裁裁决书之日起15日内起诉，否则法院可以不予受理；⑤应依法向有管辖权的法院起诉，一般应向仲裁委员会所在地的人民法院起诉。

劳动争议案件的诉讼由人民法院按照《民事诉讼法》相关规定进行审理。

## 6.3  典型劳动争议的处理

### 6.3.1  劳动合同争议的处理

1）因订立劳动合同引发的劳动争议

案例1

**劳动者对是否订立无固定期限劳动合同具有单方选择权**

张某与某公交公司连续订立两次固定期限劳动合同，其中第二次订立的劳动合同期限至 2020 年 7 月 31 日止。2020 年 6 月 10 日，某公交公司通知张某等人续订劳动合同。2020 年 6 月 12 日，张某在某平台实名投诉某公交公司不按规定配发口罩。同日，某公交公司通知张某劳动合同到期终止，要求其办理离职手续并交接工作。张某则多次要求某公交公司与其订立无固定期限劳动合同。2020 年 7 月，某公交公司通知张某，双方于 2020 年 7 月 31 日终止劳动合同，并通过转账方式向张某支付终止劳动合同的经济补偿。张某在某公交公司工作至 2020 年 7 月 31 日。随后，张某申请劳动仲裁，要求某公交公司于 2020 年 8 月 1 日起依法与其订立无固定期限劳动合同。

仲裁委认为，张某与某公交公司已连续订立二次固定期限劳动合同，张某不存在《劳动合同法》第三十九条规定的过失性辞退情形，亦不存在第四十条第一项规定的"因劳动者患病或者非因工负伤，在规定的医疗期满后不能从事原工作，也不能从事由用人单位另行安排的工作"及第二项规定的"劳动者不能胜任工作，经过培训或者调整工作岗位，仍不能胜任工作"的情形，张某提出与某公交公司订立无固定期限劳动合同符合法定条件，某公交公司应依法与张某订立无固定期限劳动合同，某公交公司单方作出终止劳动合同通知不符合法律规定。仲裁委裁决某公交公司应于判决生效之日起 10 日内与张某签订无固定期限劳动合同。

资料来源  人民法院案例库. 张某诉福州市某公交有限公司劳动合同纠纷案［EB/OL］.［2025-01-02］. https://rmfyalk.court.gov.cn/.

法规解析：

为了倡导用人单位与劳动者建立稳定的劳动关系，我国劳动法律设立了无固定期限劳动合同制度，规定在符合《劳动合同法》第十四条规定的情形下，只要劳动者提出，用人单位就应当与劳动者签订无固定期限劳动合同。这既是对做出长期贡献职工的特别保护，也是用人单位的法定义务。

《劳动合同法》第十四条明确提出：有下列情形之一，劳动者提出或者同意续订、订立劳动合同的，除劳动者提出订立固定期限劳动合同外，应当订立无固定期限劳动合同：第一，劳动者在该用人单位连续工作满 10 年的；第二，用人单位初次实行劳动合同制度或者国有企业改制重新订立劳动合同时，劳动者在该用人单位连续工作满 10 年且距法定退休年龄不足 10 年的；第三，连续订立二次固定期限劳动合同，且劳动者没有本法第三十九条和第四十条第一项、第二项规定的情形，续订劳动合同的。用人单位自用工之日起满一年不与劳动者订立书面劳动合同的，视为用人单位与劳动者已订立无固定期限劳动合同。

　　案例中张某已符合本法规定情形：张某要求续订劳动合同；张某已与该公交公司连续订立了二次固定期限的劳动合同，在案例中张某也没有出现《劳动合同法》第三十九条和四十条第一项、第二项规定的情形。而公交公司仅因张某投诉公司未配发口罩即改变原本要与张某续订劳动合同的打算，这显然是不成立的，自然也得不到法律支持。

　　要注意的是，用人单位往往会采取诸如提前通知、缩短末期合同期限等不正当手段来规避这一义务。我们要对企业的这种心态进行分析，为什么企业会视与员工签订无固定期限劳动合同如"洪水猛兽"呢？说白了，企业的管理者们还是在担心"请神容易送神难"。但事实是否就是真的是这样呢？所谓无固定期限劳动合同，它与固定期限劳动合同最大的区别只是没有了终止的具体时间。也就是说，企业不能只根据《劳动合同法》第四十四条第一项的规定与员工终止劳动合同，但是假如员工达到了相应的解除和法定终止条件，企业仍旧是可以按照《劳动合同法》的相关规定与员工进行解除及终止，不受其他任何条件的限制。仅仅就因为没有了明确的劳动合同到期终止时间，就将无固定期限劳动合同视为"洪水猛兽"，着实没必要。

　　用人单位也不要认为这一义务是法律强加于自己身上的额外的责任，是"铁饭碗"制度的重演，而应该多想想，对一个在自己单位工作了近10年、将最美好时光奉献给单位的老职工，是不是更应该本着平等、感恩、包容的心态来对待他们，而不能只是因为害怕承担签订无固定期限劳动合同这一责任，而想方设法将他们拒之门外。

　　总之，该劳动合同签订争议的发生，主要还是企业的人力资源管理者对《劳动合同法》的相关条款理解得不够透彻，自作聪明地想方设法规避自身的法律责任，最后既失去了员工的心，同时自己也得到了教训。这种劳动争议完全是可以规避的。

### 小思考6-1

　　2015年3月，小朱通过应聘入职某公司，签订了为期3年的劳动合同，合同约定工作岗位为公司企业文化专员，负责公司内部的企业文化建设与内部员工活动的策划。2016年5月，公司以市场营销部缺市场策划人员为由，在未征求小朱意见的情况下，将她调至市场营销部任营销专员，易岗易薪。小朱一方面认为自己更适合做公司内部的企业文化与员工活动策划工作，另一方面也认为公司在未征得其同意的情况下随意变更工作岗位的行为违法，遂要求公司将其调回原岗位。公司回应，企业基于生产经营需要对员工工作岗位进行调整，是在行使用工管理权，小朱应当服从。经协商未果，小朱向当地劳动争议仲裁委员会提起仲裁，要求公司继续履行原劳动合同。

互动课堂

小思考6-1
参考答案

　　请问企业的工作调整合法吗？为什么？

　　在实际工作中，调岗可能基于企业实际生产经营需要，也可能有打击报复之嫌，因此调岗是最容易发生劳动争议的行为。

　　根据《劳动合同法》等法律规定和司法实践，合规的调岗可包括以下几类：

　　（1）协商一致调岗。《劳动合同法》第三十五条规定，"用人单位与劳动者协商一致，可以变更劳动合同约定的内容。变更劳动合同，应当采用书面形式。"因此，用人单位与劳动者双方协商一致后可以调岗。

（2）用人单位单方调岗。《劳动合同法》第四十条规定："有下列情形之一的，用人单位提前三十日以书面形式通知劳动者本人或者额外支付劳动者一个月工资后，可以解除劳动合同：（一）劳动者患病或者非因工负伤，在规定的医疗期满后不能从事原工作，也不能从事由用人单位另行安排的工作的；（二）劳动者不能胜任工作，经过培训或者调整工作岗位，仍不能胜任工作的；（三）劳动合同订立时所依据的客观情况发生重大变化，致使劳动合同无法履行，经用人单位与劳动者协商，未能就变更劳动合同内容达成协议的。"当然，用人单位在行使单方调整工作权利时负有举证责任，应有充分证据证明劳动者由于身体原因或能力原因不能从事或不能胜任原来的工作。

（3）依据员工特殊情况调岗。《女职工劳动保护特别规定》第六条规定："女职工在孕期不能适应原劳动的，用人单位应当根据医疗机构的证明，予以减轻劳动量或者安排其他能够适应的劳动。"《职业病防治法》第三十五条规定："对在职业健康检查中发现有与所从事的职业相关的健康损害的劳动者，应当调离原工作岗位，并妥善安置。"因此，对孕期女职工和有职业禁忌的员工，用人单位可以调岗。

（4）默认调岗。《最高人民法院关于审理劳动争议案件适用法律问题的解释（一）》（法释〔2020〕26号）第四十三条规定："用人单位与劳动者协商一致变更劳动合同，虽未采用书面形式，但已经实际履行了口头变更的劳动合同超过一个月，变更后的劳动合同内容不违反法律、行政法规且不违背公序良俗，当事人以未采用书面形式为由主张劳动合同变更无效的，人民法院不予支持。"

（5）合理工作安排。为了适应市场经济的千变万化，用人单位在实际管理用工中需要有一定的用工自主权，要求能适当灵活安排劳动者的工作内容或岗位。用人单位根据工作需要，调整劳动者的工作岗位时，可以与劳动者协商一致，变更劳动合同的相关内容。

（6）约定调岗。在实践中，用人单位还有权依据劳动合同的约定或者规章制度的规定对劳动者进行调岗，但劳动合同约定或规章制度规定的调岗情形应该指向明确、具体，而不能模糊不清。《上海市高级人民法院关于审理劳动争议案件若干问题的解答》（沪高法民一（2006）17号）第六条第（三）款规定："劳动合同中明确约定调整工作内容与工资报酬的有关调解，当事人可按约定履行。劳动合同中虽有工作内容和工资报酬调整的约定，但调整的条件和指向不明确的，用人单位应当提供充分证据证明调整的合理性，用人单位不能证明调整合理性的，劳动者可以要求撤销用人单位的调整决定。"

（7）调岗视为劳动者被安排到新用人单位工作。《最高人民法院关于审理劳动争议案件适用法律问题的解释（一）》（法释〔2020〕26号）第四十六条规定："用人单位符合下列情形之一的，应当认定属于'劳动者非因本人原因从原用人单位被安排到新用人单位工作'：（一）劳动者仍在原工作场所、工作岗位工作，劳动合同主体由原用人单位变更为新用人单位；（二）用人单位以组织委派或任命形式对劳动者进行工作调动；（三）因用人单位合并、分立等原因导致劳动者工作调动；（四）用人单位及其关联企业与劳动者轮流订立劳动合同；（五）其他合理情形。"

对于调岗能否调薪问题，依据《劳动合同法》，并没有法定的易岗易薪。因此，用人单位与劳动者可以通过劳动合同或规章制度约定劳动者的工资项目及标准。用人单位如果需要调整劳动者的工资，就必须遵守法定标准并同时与劳动者协商。如用人单位不对易岗易薪进行约定，则可能导致调岗无法调薪。

一般情况下，用人单位变更劳动者的劳动报酬也需双方协商一致。劳动者岗位调整时也往往引起工资项目或标准的变动。当劳动者因不胜任工作而被调整到新的岗位时，其薪酬应当根据新岗位的标准确定，否则可能出现"低岗高薪"等尴尬情况。但为了防止用人单位对调薪权力的滥用，用人单位在调薪时应当注意：

第一，有明确的岗位职系和薪酬对应标准。

第二，若无制度规定和合同约定，调岗后的薪酬标准应当协商确定，而不能由用人单位单方确定。

第三，与员工书面确定新的岗位与报酬标准。

第四，调整的幅度是否合理。调整幅度的合理性"是否影响劳动者生活"。因此，用人单位在调整劳动者工资待遇时应当以不影响劳动者的基本生活为目的。

2）因解除劳动合同引发的劳动争议

**案例2**

**末位淘汰，是否合法？**

2005年7月，王某进入深圳某公司工作，劳动合同约定王某从事销售工作，基本工资每月3 840元。该公司的《员工绩效管理办法》规定：员工半年、年度绩效考核分别为S、A、C1、C2四个等级，分别代表优秀、良好、价值观不符、业绩待改进；S、A、C（C1、C2）等级的比例分别为20%、70%、10%；不胜任工作原则上考核为C2。王某原在该公司分销科从事销售工作，2009年1月后因分销科解散等原因，转岗至华东区从事销售工作。2008年下半年、2009年上半年及2010年下半年，王某的考核结果均为C2。深圳某公司认为，王某不能胜任工作，经转岗后，仍不能胜任工作，故在支付了部分经济补偿金的情况下解除了劳动合同。

2011年7月27日，王某提起劳动仲裁。仲裁委认为，为了保护劳动者的合法权益，构建和发展和谐稳定的劳动关系，《中华人民共和国劳动法》《中华人民共和国劳动合同法》对用人单位单方解除劳动合同的条件进行了明确限定。深圳某公司以王某不胜任工作，经转岗后仍不胜任工作为由，解除劳动合同，对此应负举证责任。根据《员工绩效管理办法》的规定，"C（C1、C2）考核等级的比例为10%"，虽然王某曾经考核结果为C2，但是C2等级并不完全等同于"不能胜任工作"，深圳某公司仅凭该限定考核等级比例的考核结果，不能证明劳动者不能胜任工作，不符合据此单方解除劳动合同的法定条件。虽然2009年1月王某从分销科转岗，但是转岗前后均从事销售工作，并存在分销科解散导致王某转岗这一根本原因，故不能证明王某系因不能胜任工作而转岗。因此，深圳某公司主张王某不胜任工作，经转岗后仍然不胜任工作的依据不足，存在违法解除劳动合同的情形，仲裁委作出裁决：深圳某公司支付王某违法解除劳动合同的赔偿金。

资料来源　人民法院案例库．指导案例18号：中兴通讯（杭州）有限责任公司诉王鹏劳动合同纠纷案［EB/OL］．［2025-01-02］．https：//rmfyalk.court.gov.cn/．

法规解析：

（1）如何理解"末位淘汰制度"？

末位淘汰制是企业绩效考核的一种制度。末位淘汰制是指工作单位根据本单位的总体目标和具体目标，结合各个岗位的实际情况，设定一定的考核指标体系，并以此指标体系为标准对员工进行考核，根据考核结果对得分靠后的员工进行淘汰的绩效管理制度。

优胜劣汰，选择胜任本职工作岗位的优秀人才，这本来是企业管理中应遵循的科学原理，但是如果套用到劳动关系管理上，我们则应当按照不胜任工作岗位来对此制度进行定义。

如何证明员工不胜任工作岗位，以及对不胜任工作岗位的员工如何依法处理，都是末位淘汰制度实施的关键。因此我们对此案例将按不胜任本职工作的方向来进行剖析和处理。

对于员工不胜任工作的举证，编者认为应从以下几个方面进行考虑：

第一，可量化的考核数据。从本案例来看，公司规定员工半年、年度绩效考核分为S、A、C1、C2四个等级，并约定S、A、C（C1、C2）等级的比例分别为20%、70%、10%；但C（C1、C2）等级总共占比为10%，因此C2等级并不完全等同于"不能胜任工作"。所以这一点是有瑕疵的。同时，我们要注意，在实际工作中，考核方式及计算标准也需量化且合理。

第二，岗位说明书对工作职责的描述，这是评价员工是否符合岗位要求的关键依据之一。

第三，过去的工作表现可作为重要的参考依据，但应当是可量化的工作表现。

总而言之，对工作不胜任的界定，建议尽量采取客观、可量化表述的指标作为依据及设定标准，并通过公司的相关规章制度与工作岗位说明书进行明确，使员工心服口服。

（2）根据《劳动合同法》第四十条第二款的规定，劳动者不能胜任工作，经过培训或者调整工作岗位，仍不能胜任工作的，用人单位提前30日以书面形式通知劳动者本人或者额外支付劳动者一个月工资后，可以解除劳动合同。也就是说，员工哪怕被证明不胜任本职工作，也不能立即解除劳动合同，必须在对其进行再培训及调整工作岗位后仍不能胜任时，才可根据该条款解除劳动合同。

在实操中，我们要注意以下几点：

① 培训要进行正常的签到与考勤，并且要定期举行测验与考试，以获取及收集员工的培训成绩，作为日后转岗或解除劳动合同的依据。

② 对于仍不能胜任工作的员工，要注意充分搜集证据，证据搜集原则在前面已提及。

（3）在案例中，公司对末位淘汰的处理界定得不够清晰，最终产生了劳动争议。

3）无效劳动合同引发的劳动争议

案例3

马某通过网络投递简历的方式应聘B公司，简历中描述其个人优势为最近三年做过管理体系咨询顾问工作，并详细描述了2019年3月至2023年3月其在A公司的工作内容和工作业绩。此外，马某还向B公司提供了A公司出具的《员工离职证明书》，载明马某在该公司的工作经历，职务为质量总监。经过面试，B公司决定录用马某，面试评价为：有质量体系管理经验，建议录用。2023年5月6日，马某正式入职，在《员工登记表》的工作经历中填写2019年至2023年就职于A公司质量中心，并签字承诺所填资料属实，如有虚假，愿受解雇处分。当日，B公司与马某订立了劳动合同，约定岗位为质量经理，合同期限3年，试用期3个月，合同约定试用期内如提供伪造的学历、技术资格、离职证明等资料的，视为试用期不符合录用条件。同时，马某签收的《员工手册》亦规定：员工入职提供虚假资料证明者，公司有权给予开除。2023年5月17日，马某收到B公司的通知书，载明因马某简历造假，在试用期内被考核为不合格，遂解除劳动关系。马某申请劳动仲裁，主张违法解除劳动合同赔偿金等70 000余元。

资料来源王晓丹. 简历造假 劳动合同被判无效［EB/OL］.［2025-01-02］. http://www.js.xinhua-net.com/20250219/86b9db0d638445ea9ca5f8164963272c/c.html.

法规解析：

《劳动合同法》第二十六条第一款明确指出：以欺诈、胁迫的手段或者乘人之危，使对方在违背真实意思的情况下订立或者变更劳动合同的，劳动合同无效或者部分无效。

《劳动合同法》第八十六条规定：劳动合同依照本法第二十六条规定被确认无效，给对方造成损害的，有过错的一方应当承担赔偿责任。

从案例来看，马某使用虚假资料入职的行为，完全符合《劳动合同法》第二十六条第一款以欺诈的手段，使企业在违背真实意思的情况下订立劳动合同，属于劳动合同无效的情形，而且该劳动合同是自始至终无效。另可根据《劳动合同法》第三十九条第五款的规定：因本法第二十六条第一款第一项规定的情形致使劳动合同无效的，用人单位可与劳动者解除劳动合同，并无须支付经济补偿金。

由于马某确实在该公司工作了11天（2023年5月6日至17日），根据《劳动合同法》第二十八条的规定：劳动合同被确认无效，劳动者已付出劳动的，用人单位应当向劳动者支付劳动报酬。

4）因收取保证金引起的劳动争议

案例4

**收取履职保证金是否合理？**

2010年7月，许先生入职珠海某生物科技公司。作为公司直销部门业务员，他负责公司产品的销售工作，并以公司名义对外签订合同。公司为许先生按期缴纳社保、发放工资。记者了解到，公司与许先生在多个年度均签订了"营销目标任务书"，约定其客户的销售价与公司内部结算价的差额，在扣税之后作为销售费用归许先生所有。公司为许先生设定每年的销售任务，如果未能完成，则按照未完成差额的1%扣减销售费用。许先生完成任务奖励与年度货款回收率挂钩。该公司《销售人员监管规定》记载，许先生基于考核需要可将垫付货款备注为"保证金"打入公司账户。公司在考核计算货款回款率时，保证金将视为已收货款，冲抵客户欠款总额。若客户回款正常，没有超过公司设定的欠款额度，保证金将返还。如客户欠款超过额度，许先生需要向公司支付该客户所欠的货款。截至离职前，许先生共计向公司交纳保证金65万元。离职后，公司与其签订还款协议，约定在追回在职期间所负责市场的欠款后才可领取相应提成及保证金。然而数年过去了，由于未追回客户欠款，公司仅向许先生返还32.5万元保证金。无奈之下，他向法院起诉，请求判令公司返还32.5万元保证金及利息。

资料来源　刘友婷，李蕊．注意！不得以担保、考核等名义向员工收取保证金［EB/OL］．［2025-02-01］．https://www.workercn.cn/c/2024-01-31/8135107.shtml.

法规解析：

（1）《劳动合同法》第九条规定，用人单位招用劳动者，不得扣押劳动者的居民身份证和其他证件，不得要求劳动者提供担保或者以其他名义向劳动者收取财物。

（2）该公司的《销售人员监管规定》中订立了员工基于考核需要可将垫付货款备注为"保证金"打入公司账户的条款，这种做法不但侵犯了员工的合法权益，而且违反了《劳动合同法》的相关规定，属于违法行为。

（3）《劳动合同法》第八十四条规定：用人单位违反本法规定，以担保或者其他名义向劳动者收取财物的，由劳动行政部门责令限期退还劳动者本人，并以每人500元以上2 000元以下的标准处以罚款；给劳动者造成损害的，应当承担赔偿责任。劳动者依法解除或者终止劳动合同，用人单位扣押劳动者档案或者其他物品的，依照前款规定处罚。

最终，法院判决，许先生在垫付保证金时与公司仅存在劳动合同关系。《销售人员监管规定》所涉保证金条款，要求劳动者交纳保证金作为客户回款担保的行为明显违反《中华人民共和国劳动合同法》第九条规定，应为无效。尽管此后双方之间的劳动关系未存续且签订还款协议对保证金事项作出约定，但仍不能改变占有保证金款项的自始无效性质。故公司应当返还许先生32.5万元的保证金及利息。

### 6.3.2　劳动工资争议的处理

1）因加班工资引发的劳动争议

**案例5**

#### 加班加点工资如何计发？

郭某等人是汕头某玩具厂的员工，该工厂每月20日通过银行转账方式发放员工上月工资。工资按员工每月实际工作天数与工作时数计发，每月工资结构为基本工资、加班工资、津贴、伙食补贴、全勤奖等。该玩具厂根据生产任务安排郭某等人的工作时间，通过张贴公告告知全体员工，由各部门的班长、组长负责本班组的考勤，每月5日将上月的考勤记录上交人事部门汇总。郭某等人一般是每周休息1天，平均每月工作26天，每天工作10小时。请问郭某等人的加班工资应该如何计算呢？

资料来源　编者在教学过程中自行整理的教学案例.

法规解析：

（1）加班工资的计算基数：用人单位支付劳动者的加班工资时，应以劳动合同确定的正常工作时间工资作为计算基数；用人单位调整劳动者工资标准，或由于劳动者本人岗位、职务变化而引起工资变化时，用人单位应以调整变化后的劳动者工资标准作为加班工资支付的基数。

（2）《工资支付暂行规定》第十三条、《广东省工资支付条例》第二十条规定：用人单位安排劳动者加班或者延长工作时间，应当按照下列标准支付劳动者加班或者延长工作时间的工资报酬：

第一，工作日安排劳动者延长工作时间的，支付不低于劳动者本人日或者小时正常工作时间工资150%的工资报酬。

第二，休息日安排劳动者工作又不能安排补休的，支付不低于劳动者本人日或者小时正常工作时间工资200%的工资报酬。

第三，法定休假日安排劳动者工作的，支付不低于劳动者本人日或者小时正常工作时间工资300%的工资报酬。

在工作日安排劳动者延长工作时间或在法定休假日安排劳动者加班的，都不能以安排补休来代替支付加班工资；只有在休息日安排劳动者工作时，事后可以安排同等时间补休而不支付加班工资。

（3）《人力资源社会保障部关于职工全年月平均工作时间和工资折算问题的通知》（人社部发〔2025〕2号）的相关规定：

工作时间的计算：

年工作日：365天–104天（休息日）–13天（法定节假日）=248天

季工作日：248天÷4季=62天/季

月工作日：248天÷12月=20.67天/月

工作小时数的计算：以月、季、年的工作日乘以每日的8小时。

日工资、小时工资的折算：

按照《劳动法》第五十一条的规定，法定节假日用人单位应当依法支付工资，即折算日工资、小时工资时不剔除国家规定的13天法定节假日。据此，日工资、小时工资的折算为：

日工资：月工资收入÷月计薪天数

小时工资：月工资收入÷（月计薪天数×8小时）

月计薪天数：（365天–104天）÷12月=21.75天

2）因最低工资引发的劳动争议

**案例6**

### 加班工资能计入最低工资吗？

韩某于2014年8月来到广州发展，在广州市某三甲医院从事护工工作，其劳动合同是与某物业管理公司签订的。根据物业管理公司和医院的规定，韩某每周工作6天，每天工作时间为12小时，每月工资为2 300元。2018年12月，韩某考虑到年岁渐大，体力逐渐满足不了原工作的要求，遂向物业管理公司提出辞职。辞职后，韩某了解到，广州市最低工资标准自2018年7月已调整为2 100元，而韩某的工资自2015年（注：2014年最低工资标准为1 550元，2015年5月起最低工资标准为1 895元）调整后便未做调整。韩某计算后认为自己的工资低于广州市最低工资标准，因此向劳动仲裁委提出仲裁申请，要求物业管理公司和医院补足其 2015 年 5 月 1 日至 2018 年 12 月 30 日期间的加班费差额。

资料来源    编者根据真实案例自行整理、改编、归纳．

法规解析：

在此案例中，物业管理公司和医院明显钻了最低工资标准的漏洞，认为只要每月给员工的工资不低于最低工资标准的规定则不违法，但其忽略了很重要的一点：最低工资标准是在正常工作时间内的工资，并不包括加班费。因此，韩某提出要求企业补足加班费差额的申请是应该得到劳动仲裁委支持的。

这里首先需要明确"工资"与"最低工资"这两个概念。《劳动法》中的"工资"是指用人单位依据国家有关规定或劳动合同的约定，以货币形式直接支付给本单位劳动者的劳动报酬，一般包括计时工资、计件工资、奖金、津贴和补贴、延长工作时间的工作报酬以及特殊情况下支付的工资等。而"最低工资"是指劳动者在法定工作时间或依法签订的劳动合同约定的工作时间内，用人单位依法应支付的最低劳动报酬。根据以上两个概念，不难得出这样的结论，即"最低工资"是包含在"工资"范围之内的，支付的额度也小于工资，因此企业在实际操作中，在保证职工最低工资的基础之上，也应保障职工加班及其他方面的利益。《劳动法》第四十八条规定，用人单位支付给劳动者的工资不得低于当地最低工资标准。

根据原劳动和社会保障部颁布的《最低工资规定》（劳动和社会保障部令第 21 号），所称最低工资标准，是指劳动者在法定工作时间或依法签订的劳动合同约定的工作时间内提供了正常劳动的前提下，用人单位依法应支付的最低劳动报酬。本规定所称正常劳动，是指劳动者按依法签订的劳动合同约定，在法定工作时间或劳动合同约定的工作时间内从事的劳动。劳动者依法享受带薪年休假、探亲假、婚丧假、生育（产）假、节育手术假等国家规定的假期间，以及在法定工作时间内依法参加社会活动，均视为提供了正常劳动。

上述规定中重点突出了"在法定工作时间内"这个时间概念。现今，绝大多数企业都执行标准工时制度，即每周工作 40 小时。"在法定工作时间内"是指在每周 40 小时工作时间之内。在此以外的时间，应计算为加班时间，按照相应规定应支付劳动者加班工资。

加班工资是否应计入最低工资呢？《最低工资规定》第十二条规定，在劳动者提供正常劳动的情况下，用人单位应支付给劳动者的工资在剔除下列各项以后，不得低于当地最低工资标准：①延长工作时间工资；②中班、夜班、高温、低温、井下、有毒有害等特殊工作环境、条件下的津贴；③法律、法规和国家规定的劳动者福利待遇等。由此可见，加班工资不计入最低工资。对企业而言，虽然在文字表达上，都体现出了"工资"二字，但由于工资种类及分配方式不同，代表的含义也存在差别，因此不能随意、简单地合并，更不能随意减少，必须严格按照国家有关规定执行。

目前我国部分城市如广州、深圳、上海等地陆续出台规定，允许用人单位与劳动者以书面形式约定加班工资计算基数，但不得低于当地当年度最低工资标准。

3）因工资支付引发的劳动争议

**案例7**

### 工资可以用实物抵发吗？

某国有糖厂因准备不足、抢占市场失利，以及错误地估计了当年的行业趋势，致使其生产的白砂糖出现滞销。该厂因资金周转困难，奖金已停发2个月，工资发放也成了问题。该厂厂长赵某遂决定，以滞销的白砂糖顶替工资。为照顾职工情绪，该厂采取了计算白砂糖价格时按成本价再打9折的做法，即职工实际领取的白砂糖价值为其工资额的110%。该厂职工对以糖抵薪的做法极为不满，遂与厂方交涉。厂长称企业有权决定以何种方式发放工资，在企业面临困难时，职工应与企业共同分担，而且职工领取的白砂糖的总价值比工资高10%，厂方已对此做出了让步。该厂职工邓某等20人拒不领取白砂糖并向劳动争议仲裁委员会提出申诉，要求该糖厂发放工资。

资料来源　编者在教学过程中自行整理的教学案例.

法规解析：

工资作为对劳动者的劳动报酬，主要有两种支付形式：一种是货币支付，一种是实物支付。《劳动法》第五十条规定，工资应当以货币形式按月支付给劳动者本人。而《工资支付暂行规定》第五条明确规定，工资应当以法定货币支付，不得以实物及有价证券替代货币支付。

在本案例中，糖厂厂长以用人单位有工资自主权为借口，不依照法律规定和合同约定的形式支付工资，而以厂里滞销的产品代替货币发放工资，已超越了其工资自主权的法定范围，侵犯了劳动者的工资权，事实上造成了拖欠工资。用人单位确因生产经营困难，资金周转受到影响，可以延期支付劳动者工资，但前提是必须征得本单位工会同意，而且延期的时间应按当地劳动行政部门的规定执行，否则仍属无故拖欠工资。在本案例中，糖厂资金周转困难的情况虽然属实，但其未依法定的方式和程序采取延期支付的办法来妥善解决工资支付问题，而是违反法律、法规的规定，以实物顶替工资，该项行为符合无故拖欠工资的要件。

### 6.3.3　作息时间争议的处理

1）因工作时间引发的劳动争议

**案例8**

### 如此高负荷的工作我该怎么办？

申诉人：曾某，女，民营电路板有限公司女工

被诉人：民营电路板有限公司

法定代表人：符某，该公司董事长

案由：2014年9月20日，申诉人以被诉人劳动定额不合理、劳动强度太大为由，要求增加工资未获批准后，决定辞职，但公司却告知曾某辞职则无法领到最后一个月的工资。曾某不服，向当地劳动争议仲裁委员会申诉。

资料来源　编者在教学过程中自行整理的教学案例.

法规解析：

首先看怎样判定劳动定额不合理。本案合同规定：工资实行计件工时制，每件0.25

元，日定额100件。判定合理与否，可以通过以下几个途径：①看同类型企业相关劳动定额；②看企业同类型员工普遍完成定额情况；③查阅国家对相关工作劳动定额的指导参数；④在限定的时间内让本工种生产主管人员现场操作，看其完成情况。

企业应该注意：对于实行计件工时的劳动者，用人单位应当合理确定其劳动定额和计件报酬标准。劳动定额，应当以多数劳动者在正常工作的情况下，在每天工作8小时以内、每周40小时以内完成的工作量为标准。超出这一标准，应认定为不合理的劳动定额。目前劳动定额没有国家统一标准，广东省劳动和社会保障厅2007年制定的广东省劳动合同文本中规定"确定的劳动定额原则上应当使本单位同岗位百分之七十以上的劳动者在法定劳动时间内能够完成"。

此外，企业还要注意，与劳动者创造的价值相比，其所得到的劳动报酬是否太低，劳动者的付出和用人单位的给予相比，是否显失公平。

2）因加班加点引发的劳动争议

**案例9**

**加班加点决定权谁说了算？**

黄某，某化工厂锅炉车间技术工人。2015年12月8日，锅炉车间5号锅炉发生故障，影响生产，车间主任要求职工加班抢修。黄某以离家远，且当天是自己小孩6周岁生日为由而不参加抢修，因黄某是技术骨干而未参加抢修，致使抢修工作受到影响。经了解，黄某家距工厂仅有30分钟的骑车路程，而且以黄某的技术与能力，抢修工作预计可在2小时内完成，抢修后再回家与小孩庆祝生日也未尝不可。厂方据此召开厂务会议，决定给黄某警告处分，并扣发其当月奖金，厂工会主席签署意见表示同意。黄某表示不服，认为企业组织职工加班加点进行抢修未与工会和劳动者协商，属于企业擅自决定加班加点，请求劳动争议仲裁委员会撤销厂方的决定。

资料来源　编者在教学过程中自行整理的教学案例.

法规解析：

（1）本案例是一起因用人单位延长劳动者的工作时间而引发的劳动争议。

参照《劳动法》第四十一条、第四十二条的规定，在一般情况下，用人单位经与工会和劳动者协商后，可以加班加点。在特殊情况下，如《劳动法》第四十二条规定的情形，用人单位可不与工会和劳动者协商，有权决定延长工作时间。

根据《劳动法》第四十二条，有下列情形之一的，延长工作时间不受本法第四十一条规定的限制：①发生自然灾害、事故或者因其他原因，威胁劳动者生命健康和财产安全，需要紧急处理的；②生产设备、交通运输线路、公共设施发生故障，影响生产和公众利益，必须及时抢修的；③法律、行政法规规定的其他情形。

本案例中锅炉车间5号锅炉发生故障，车间主任有权决定加班加点进行抢修，不与工会和劳动者协商并不违法。

（2）对无正当理由不参加特殊情况下加班加点的劳动者，通常给予道义上的谴责，但由于劳动者的不作为而影响生产、工作或致使人民生命、财产遭受损失的，可给予行政处分或者经济处罚。

本案中黄某系锅炉车间技术骨干，由于他借故不服从车间主任安排加班加点对锅炉进行抢修，该化工厂可依据公司内部有效的管理规章制度的规定，给予黄某行政处分或经济处罚。

### 6.3.4　年休假争议的处理

案例 10

#### 辞职员工要求公司支付年休假工资

小陶自 2008 年起进入某知名广告公司担任美工。2015 年 12 月，小陶在《广东省人口与计划生育条例》实施前与恋爱多年的小方领取了结婚证，并于 2016 年春节前按旧规定申请了 13 天的婚假。2016 年 6 月，小方因工作需要被公司外派至武汉分公司工作，为了便于照顾丈夫小方，小陶遂向公司提出辞职申请，公司同意了小陶的辞职请求。在办理离职手续时，小陶向公司提出，其 2015 年仍有带薪年休假尚未休完，要求公司结算其 2015 年和 2016 年未休的带薪年休假工资。公司认为今年 1 月小陶已申请了 13 天的婚假，且今年尚未过完，因此不同意向小陶支付其提出的未休带薪年休假工资。小陶认为公司提出的依据不充分，不足以支持取消其未休的年休假待遇，坚持要求公司按国家相关规定支付其带薪年休假工资。双方经多次协商无法达成一致，小陶无奈之下向当地的劳动仲裁委提出了劳动仲裁申请，要求公司补发其未休带薪年休假工资。

资料来源　编者根据真实案例自行整理、改编、归纳．

法规解析：

《企业职工带薪年休假实施办法》第三条规定：职工连续工作满 12 个月以上的，享受带薪年休假（以下简称年休假）。

第四条规定：年休假天数根据职工累计工作时间确定。职工在同一或者不同用人单位工作期间，以及依照法律、行政法规或者国务院规定视同工作期间，应当计为累计工作时间。

第五条规定：职工新进用人单位且符合本办法第三条规定的，当年度年休假天数，按照在本单位剩余日历天数折算确定，折算后不足 1 整天的不享受年休假。

前款规定的折算方法为：（当年度在本单位剩余日历天数÷365 天）×职工本人全年应当享受的年休假天数。

第六条规定：职工依法享受的探亲假、婚丧假、产假等国家规定的假期以及因工伤停工留薪期间不计入年休假假期。因此企业以小陶在 2016 年度已休婚假而剔除其享受年休假待遇的做法是明显欠妥的。

第九条规定：用人单位根据生产、工作的具体情况，并考虑职工本人意愿，统筹安排年休假。用人单位确因工作需要不能安排职工年休假或者跨 1 个年度安排年休假的，应征得职工本人同意。

第十条规定：用人单位经职工同意不安排年休假或者安排职工年休假天数少于应休年休假天数的，应当在本年度内对职工应休未休年休假天数，按照其日工资收入的 300% 支付未休年休假工资报酬，其中包含用人单位支付职工正常工作期间的工资收入。

用人单位安排职工休年休假，但是职工因本人原因且书面提出不休年休假的，用人单位可以只支付其正常工作期间的工资收入。

案例中小陶出于工作原因，导致2015年度的带薪年休假尚未休完，因此应在2016年度内延续，或折算年休假工资报酬。

第十一条规定：计算未休年休假工资报酬的日工资收入按照职工本人的月工资除以月计薪天数（21.75天）进行折算。

前款所称月工资是指职工在用人单位支付其未休年休假工资报酬前12个月剔除加班工资后的月平均工资。在该用人单位工作时间不满12个月的，按实际月份计算月平均工资。

职工在年休假期间享受与正常工作期间相同的工资收入。实行计件工资、提成工资或者其他绩效工资制的职工，日工资收入的计发办法按照本条第一款、第二款的规定执行。

第十二条规定：用人单位与职工解除或者终止劳动合同时，当年度未安排职工休满应休年休假天数的，应当按照职工当年已工作时间折算应休未休年休假天数并支付未休年休假工资报酬，但折算后不足1整天的部分不支付未休年休假工资报酬。

前款规定的折算方法为：（当年度在本单位已过日历天数÷365天）×职工本人全年应当享受的年休假天数−当年度已安排年休假天数。

用人单位当年已安排职工年休假的，多于折算应休年休假的天数不再扣回。

### 6.3.5　社会保险争议的处理

1）因工伤保险引发的劳动争议

▶▶▶ 小思考6-2

2014年12月15日，李泰无证驾驶无牌照两轮摩托车下班返家，在途经106国道花都区花山镇路段时，与张静逆向行驶的面包车发生碰撞，面包车将李泰驾驶的两轮摩托车剐倒在地。李泰随后被送往花都区人民医院进行抢救治疗。后经法医鉴定：李泰为六级伤残。2015年1月15日，公安交通管理部门出具《道路交通事故认定书》认定：张静驾驶机动车逆行，导致交通事故的发生，负此事故的全部责任；李泰不负此事故责任。交通事故发生后，李泰因无证驾驶无牌照摩托车，违反了《中华人民共和国道路交通安全法》的规定，被处罚款200元。事后李泰向公司申请工伤认定，但公司认为李泰违反了《道路交通安全法》，应对事故自行负责，不予认定为工伤，由此发生争议。

李泰违反交通规则导致受伤能算工伤吗？

互动课堂

小思考6-2
参考答案

### 案例11

**雇主责任险为用人单位及劳动者提供有效保障**

1. 佛山某金属配件厂于2016年4月份通过商业保险公司参保"雇主保"（商业保险公司开发的一种新型保险产品，属于雇主责任险）。同年6月，该厂一位司机刘某某上班打卡后，按厂方要求运送货物给客户，途中发生交通事故，后车追尾撞上刘某某的车，造成刘某某当场死亡，《道路交通事故认定书》认定刘某某无责。刘某某的配偶是家庭主妇，上有老母亲，下有要抚养的孩子。悲伤的家属要求金属配件厂赔付100万元，经工伤认定，刘某某符合工亡情形。

最终由商业保险公司按"雇主保"产品约定，按工亡待遇向刘某某家属赔付了67万元。

2.广州市某清洁服务有限公司于2016年10月份通过商业保险公司参保"雇主保"。2017年5月，已退休的女职工李某以劳务人员身份入职，并与该清洁公司签订劳务协议。2017年9月的一天，李某在上班期间明显感觉身体不适，无法正常工作，在直属上司及其他同事配合下，李某丈夫将她送到医院就诊。次日早晨，李某上司没看到李某上班，于是打电话了解情况，才得知李某于昨天晚上因突发疾病抢救无效死亡。

因李某是退休返聘人员，依据规定无法参加社会保险，虽然依据《工伤保险条例》符合视同工亡情形，但却无法享受社保给予的工伤保险待遇，所有工伤待遇依法由该清洁服务公司承担。

最终由该清洁服务公司与李某家属按照工亡标准达成赔付协议，并由商业保险公司按"雇主保"投保标准，参照工亡待遇给予赔付。《人力资源和社会保障部关于执行〈工伤保险条例〉若干问题的意见（二）》（人社部发〔2016〕29号）规定：达到或超过法定退休年龄，但未办理退休手续或者未依法享受城镇职工基本养老保险待遇，继续在原用人单位工作期间受到事故伤害或患职业病的，用人单位依法承担工伤保险责任。用人单位招用已经达到、超过法定退休年龄或已经领取城镇职工基本养老保险待遇的人员，在用工期间因工作原因受到事故伤害或患职业病的，如招用单位已按项目参保等方式为其缴纳工伤保险费的，应适用《工伤保险条例》。因此退休返聘人员可享受工伤待遇，但相关待遇由用人单位承担。

面对高达数十万元的赔偿，一些用人单位，尤其是劳动密集型企业或行业利润率不高的企业可能因此陷入困难，而以上两个案例都很好地体现了责任保险在企业管理中的风险分散作用，针对非劳动关系人员、因某些原因未参加社会保险的劳动者提供了最基本的工伤保障，也为用人单位提供了保障，大大降低了用人单位的经济风险。

资料来源 冯文锦. 雇主责任险为用人单位及劳动者提供有效保障——"雇主宝"保障分享两例[EB/OL]. [2019-04-09]. http://www.zhibaohr.com/a_lzal/? 2351-4.

2）因失业保险引发的劳动争议

**案例12**

### 到底可不可以申领失业保险？

员工蒋某与广州某公司订立的劳动合同即将到期，公司想要跟蒋某按原劳动合同条款续订劳动合同，但蒋某提出提高工资待遇要求，双方因此未能续订劳动合同而导致合同终止。蒋某面临失业困境。随后，他以公司未给员工办理失业保险相关手续导致其无法享受待遇为由，要求公司赔偿。公司认为员工不符合领取失业保险的条件，且应由员工自行办理申领手续。双方因此产生了争议。

资料来源 编者在教学过程中自行整理的教学案例.

法规解析：

（1）非因本人意愿中断就业的界定：

①人力资源和社会保障部《实施〈中华人民共和国社会保险法〉若干规定》（2011年7月1日，中华人民共和国人力资源和社会保障部令第13号）第十三条规定：失业人

员符合社会保险法第四十五条规定条件的，可以申请领取失业保险金并享受其他失业保险待遇。其中，非因本人意愿中断就业包括依照劳动合同法第四十四条第一项、第四项、第五项规定终止劳动合同的。

②《劳动合同法》第四十四条第一项、第四项、第五项规定：劳动合同期满、用人单位被依法宣告破产、被吊销营业执照、责令关闭、撤销或者用人单位决定提前解散的，劳动合同终止。

③劳动合同期限届满，用人单位通知劳动者按原条款续签劳动合同，劳动者要求提高工资标准，双方未能达成一致意见而终止劳动合同，或者劳动者不愿续签劳动合同的，则不属于非因本人意愿中断就业。

（2）失业保险申领要点：

①失业人员应当在终止、解除劳动关系或者劳动争议的裁决、判决生效之日起60日内，持身份证、终止或者解除劳动关系的证明材料和失业证或者流动人员就业证，到社会保险经办机构申请领取失业保险。凡因单位的原因造成失业人员不能按时享受失业保险待遇的，所造成的损失由单位负责赔偿。

②用人单位拒不参加失业保险或者擅自停止缴纳失业保险费导致失业人员不能按规定享受失业保险待遇、农民合同制工人不能享受一次性生活补助的，由单位给予赔偿。

③用人单位已参保缴费但不及时为失业人员出具终止或者解除劳动关系证明导致失业人员不能按规定享受失业保险待遇的，由单位负责赔偿。

《劳动合同法实施条例》第二十四条规定，用人单位出具的解除、终止劳动合同的证明，应当写明劳动合同期限、解除或者终止劳动合同的日期、工作岗位、在本单位的工作年限。

（3）失业保险待遇：

按《广东省失业保险条例》（2025年修正）第十七条、第十九条的规定，领取期限根据缴费年限核定，1~4年的，每满1年领取1个月；4年以上的，超过4年的部分，每满半年增加1个月；最长24个月；标准为当地最低工资标准的90%。

3）因不缴纳保险引发的劳动争议

**案例13**

### 一起交通事故

2015年3月，小勇在朋友的介绍下，来到某知名饮用水销售公司重庆市分公司担任销售代表职务。在办理入职手续时，小勇觉得自己今年才25周岁还年轻，便主动向公司人力资源部的同事提出不缴纳社会保险的申请，公司同意了他的申请，但为了保险起见，还是要求小勇个人手写一份书面申请并按下了指印。

2015年7月18日，小勇搭乘同事刘某驾驶的小汽车前往万州区罗田镇进行业务推广，晚上8点工作完成后两人驾车返程。途中不幸发生交通事故，小汽车与迎面驶来的大货车发生严重碰撞，两人当场死亡。

由于公司为刘某缴纳了各项社会保险，因此公司在事故发生后第一时间按规定为其申请了工伤认定，并在后续完成了各项工伤认定与理赔手续。公司认为由于小勇在入职时已向公司提出不缴纳各项社会保险的申请，并有其手写和按指印的申请书，故无法按工伤保险规定为其办理理赔手续。最后公司出于人道主义考虑，向小勇的家人支付了8万元的慰问金。

小勇是家中的独子，看到同时发生事故的刘某能按《工伤保险条例》获得国家的赔偿，小勇的家人更加悲痛万分和感觉到不公平，每天都到公司进行交涉。后经协商无效，向当地劳动争议仲裁委员会提起仲裁申请，要求认定小勇的工伤，并要求公司按因工死亡的规定进行赔付。

资料来源　编者根据真实案例自行整理、改编、归纳.

法规解析：

为了保障因工作遭受事故伤害或者患职业病的职工获得医疗救治和经济补偿，促进工伤预防和职业康复，分散用人单位的工伤风险，2003年4月27日中华人民共和国国务院令第375号公布《工伤保险条例》，2010年12月8日国务院第136次常务会议通过《国务院关于修改〈工伤保险条例〉的决定》，自2011年1月1日起施行。

《工伤保险条例》第二条规定，中华人民共和国境内的企业、事业单位、社会团体、民办非企业单位、基金会、律师事务所、会计师事务所等组织和有雇工的个体工商户（以下称用人单位）应当依照本条例规定参加工伤保险，为本单位全部职工或者雇工缴纳工伤保险费。

按照《工伤保险条例》第三十条的规定，职工因工作遭受事故伤害或者患职业病进行治疗，享受工伤医疗待遇。

2011年7月1日正式实施的《社会保险法》第三十三条规定，职工应当参加工伤保险，由用人单位缴纳工伤保险费，职工不缴纳工伤保险费。

这也意味着，一旦用人单位不为员工购买工伤保险，那么员工在受工伤后是没有任何保障的。为了解决这一问题，《社会保险法》第四十一条也明确规定，职工所在用人单位未依法缴纳工伤保险费，发生工伤事故的，由用人单位支付工伤保险待遇；用人单位不支付的，从工伤保险基金中先行支付。

目前部分企业还抱有侥幸的心理不为员工购买工伤保险，却忽略了这背后所潜在的风险。同时，由于我国社会保险政策的不完善，跨地区转移或享受的实施细则迟迟不出台，导致很多劳动者对参加社会保险，享受国家和社会保障的热情不高，宁愿多赚点收入，也不愿意参加社会保险。《劳动法》第七十二条规定："用人单位和劳动者必须依法参加社会保险，缴纳社会保险费。"

事实上，即使员工当初承诺不参加社会保险，也不能免除公司的责任。因此在本案例中，企业或小勇的家人应为小勇申请工伤认定，工伤认定后由该知名饮用水销售公司按《工伤保险条例》的相关规定，向小勇家属支付相关的工伤保险待遇和因公死亡待遇，费用由企业承担。小勇当初手写和按指印的那份书面申请无效，是无法为企业规避工伤保险和因公死亡待遇赔付责任的。

《工伤保险条例》第三十九条规定：职工因工死亡，其近亲属按照下列规定从工伤保险基金领取丧葬补助金、供养亲属抚恤金和一次性工亡补助金：①丧葬补助金为6个月的统筹地区上年度职工月平均工资。②供养亲属抚恤金按照职工本人工资的一定比例发给由因工死亡职工生前提供主要生活来源、无劳动能力的亲属。标准为：配偶每月40%，其他亲属每人每月30%，孤寡老人或者孤儿每人每月在上述标准的基础上增加10%。核定的各供养亲属的抚恤金之和不应高于因工死亡职工生前的工资。供养亲属的具体范围由国务院社会保险行政部门规定。③一次性工亡补助金标准为上一年度全国城镇居民人均可支配收入的20倍。伤残职工在停工留薪期内因工伤导致死亡的，其近亲属享受本条第一款规定的待遇。

4）因冒名顶替参加社会保险引发的劳动争议

**案例 14**

<h3 style="text-align:center">冒名务工，伤后工厂赔三成</h3>

因担心自己年龄偏大不被录用，年近六旬的男子李某金冒用他人身份证进入常平镇某厂打工，后在工作中受伤。由于以他人名义入职，因此李某金不能享受工伤保险待遇，工厂拒绝赔偿，双方闹上法庭。记者昨日从市第三法院获悉，法院经审理认为，该劳动者冒用他人身份证入厂打工存在过错，应承担主要责任，即自行承担工伤保险基金应支付工伤待遇金额的70%，工厂未能认真核实劳动者的身份信息，应承担次要责任即支付30%。

劳动仲裁：工厂全赔伤残就业补助金。

2014年6月，李某金到常平镇一工厂务工，由于担心自己年龄偏大不被录用，便用了一张名为"张挺"的身份证办理了入职手续，先做杂工，后操作油印机。工厂以"张挺"名义为李某金参加了社会保险。

2015年7月，李某金在工作中受伤，住院治疗65天。住院期间，工厂支付了护理费6 500元、伙食补助费3 900元，并垫付了医疗费31 531.88元、鉴定费436元。

2015年12月，市社会保障局认定李某金的受伤事故为工伤，但因李某金入厂时所使用的身份证并非其本人的身份证，他不能享受工伤保险待遇。工厂也不愿意对李某金进行赔付。

2016年1月，李某金离职，同时向仲裁庭申请劳动仲裁。仲裁庭做出裁决：确认双方劳动合同关系已解除；工厂支付李某金未签订书面劳动合同双倍工资差额14 210元、停工留薪期间工资5 427.50元；同时，工厂应负李某金工伤待遇金额的全责，即赔偿李某金一次性伤残就业补助金43 500元。

工厂起诉：责任应由员工承担。

工厂对该裁决结果不服，向市第三人民法院提起诉讼。工厂方面诉称，李某金入职时，双方签订了《招聘合同书》，对双方的权利义务、工资报酬、合同期限、试用期等都做了明确规定，已经具备了劳动合同所规定的主要条款，李某金请求工厂支付未签订劳动合同的双倍工资差额没有法律依据。李某金受伤后，工厂及时将其送往医院治疗，并垫付了所有费用。

工厂认为，由于李某金使用他人身份证入职，导致工厂一直以他人名义为其缴纳费用。也正因为他的过错，导致他无法领取工伤补助，该责任应该由其自己承担。

法院判决：员工过错在先担责七成。

市第三人民法院审理认为，原被告双方没有签订书面劳动合同，根据《劳动合同法》的规定，用人单位自用工之日起超过1个月不满1年未与劳动者订立书面劳动合同的，应当向劳动者每月支付两倍的工资。

同时，根据相关规定，职工因工伤需要暂停工作接受工伤医疗的，在停工留薪期内，原工资福利待遇不变。据此，法院认为，工厂应向李某金支付2015年7月22日至2015年12月16日（评残前一日）停工留薪期间的工资。

另外，职工依法与用人单位解除或终止劳动关系的，由用人单位支付一次性伤残就业补助金，标准为15个月的本人工资，李某金冒用他人身份入职并不影响双方之间建立劳动关系。李某金借用他人的身份证，以他人名义入职，导致发生工伤事故时不能享受由工伤保险基金支付的上述工伤保险待遇，对此存在过错，应承担主要责任，即自行承担工伤保险基金应支付工伤待遇金额的70%；工厂未能认真核实李某金的身份信息，亦存在过错，应承担次要责任即应支付30%。

最终，法院一审判决工厂向李某金支付未签订书面劳动合同双倍工资差额8 491.67元、停工留薪期工资差额1 968.65元、一次性伤残就业补助金差额13 142.48元。

资料来源　龙成柳，钟紫薇. 冒名务工，伤后工厂赔三成［N］. 广州日报，2016-06-16.

案例分析：虽然员工做出冒名顶替的欺诈行为，但是不影响李某金与公司的事实劳动关系存在，而且企业有义务在员工入职时对其进行"验明正身"，因此在本案例中企业需承担附带的责任。通过此案例，也希望企业能对这些日常工作中的细节引起足够重视，对公司的内部管理制度进行查缺补漏，杜绝隐患，避免劳动争议和仲裁出现。

# 6.4　劳动争议处理法律文书写作

## 6.4.1　申诉书

劳动争议仲裁申诉书包括以下内容：

申诉人：（写明姓名、性别、年龄、籍贯、现住址）

委托代理人：（写明姓名、性别、年龄、单位、职务）

被诉人：

地址：

法定代表人（或主要负责人）：（写明姓名、性别、年龄、职务）

请求事项：

事实和理由：（包括证据及其来源、证人姓名和住址等情况）

此致

××劳动争议仲裁委员会

申诉人：＿＿＿＿＿＿（签名或盖章）

年　月　日

附：

1.副本＿＿＿＿＿份

2.物证＿＿＿＿＿件

3.书证＿＿＿＿＿件

注：

1.申诉书应用钢笔、毛笔书写或印刷。

2.请求事项应简明扼要地写明具体要求。

3.事实和理由部分空格不够用时，可用同样大小纸续加中页。

4.申诉书副本份数应按被诉人数提交。

### 6.4.2　起诉状

劳动争议起诉状是公民、法人或其他组织不服劳动争议仲裁裁决，为了维护自身的权益，作为原告依据事实和法律，向人民法院提起诉讼，要求依法裁判时所提出的书面请求。劳动争议起诉状包括以下内容：

原告：（自然人应写明姓名、性别、出生年月日、民族、籍贯、工作单位、住所、身份证号码）

委托代理人：（若没有工作单位，应写明其姓名、性别、出生年月日、住所）

原告：（法人或其他组织应写明全称、住所地）

法定代表人或负责人：（姓名、职务、联系电话）

单位工商登记核准号、企业性质、经营范围、方式、开户银行、账号

委托代理人：（若有工作单位，应写明其姓名和工作单位）

委托代理人：（若是律师，应写明其姓名和所属的律师事务所）

被告：（参照原告的写法）

简要案情：

诉讼请求：

1.请求的理由：（主要是指本案的法律关系及法律上的因果关系等）

2.提供的证据：

（1）证据之一：①名称或编号……②内容、性质及来源……③证明对象……

（2）证据之二：

3.请求的依据：（主要指原告认为本案应当适用的法律依据等）

此致

×××人民法院

年　　月　　日

（签名或盖章）

### 6.4.3　上诉状

劳动争议案件上诉是指经过人民法院一审的当事人认为一审判决或者裁决不公，在法定期限内（判决为15天，裁定为10天）向上一级人民法院提起上诉。上诉状是当事人要求上一级人民法院进行审理，撤销、变更原判决内容所提交的诉讼法律文书。制作上诉状要求上诉请求必须针对一审判决或者裁定中不当的部分提出。例如，原判决程序违法，要求撤销；证据不充分，要求改判等。同时，必须在规定的期限内提出。超过期限，原判决或者裁定依法生效，当事人必须履行裁判的内容。上诉状的内容一般包括：

上诉人：×××（写明姓名、性别、年龄、民族、籍贯、职业或者工作单位和职务、住

址，如果是法人或者其他组织，应写明名称、法定代表人、住所、联系地址和邮政编码等）

被上诉人：×××（写明姓名、性别、年龄、民族、籍贯、职业或者工作单位和职务、住址，如果是法人或者其他组织，应写明名称、法定代表人、住所、联系地址和邮政编码等）

（如果一审后原告、被告都不服判决而提起上诉，则都被列为上诉人）

上诉人因×××××一案（写明一审判决或者裁定书所列的案由），不服×××人民法院×年×月×日（××）字第××号判决（或者裁定），现提出上诉。

上诉请求：（写明要求上诉审法院解决的事由，如撤销原判、重新判决等）

上诉理由：（写明一审判决或者裁定不正确的事实根据和法律依据）

此致

×××人民法院

附：本上诉状副本＿＿＿＿＿＿＿份

上诉人：×××（签字或者盖章）

年　月　日

### 6.4.4　答辩书

劳动争议仲裁应诉答辩书是由劳动争议仲裁案件的被申诉人向劳动争议仲裁委员会提交的陈述自己意见和事实的法律文书。制作应诉答辩书应当注意的问题有：

（1）仲裁委员会应当自收到申诉人的劳动争议仲裁申诉申请书之日起7日内对申诉进行审查，然后做出是否受理的决定。决定受理的，应当自做出决定之日起7日内向申诉人和被诉人发送受理案件通知书和应诉通知书，同时将申诉书的副本送达被诉人，并限期要求被申诉人提出答辩书。

（2）被诉人应当自收到申诉书副本之日起15日内提交答辩书和有关证据。被诉人应当针对申诉书的请求事项、事实和理由提出答辩意见，并同时引用相关的法律、法规、政策规定以及有关证据进行反驳，以此说明申诉人的主张没有合理性或者合法性。答辩是被诉人的一项权利，也就是说，他可以行使，也可以放弃，这完全由被诉人自己决定，他人不得干预。在答辩方式上，被诉人可以口头答辩，也可以书面答辩，可以在仲裁准备阶段答辩，也可以在仲裁中进行答辩。

（3）答辩人如果是单位的，应当写明单位全称，并由法定代表人或者主要负责人签名并加盖单位公章。

劳动争议仲裁应诉答辩书的样式为：

劳动争议仲裁应诉答辩书

＿＿＿＿＿＿＿＿劳动争议仲裁委员会：

你会＿＿＿＿第＿＿＿＿号应诉通知书收悉，答辩人就＿＿＿＿一案，提出答辩如下：

（写明答辩的事实、理由、依据等内容）

答辩人：

＿＿＿年＿＿月＿＿日

本答辩书副本＿＿＿＿份。

### 6.4.5  劳动争议仲裁裁决书

仲裁裁决书是由劳动争议仲裁委员会制作的，记载劳动争议仲裁裁决结果的具有法律约束力的文书。仲裁裁决书应当写明下列内容：

（1）申诉人和被诉人的姓名、性别、年龄、民族、职业、工作单位和住址、单位名称、地址及法定代表人（或负责人）或代理人的姓名、职务；

（2）申诉的理由，争议的事实和要求；

（3）裁决认定的事实、理由和适用的法律法规；

（4）裁决的结果及费用的负担；

（5）不服裁决向人民法院起诉的期限。

仲裁裁决书制作的总要求：准确、鲜明、严密、精练。

准确，一是指裁决书中认定的事实要确实，既不能夸大，又不能缩小；二是要准确地分清是非责任，不能模棱两可；三是运用的法律法规不得出现失误。

鲜明，是指对争议中的正确与错误、是与非要依法表明态度，使当事人阅读裁决书后一目了然。

严密，是指仲裁裁决书要遵循摆明事实—适用法律—得出必然性的处理结论的逻辑进程加以论证。

精练，是指裁决书要言简意赅、明确无误、层次清晰。

裁决书应由仲裁员署名，加盖仲裁委员会印章，送达双方当事人。

劳动争议仲裁委员会仲裁裁决书
劳仲案字（    ）第    号

申诉人：

委托代理人：

被诉人：

委托代理人：

申诉理由、争议事实及要求：

裁决结果：

费用负担：

不服裁决向人民法院起诉的期限：

首席仲裁员：

仲裁员：

×××劳动争议仲裁委员会
年    月    日

## 6.5  劳动争议的预防

### 6.5.1  劳动争议预防的概念及意义

一般而言，劳动争议预防包括两层含义。广义的劳动争议预防是指劳动行政机关、劳动争议处理机构及其他有关行政机构依照法律的规定，事先采取各种有效措施，积极防范和制止用人单位与劳动者之间发生劳动纠纷的活动。这一层面上的预防主要是劳动行政机关、劳动争议处理机构及其他有关行政机构，通过事先采取各种有效措施（如及时进行法治宣传和教育），将劳动争议消灭在萌芽状态，从而防止发生劳动争议的一种积极协调劳动关系的活动。狭义的劳动争议预防主要针对企业内部开展，企业人力资源管理人员在一定程度上充当着内部劳动关系调解员。有人力资源管理实战专家这么形容人力资源管理人员的角色定位——"夹心饼干"（公司、员工、自身），仔细思考，不无道理。在处理企业内部劳动关系的过程中，以公司利益为出发点考虑、处理问题非常必要。本章所讲的劳动争议预防主要针对狭义层面展开。

在企业内部要有效地做好劳动争议预防工作，必须对劳动争议预防有正确、充分认识。

首先，劳动争议预防是防患于未然，将劳动争议消灭在萌芽状态。与劳动争议处理相比，劳动争议预防是一种更积极、更主动的措施，是一项前期工作。它要求企业人力资源管理人员必须有敏锐的观察力，并与企业内部劳动者保持密切联系，及时发现纷争，分析矛盾，通过多种疏通协调工作使矛盾双方尽早消除隔阂，恢复友好和谐的关系，不使纷争扩大化、公开化，不能影响企业的正常生产和员工生活。

其次，劳动争议预防是依法进行的。劳动关系当事人之间的劳动纠纷主要是由于双方不懂《劳动法》或故意违反《劳动法》而引起的。因此，人力资源管理人员在为企业拟定相关管理制度的过程中，必须充分依据国家的相关法律法规；在制度的执行过程中也应该对其进行规范，明确劳动者在工作过程中，哪些行为是违法的，哪些行为是受法律保护的。人力资源管理人员在开展这一系列工作的过程中，必须依法进行，不能置法律法规于不顾，没有原则地充当"和事佬"。党的二十大报告明确指出："健全劳动法律法规，完善劳动关系协调机制。"

最后，劳动争议预防要采取针对性措施。在依法进行的前提下，还应积极寻求针对性办法以化解矛盾。人力资源管理部门要及时发现争议苗头，找出症结所在，对症下药，有的放矢，以便切实、及时地消除企业与劳动者之间的隔阂，从而避免或减少劳动争议的发生。这要求人力资源管理部门不仅要深入调查，努力掌握各种线索，而且要集思广益，善于寻求多种多样的方式，针对当事人之间的争执开展细致耐心的思想工作；否则，即使对情况很了解，如果措施不到位，也不能尽早解决矛盾，不利于预防工作的深入进行。

劳动争议预防看起来没有劳动争议处理那么紧急，但实际上，与劳动争议处理相比，它是一项更复杂、更长期的工作。从根本上看，劳动争议预防是避免或减少劳动争议的第一道防线，因此，必须对该项工作给予足够的重视。这项工作做好了，劳动关系就会更加和谐，各项工作效率也会得到提高。

劳动争议预防是协调劳动关系体系中不可或缺的重要环节，是避免和减少劳动关系当事人之间利益摩擦的润滑剂，在处理劳动争议中占有重要的地位。重视预防工作并积极采取预防措施，对于从源头上控制争议的发生，保障企业和劳动者的合法权益，协调、稳定劳动关系和社会秩序，从而促进企业和社会经济的发展，都有着十分重要的意义。

## 6.5.2　劳动争议预防的措施

劳动争议预防措施，是指为了协调劳动关系、预防劳动争议而采取的办法和手段。从企业层面看，它通常可以包括以下三个方面内容：

1）增强劳动法治观念和意识

劳动法治观念和意识的形成，是《劳动法》得以贯彻的可靠保证。用人单位和劳动者如果不具有劳动法律知识，不懂得遵守《劳动法》的必要性，那么即使有法可依，也会出现有法不依、执法不严的现象。因此，必须通过各种形式的宣传教育，使广大企业和劳动者知法、懂法、学法、守法，增强其法治观念和意识，这是有效预防劳动争议的根本。

2）加强企业民主管理

企业民主管理，是指企业职工依照国家法律规定，行使自己当家做主的民主权利，参与本单位的计划、生产、劳动、财务等问题的决策与管理，监督企业各级管理人员的活动。在我国，企业实行职工民主管理制度，已经被实践证明是一项积极有效的预防劳动争议的措施。企业实行民主管理，首先，可以使广大劳动者亲自体会到自己是企业的主人，从而不断提高他们的觉悟，激发他们的主人翁责任感，将企业的前途命运同自己紧紧联系在一起，与企业经营者一道关心企业的发展；其次，通过企业民主管理，可以保证企业的重大决策能代表广大劳动者的意志和利益，使企业与劳动者之间的关系更加密切，增强劳资双方之间的团结与协作。这样即使出现争议苗头，当事人双方也可以像"一家人"一样平心静气地坐下来商量解决对策。

3）发挥工会在劳动关系管理中的积极作用

《中华人民共和国工会法》第二条规定："工会是中国共产党领导的职工自愿结合的工人阶级群众组织，是中国共产党联系职工群众的桥梁和纽带。"从中可体会到工会的法律地位和阶级属性；而工会最基本的职责是代表职工的利益，依法维护职工的合法权益，这体现了工会的社会经济地位。工会的地位归根结底是由其发挥的作用所决定的。总体来说，工会的作用可概括为四个方面——组织职工、引导职工、服务职工、维护职工合法权益。

组织职工是指广泛发动、组织职工投身社会主义建设，分为两个层次：组织职工参与本单位的民主决策、民主管理和民主监督，充分发挥工人阶级的主力军作用；对企事业单位违反职工代表大会制度和其他民主管理制度的举措，工会有权要求纠正，保障职工依法行使民主管理的权利。

引导职工是指要求工会代表职工与企业签订集体合同，有助于协调企业经营者与职工之间带有共性的劳动关系；要求工会帮助、指导职工与用人单位签订劳动合同，有利于劳动合同的正确履行，避免或减少劳动争议的产生；加强职工精神文明建设和思想文化建设，在发展生产的基础上有计划地逐步提高职工的物质文化水平。

服务职工是指在劳动合同履行过程中工会的职责。在用人单位劳动安全卫生条件和设施方面，工会要进行监督保证职工在安全卫生的环境下工作，当发生侵犯职工权益或工伤事故时，对侵犯职工权益或工伤事故有调查权力。在用人单位遵守劳动法律、法规方面，工会有权监督，对侵犯职工劳动权益的行为应当代表职工向单位交涉甚至申请司法保护。

　　维护职工合法权益是指工会在职工权益可能受到侵害时的职责。当用人单位提出解除劳动合同时，应事先将理由通知工会，若工会认为解除劳动合同不适当，可以通过书面形式提出意见；用人单位进行经济性裁员时亦要听取工会的意见。另外，为了处理和解决劳动争议，工会要参与组成企业调解委员会和劳动争议仲裁委员会，当职工申请劳动争议仲裁或向法院提出诉讼时，工会应当给予支持和帮助。

　　工会在建立与处理用人单位同劳动者关系方面发挥的重要作用决定了其在劳动关系中举足轻重的地位。

　　4）依法制定企业内部的规章制度，并加大执行力度

　　目前，相当多的劳动争议案件是由于用人单位依照规章制度对劳动者做出了相应的处理，劳动者不服而引发的。在此类案件中，单位的规章制度往往会成为案件审理的焦点。所以，企业在制定规章制度时，必须深思熟虑，尽量降低法律风险。企业规章制度的制定必须注意以下三点：

　　第一，规章制度的有效性。《最高人民法院关于审理劳动争议案件适用法律问题的解释（一）》（法释〔2020〕26号）第五十条规定，用人单位根据《劳动合同法》第四条规定，通过民主程序制定的规章制度，不违反国家法律、行政法规及政策规定，并已向劳动者公示的，可以作为确定双方权利义务的依据。此规定实际上确定了规章制度有效性的三个一般标准，即经过民主程序、合法、公示，三个条件缺一就会出现规章制度无效的后果。

　　第二，规章制度的实用性。以一种经常出现的情况为例：用人单位以员工"连续旷工时间超过5天，或者1年以内累计旷工时间超过10天，已严重违反用人单位规章制度"为由解除员工。单位有义务证明这个事实的存在，这时单位会拿出考勤记录。这份考勤记录就会成为案件的一个焦点，有可能存在以下几个问题：①考勤制度不符合经过民主程序、合法、公示这三个要件，解除行为就会被撤销；②考勤制度所依托的工作时间安排不合法，考勤也就没有意义了；③考勤制度所确定的考勤范围不包括被解除者，而且单位是有义务来证明被解除者是被包括在里面的；④考勤制度没有真正实行。如果单位所制定的考勤制度经不住以上推敲的话，败诉的风险是很大的。

　　第三，规章制度的精细化、确定性、合理性。仍以考勤为例，有企业的规章制度写道"员工多次旷工，屡教不改的，属于严重违反公司规章制度"，此处的"多次"和"屡教不改"就是不明确的，企业管理人员应当对此予以量化，否则在劳动争议处理中极易败诉。又例如有企业规章制度提到"员工一个月内旷工3天的，记小过一次；旷工5天的，记大过一次；旷工15天的，予以解除劳动合同"或"员工每次如厕时间不得超过2分钟；每次用餐时间不得超过10分钟"，甚至"员工请病假必须提前一周书面申请，否则视为旷工"等，这些都属于不合理的约定。在企业实际管理中"旷工"是最令用人单位痛恨的违纪行为之一，绝大多数用人单位或管理者无法忍受劳动者的旷工行为，因此按上述条款约定，虽不违法，但用人单位却将自己陷入管理困难的境地；而另一方面，用人单位制定的一些条款过于苛刻，几乎违反人的基本身体需要或自然规律，虽然法律并无明文禁止，但也是得不到司法支持的。

第四，注意制定一些强制性的规章制度。例如，《北京市工资支付规定》第六条第二款规定，工资支付制度应当主要规定下列事项：①工资支付的项目、标准和形式；②工资支付的周期和日期；③工资扣除事项。这些相关法律法规明确要求单位在规章制度中包括的内容，都有可能成为单位举证责任的一部分，尤其需注意，这类规定往往针对比较重要也容易引起纠纷的制度，且往往增加一些额外条件，这些条件与前文最高人民法院所规定的三个条件合并在一起，都会成为衡量规章制度是否有效的条件。

第五，规章制度不要规定本应在合同中规定的事项。规章制度是企业单方面制定的，虽然有很多程序上的限制，但企业仍然享有比较大的自主权。所以在衡量规章制度是否合法有效时，法院往往会综合考虑企业用人自主权与保障职工权利的平衡点：凡是应当由双方协商确定的事项，如果没有经过协商，而是由单位单方面在规章制度中进行规定，一般情况下，都不会作为审理案件的依据。

### 6.5.3　案例解析：劳动争议预防
女职工"三期"动得不？

[案情]

A公司于2017年6月初录用了员工王某，并与王某签订了3年期劳动合同，其中约定试用期为3个月。在招聘录用过程中，A公司的HR注意到王某26岁，已婚，但无小孩。在HR与其交流的过程中，王某明确承诺在劳动合同期内不会考虑生小孩的问题，并写下了书面保证。

王某在试用期间表现较好，经过试用考核后于2017年9月转正。2017年10月初王某以身体不适为由开始请病假，并由其家属送来了医院开具的病休1个月的证明单。在此情况下，HR和用人部门的经理专程到其家中进行探望，在月底发工资时按照A公司的"考勤管理规定"发放给其2100元。11月初，王某的家属又送来了其休病假1个月的病假证明单，HR此时意识到其中存在问题。双方沟通时王某才告知HR她已怀孕，目前病假是由于怀孕反应强烈、无法上班所致。在此情况下，HR要求王某到公司来办理请假手续并说明问题，但王某接到通知的当天即住进医院。

家属来A公司提出以下要求：

（1）反复强调王某妊娠反应十分强烈，呕吐，无法进食，目前在医院靠输液维持，因此无法上班。只要公司不和王某解除劳动关系，王某在病假期间可以不拿工资。

（2）如果公司解除与王某的劳动关系，王某将会把公司告上劳动争议仲裁庭。

HR随即通知王某的家属返回，说公司研究后再给王某一个明确的答复。王某的家属走后，HR查阅了相关法律法规，也咨询了相关专家，得到确实答复：女员工怀孕期间，公司不能和员工解除劳动关系。问题的处理陷入僵局。在后续几个月中，王某的家属不断送来病假单，而A公司也采取模糊处理的方式，从12月开始停发了王某的工资。

2018年5月底，王某分娩。2018年7月底，王某在其家属陪同下来到A公司，提出以下要求：

（1）2017年12月至2018年5月王某分娩前均为病假，应发病假工资。

（2）按照A公司所在地方的规定，员工享有产假98天及奖励假80天，同时应视为全勤，发全额工资。

（3）报销其2017年10月至2018年5月住院和看病期间的医药费和相关费用。

（4）王某愿意和A公司协商解除劳动关系，但企业需支付其相当于3个月工资的经济补偿金。

（5）A公司需负担拖欠上述病假、产假工资和医药费的经济补偿金。

A公司如梦方醒，王某在前期"委曲求全"，为的是在现在获得最大利益！经HR和王某数次协商，双方无法达成一致，王某随即将A公司告上劳动争议仲裁庭。

［评析］

这一案例属于典型的个别劳动者恶意用法，侵害用人单位的利益的情形。纵观案例发生的始末，以及通过对A公司的了解，我们发现A公司存在以下主要问题：

1）HR存在思维误区

（1）女员工"三期"动不得。《劳动法》第二十九条规定："劳动者有下列情形之一的，用人单位不得依据本法第二十六条、第二十七条的规定解除劳动合同：①患职业病或者因工负伤并被确认丧失或者部分丧失劳动能力的；②患病或者负伤，在规定的医疗期内的；③女职工在孕期、产期、哺乳期内的；④法律、行政法规规定的其他情形。"

但这并不意味着在任何情况下，企业拿"三期"女职工都没办法。我们来回顾一下劳动合同法中的约定：

《劳动合同法》第四十二条第四款规定："女职工在孕期、产期、哺乳期的，用人单位不得依照本法第四十条、第四十一条的规定解除劳动合同。"这里明确提到的是，不能按照《劳动合同法》第四十条和第四十一条进行解除，但可以按其他条款如第三十六条（双方协商一致解除）、第三十七条（员工自行辞职）、第三十九条（员工过失）等做解除劳动合同处理。

（2）情理大于法理。HR认为公司在招聘王某的时候对其充分相信，并充分肯定她的能力，试用期未过就提前一个月让她顺利转正；在其家属造访后，公司也没对其采取任何不利措施……公司已仁至义尽，相信员工也不能趁机捣乱……

2）制度健全，但实际中未很好地贯彻执行

假如A公司"考勤管理规定"中关于病假和请假手续的规定为：

（1）病假1～3天的，员工需提供病历和医院出具的病假证明。病假在3天以上的，需在公司指定医院就诊，并由指定医院提供病历和病假证明。

（2）员工请假需备齐相关材料，填写"员工请假申请单"，经用人部门、HR经理共同签核，由HR通知员工本人后方可休假。

（3）病事假超过5天的，除办理正常的请假手续外，需报公司总经理批准后方可休假。

（4）不符合请假手续的请假，公司将不予认可。员工在请假未获批准即休假的，按照旷工处理。

3）此案对 HR 的启示

HR 在此事件中应采取以下做法：

（1）要求王某严格按照公司"考勤管理规定"的程序和要求，在公司指定医院就诊，备齐相关材料并办理请假手续。请假手续不全的，不予准假。

（2）如果王某手续齐备且真是病假，应当给予法定医疗期。法定医疗期满，要求王某返岗工作。

（3）王某在请假手续不齐全的情况下或在法定医疗期满后无正当理由脱岗的，均可按照旷工处理。旷工天数达到企业制度规定的时间，公司即可解除和其的劳动关系。其主要依据为《劳动合同法》第三十九条第二款："劳动者严重违反用人单位的规章制度的，用人单位可以解除劳动合同。"

（4）王某在医疗期满后，经公司指定医院确认仍需休息的，公司可按照事假处理。

（5）待王某到了产假期间，再给予其相应的产假待遇。

➡ **知识链接6-1**

依据《企业职工患病或非因工负伤医疗期规定》（劳部发〔1994〕479号），以及《劳动部关于贯彻〈企业职工患病或非因工负伤医疗期规定〉的通知》（劳部发〔1995〕236号），企业职工因患病或非因工负伤，需要停止工作医疗时，根据本人实际参加工作的年限和在本单位工作的年限，给予3～24个月的医疗期。患病或非因工负伤医疗期见表6-1。

表6-1　　　　　　　　　　患病或非因工负伤医疗期

| 分类 | 医疗期 | | | 备注 |
|---|---|---|---|---|
| | 本单位工作年限 | 医疗期限 | 病休周期累计 | |
| 实际工作年限10年以下 | 5年以下 | 3个月 | 按6个月内累计 | |
| | 5年以上 | 6个月 | 按12个月内累计 | "以下"含本数；"以上"不含本数 |
| 实际工作年限10年以上 | 5年以下 | 6个月 | | |
| | 5年以上10年以下 | 9个月 | 按15个月内累计 | |
| | 10年以上15年以下 | 12个月 | 按18个月内累计 | |
| | 15年以上20年以下 | 18个月 | 按24个月内累计 | |
| | 20年以上 | 24个月 | 按30个月内累计 | |
| 特殊疾病 | 某些患特殊疾病（如癌症、精神病、瘫痪等），在24个月内尚不能痊愈的，经企业和劳动主管部门批准 | 适当延长 | | |

资料来源　根据冯筱珩（广州市智保人力资源劳动法顾问）提供的有关资料整理．

## 随堂测——劳动关系协调员职业技能理论测试

随堂测6

即测即评

1.（单选题）可以不在仲裁庭开庭笔录上签名的人员是（　　　）。

A.仲裁员　　　　　　　　　　　　B.书记员

C.证人　　　　　　　　　　　　　D.旁听人员

2.（单选题）劳动人事争议仲裁委员会应在收到仲裁申请之日起（　　　）内做出受理或不予受理的决定。

A.3日　　　　　　B.5日　　　　　　C.7日　　　　　　D.10日

3.（单选题）申请人收到书面通知，无正当理由拒不到庭或者未经仲裁庭同意中途退庭的，可以（　　　）。

A.申请延期开庭　　　　　　　　　B.重新申请仲裁，重新立案处理

C.缺席仲裁　　　　　　　　　　　D.视为撤回仲裁申请

4.（单选题）关于劳动报酬争议，以下表述不正确的是（　　　）。

A.拖欠劳动报酬争议，劳动者可以向人民法院申请支付令

B.在劳动关系存续期间，拖欠劳动报酬争议不受时效限制

C.拖欠劳动报酬的，劳动者可以向劳动行政部门投诉

D.拖欠劳动报酬的，劳动者可以直接向人民法院起诉

5.（单选题）仲裁庭裁决案件应自受理仲裁申请之日起45日内结束，案情复杂需要延期的，经仲裁委员会主任批准，可以延期并通知当事人，但延长期限不得超过（　　　）。

A.5日　　　　　　B.7日　　　　　　C.10日　　　　　　D.15日

## 以案说法

### "法院+工会"诉调对接机制助主播追索经济补偿

林某于2021年3月入职某传媒公司，岗位为主播。2021年4月25日，该公司老板召开会议，称公司目前濒临破产且已无法发放工资，让林某等人先待业休息，如后续有工作安排再另行通知。在等待返岗通知期间，林某先后听到有同事已返岗的消息，故向公司老板询问是否可以返岗工作，但老板让林某去其名下的另一家公司复工，且工资由之前的8 000元/月降为5 500元/月，如果不接受，则请其另谋高就。林某遂申请劳动仲裁，请求确认劳动关系。仲裁裁决做出后，该传媒公司向广州市中级人民法院申请撤销仲裁裁决。

广州市中级人民法院立即导入"法院+工会"劳动争议诉调对接机制，广州市总工会迅速指派工会调解员律师，通过广州市法院ODR（"广州法院在线纠纷多元化解平台"）系统对该案开展诉前调解工作。

经过工会调解员律师耐心细致的调解，双方当事人最终握手言和，并达成调解协议，由传媒公司在双方签订调解书后两周内向林某一次性支付6 500元。

资料来源　广州市中级人民法院. 广州市法院、市总工会联合发布新业态劳动争议典型案例 [EB/OL]. [2022-05-01]. https://m.thepaper.cn/baijiahao_17896848.

解读：目前，新就业形态劳动者用工问题愈发突出，其所引发的劳资纠纷更为复

杂。与传统的用工模式相比，新就业形态用工模式易致劳动者在劳动关系认定及维护自身权益过程中无法实现全面依法维权，从而形成诉累。尤其受新冠肺炎疫情影响，一些小微企业经营困难，劳动争议相对多发，而调解具有快速、便民、高效等独特优势，在化解劳资纠纷、稳定劳动关系方面发挥着重要作用。

2020年2月，最高人民法院和中华全国总工会决定在广东等地开展劳动争议多元化解试点工作。广州市中级人民法院和广州市总工会认真落实要求，加强工作联动，坚持把劳动争议调解等非诉讼纠纷解决机制挺在前面，推动把试点变亮点，打造劳动争议多元化解"广州模式"。本案中，工会调解员律师通过"法院+工会"劳动争议诉调对接机制，采用线上调解模式，让原本看似"不可调和"的案件解决驶入了"快车道"，用最小的社会成本维护最大的社会效益，取得"案结事了人和"的良好效果，积极构建和谐劳动关系。

## ➡ 基础训练

□ 简答题

1.简述劳动争议的一般处理程序。

2.劳动争议的处理和预防有什么区别？

3.劳动争议预防的措施有哪些？

4.企业规章制度的制定需要注意哪些事项？

## ➡ 综合应用

□ 案例分析

### 员工解除劳动合同后要求撤销

**案情：** 女员工小兰于2019年10月入职广州A公司，2021年7月27日，已经怀孕的小兰以"个人健康"为由填写了离职报告，表示希望最后工作日为7月31日。A公司为其安排了工作交接、办结离职手续，因小兰尚有3天应休未休年休假（7月31日为周休息日），于是让小兰回家休假，明确休假结束后即解除劳动关系。

7月29日，小兰突然反悔，要求撤回辞职申请，并要求公司恢复劳动关系。公司表示所有离职审批手续已完结并已办完交接，不接受撤销申请。

为此，小兰在2021年12月提起劳动仲裁，要求认定公司违法解除劳动合同，并支付包括生育津贴及各类待遇等共计约25万元。最终，案件经过仲裁及一审，均驳回小兰的诉求。

资料来源　编者根据真实案例整理、改编.

**问题：** 小兰是否有权撤回辞职申请？公司是否属于违法解除劳动合同？

**分析提示：** 本案的特殊性在于，小兰在孕期内以个人健康原因提出辞职申请，但在办结离职手续后又在剩余的休假期间反悔，要求恢复劳动关系。

案件焦点在于，员工是否有权撤回辞职申请？公司是否属于违法解除劳动合同？

仲裁庭认为，小兰以个人原因提交了书面离职报告，提出解除劳动合同，公司收到了小兰的解除合同的意思表示。解除劳动合同是当事人自行行使的权利，解除权属于形成权，自解除劳动关系的意思表示到达公司时即发生法律效力，公司没有责任对小兰"撤回辞职"的申请进行承诺。因此，所谓"撤回"请求无法律效力。

小兰已经在离职报告中明确2021年7月31日为最后工作日，该请求也得到了公司同意，双方解除劳动合同的行为符合《中华人民共和国劳动合同法》第三十六条规定，系双方协商一致解除劳动合同，因此公司不存在违法解除情形。

仲裁又查明，小兰在职期间，A公司已依法为小兰缴纳社会保险（含医疗、生育保险），且公司不存在违法解除劳动合同的情形，因此，小兰关于生育津贴等各项待遇的诉求均不被支持。因此仲裁委裁决驳回小兰仲裁请求。小兰不服，向当地法院起诉，最终法院支持了仲裁裁决，驳回了小兰的诉讼请求。

□ 实践训练

A公司HR经过深思熟虑，决定录用陈阳为公司员工，自2016年5月1日起正式入职，担任医药销售代表。2018年8月的一次车祸导致陈阳的行动不便，在家卧床休息了近4个月。2019年1月，陈阳返回公司上班，公司对其做出调岗的决定，调整其至仓库担任仓管员，实行易岗易薪。陈阳当初担任医药销售代表时，每月的工资可达8 000元，但仓管员每月的工资只有2 500元。陈阳认为公司是有意刁难他，故拒不前往新岗位报到，公司于2019年1月15日发出催促上班通知书，并通过EMS快递予陈阳本人签收，要求其2019年1月18日前务必前往新岗位报到，否则将按公司相关规定对其进行处理。但2019年1月18日当天，陈阳依旧没有到仓库报到，公司以陈阳已连续旷工3天为由，对其做出解除劳动合同的决定。2019年1月23日，A公司收到区劳动争议仲裁委员会发出的劳动仲裁通知书，陈阳投诉A公司无故降低其劳动报酬，并违法与其解除劳动合同，要求A公司恢复其医药销售代表岗位。如果A公司要与其解除劳动合同，则应当按照劳动合同法规定向其支付双倍经济补偿金并额外支付一个月工资。

资料来源 编者根据真实案例自行整理、改编.

请根据陈阳的诉求，代表A公司拟写一份劳动争议仲裁应诉答辩书。

# 第7章 员工沟通管理

## 学习目标

**知识目标：**

1. 了解沟通的定义及沟通的过程；
2. 明确沟通的类型；
3. 熟知沟通的障碍及解决途径；
4. 掌握员工满意度调查的基本内容。

**素养目标：**

引导学生认识企业人力资源管理中员工沟通环节的重要性，掌握有效的沟通技巧，使沟通工作成为构建和谐劳动关系中不可或缺的一部分。

## 内容架构

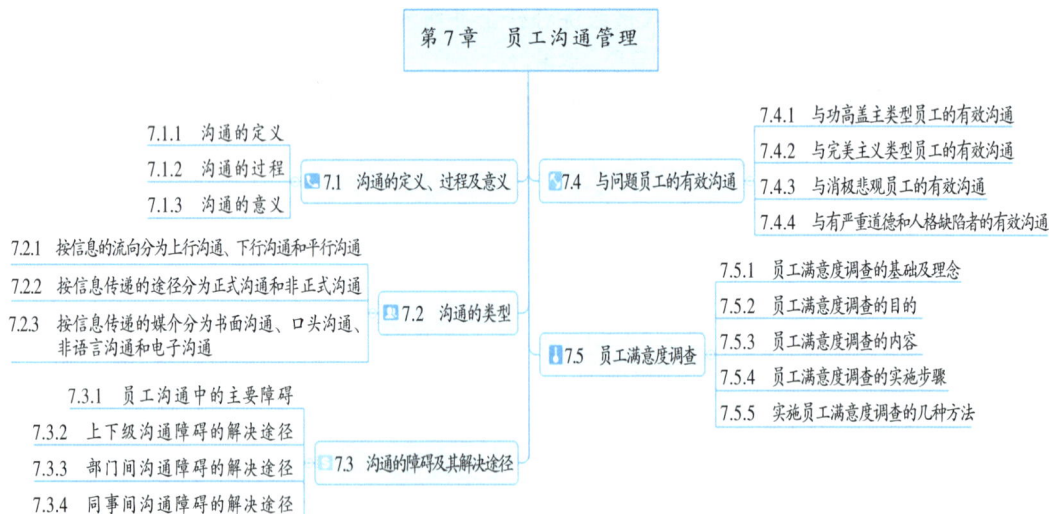

## 引例

### 官僚主义盛行，信息不通达？学西门子打造员工沟通体系

一个企业的文化能否有效支持发展，离不开企业工作氛围的正面影响。同样，HR

在企业中的工作能否得力，也不仅取决于HR个人的努力程度，还在于他是否身体力行为企业建立了上下畅通的沟通渠道。

西门子是一家著名的跨国公司，在人力资源管理方面，该公司HR努力改善其管理方式和行为，打造开放式的沟通模式，营造良好的企业氛围和环境。为此，在历任HR努力下，西门子建立了全面的员工沟通渠道体系。

西门子的沟通渠道体系包括：

第一，媒体沟通。

西门子企业内部存在许多媒体，这是传达不同信息、进行企业内部沟通的重要渠道，这些媒体包括《西门子之声》《西门子世界》以及不同业务集团主办的分支沟通杂志等。

其中，《西门子世界》是西门子向全球员工开办的内部沟通刊物，担负着沟通整个企业员工的重任，该杂志包括封面故事、业务、团队、合作、趋势、社会和家庭等栏目。

《西门子之声》则是西门子中国企业的内部刊物，由人力资源部和公关部负责编辑出版，其中包括新闻回顾、人物写真、领导才能、创新前沿、万花筒、十点聚焦等栏目，这份杂志也起到了沟通西门子中国员工的作用。

第二，内部网站。

在西门子内部，网站也同样是高效、全面的沟通平台，任何有关企业的最新消息，都会第一时间发布在网站上，从而确保每一名员工能够迅速获取最新消息。

另外，西门子人力资源部在网站上建立了专门网页，刚入职的新员工可以通过该网页了解相关信息，便于快速融入公司。为了服务好所有员工，人力资源部的网页还包括合资工厂、不同地区、外国员工等不同的链接，再加上日常的招聘、培训、出差、发展和投诉等内容，构成了全面系统的沟通平台。

另外，西门子内部网络还有强大的员工电邮系统，任何员工都能通过e-mail和其他人保持联系，这样的方式也显得便捷、科学和高效。

为了让全世界所有西门子员工都能了解公司最新信息，西门子还为他们建立了"今日西门子"在线平台，这一平台不仅包含了企业的新闻报道，还有交互式的聊天室、讨论区和投票调查栏目。

第三，员工对话机制。

在西门子，每名员工至少每年都要和其上司进行非常系统的对话，这种对话被称为CPD员工对话，那些表现突出的骨干员工，其对话更是受到整个企业的一致重视。人力资源管理部门负责组织对话，通过对话的过程和结果，企业能够深入了解员工的想法，针对发现的问题形成解决方案。并且，只要员工愿意，他随时能够找到上司或者企业HR进行对话。如果员工认为有必要，他甚至可以越过自己的直接上司，与企业高层进行直接沟通。

第四，员工沟通信息会。

西门子公司每年至少要进行一次员工沟通信息会，在会上，包括员工集体、管理层集体等多方都会进行共同讨论，讨论重点包括公司的政策、员工的福利、职业的发展等，这样，企业能够广泛听取不同利益方的意见。

第五，新员工导入研讨会。

新员工被看作进入西门子的新力量，为了他们，西门子专门开设了新员工导入研讨会，公司 CEO 会亲自参加每一期这样的会议。在会议上，由他带领不同部门的领导，向新员工专门介绍企业文化和公司背景等信息，直接和员工面对面交流，帮助他们在短期内建立对整个企业的全面印象。

另外，无论是新员工培训，还是骨干员工培训，或者是升职过程中的经理人培训，都是西门子公司内部的沟通机会。在几乎所有的集体培训上，公司的 CEO 等高层领导都会亲自参加，并由人力资源管理部门安排讨论和提问时间，确保他们能够和所有员工进行一对多的集体交流。

第六，员工建议。

这一制度也同样让西门子引以为豪，在这个企业，HR 等管理者积极鼓励员工向公司提出合理化的建议和意见，希望他们能够为改善公司的管理和业务发展出谋划策。

西门子用怎样的标准来看待员工建议？

HR 向董事会提出，主要通过三方面来判断：费用、时间和质量。

例如，员工 A 提出的建议能够缩短外国员工的签证时间；员工 B 提出了方案，能够帮助西门子每年在同一类型项目上节约 5% 的成本；员工 C 提出的计划，能够提高西门子电器的产品和服务质量……只要类似的建议被员工提出并被高层采纳，就能获得公司的奖励，奖励从小礼品到 10 余万元现金不等。

通过员工建议制度，西门子创造出了非常活跃的气氛，所有员工都获得了充分表达意见的机会。更重要的是，无论员工的建议是否能够被公司正式接受，这样的沟通为所有员工提供了参与管理的机会，充分调动了每名员工的工作热情。

第七，员工满意度调查。

每年，西门子在全球各地的企业都会进行员工满意度的调查。在一般情况下，每个企业都会为此成立由 12 个人组成的调查小组，负责员工满意度调查的进行，这样的小组负责从启动、操作到实施、得出结论的全部工作。为了确保调查活动的多样化，调查小组每年都要吸纳新成员。

通过上述这些有效的沟通渠道，西门子企业内部始终不会成为一潭死水；相反，员工之间传递着信息、思想，让整个企业能够永葆活力、灵活敏锐。

资料来源　胡华成. 官僚主义盛行，信息不通达？学西门子打造员工沟通体系［EB/OL］.［2023-06-06］. http://www.managershare.com/post/263348.

沟通是人与人之间、人与群体之间思想与感情的传递和反馈过程，以求思想一致和感情的通畅。那么，沟通在工作中的作用就是信息的传递，建立彼此间的信任和思想的同步。无论是管理者与员工，还是员工之间的合作，都要依靠语言的沟通，任何事情都是可以通过语言来交流的，这就是语言的魅力，所以我们要善用语言沟通。人力资源管理者必须了解，如果没有畅通的沟通渠道，就没有成功的管理，在企业内部建立良好、全面和个性化的沟通渠道，能够使每个员工都真切地感受到沟通的乐趣，也能够让所有管理员工都感觉工作更加轻松，有了这样的工作氛围，能够让企业中的每个人抓住机会、迅速解决困惑，借此增强整个企业的凝聚力和竞争力。

## 7.1　沟通的定义、过程及意义

### 7.1.1　沟通的定义

沟通是为了设定的目标，把信息、思想和情感在个人或群体之间传递，并达成共识的过程。沟通强调的是一种双向性，即强调双方共同的交流。

（1）沟通一定要有一个明确的目标。这是沟通最重要的前提。

（2）沟通达成共同的协议。沟通结束以后一定要形成一个双方或者多方都共同承认的协议，只有形成了这个协议才叫完成了一次沟通。如果没有达成协议，就不能称为沟通。

（3）沟通的内容包括信息、思想和情感。沟通的内容不仅是信息，还包括更加重要的思想和情感。信息的沟通是比较容易的，而思想和情感是不太容易沟通的。在我们工作的过程中，很多障碍使思想和情感无法得到很好沟通。事实上，我们在沟通的过程中，更多的是在交流彼此的思想，而信息并不是主要的内容。

### 7.1.2　沟通的过程

员工沟通的方式多种多样，一个完整的员工沟通过程，总是包括下列要素：信息的发出者、信息的沟通渠道、信息的接收者。员工沟通的过程依照下列顺序进行：

1）形成概念

进行信息沟通的第一步是信息发送者确定要传输什么信息，即形成、确定概念或思想。由于信息发出者在组织内所处层级结构与所承担的职能等各不相同，其信息内容、信息传输的目的、传输方法等都存在较大的差异。规范的员工沟通过程，必须经过信息发送者的思维活动，全面地占有材料。管理者和一般员工可以从企业劳动关系管理信息系统获得必要的资料，或者根据自身的经验掌握必要的信息，在此基础上，经过分析、概括、归纳、推理，形成概念和思想，如形成某项管理指令或某项要求。

2）选择并确定信息传输语言、方法、时机

根据想要传输信息的内容，选择、确定信息传输语言、传输方式和传输时机。语言是指表现信息内容并将其作为桥梁传输给信息接收者的各种符号，如词语、表单、统计数字等。与此同时，信息传输者还要选择、决定采用何种传输方式。传输方式必须与信息语言、传输内容相对应，可以是报告、座谈、咨询、信件等。信息传输者在确定上述内容后，选择传输时机，以便接收者在最恰当的时间接收信息，避免信息沟通受到阻碍和干扰，让信息传输更加快速便捷。

3）信息传输

通过选择并确定的传输方式、时机实施信息的传输，即发送信息。

4）信息接收

信息发出者借助一定的信息传输手段、利用一定的信息传输方式将信息传送给信息接收者。信息接收者对收到的信息进行解码，明确信息内容。

5）信息说明、解释

在信息传输过程中会形成或建立信息说明或解释机制，使信息接收者真实、正确地理解与认识信息的含义。

6）信息利用

信息接收者利用信息以实现信息发送者传输信息的目的。

7）信息反馈

根据传输信息的性质和信息传输所要实现的目的，信息传输者选择、确定信息反馈渠道。

### 7.1.3　沟通的意义

对企业人力资源管理来说，管理的主体是人。管理就是如何做人的工作，所以说，人的因素是企业成功的关键因素。所有的管理问题归根到底，都是沟通的问题。随着市场竞争的不断升级，有效的内部沟通已经成为保障企业获得成功的关键因素。根据国际权威机构的调查分析，企业绩效的提高70%来源于企业内部的沟通和反馈。引起思想共鸣的"沟通"是实现企业上下一条心的主要方法。

一个企业要实现高效运转，要让自身充满生机和活力，有赖于下情能为上知、上意迅速下达，有赖于部门之间互通信息、同甘共苦、协同作战。要做到这一点，有效的沟通渠道是必不可少的。权威调查资料表明，在一个企业中，中层领导大约有60%的时间在与人沟通，高层领导大约有80%的时间在与人沟通，沟通的有效性对领导力和企业发展的影响由此可见一斑。国内外比较成功的企业无不视沟通为管理的真谛。正如英特尔公司的前任CEO安迪·格鲁夫所言，"领导公司成功的方法是沟通、沟通、再沟通"。

### ●◆●■■▶ 案例分析7-1

李强是某集团公司派驻到广州分公司的新任总经理，他在就任广州分公司总经理前，一直在集团总部内职能部门任职，这次是他第一次赴外地任职。李强是典型的东北汉子，身材健壮，做事雷厉风行，使得分公司的同事相当不适应，哪怕是直属部门的负责人向其汇报工作或与其交谈时都有种战战兢兢的感觉。李强到任后的近一个月时间内，其办公室可以用"门可罗雀"来形容，除非迫不得已，否则各部门负责人很少会主动到其办公室汇报及沟通工作，回想自己在集团总部相关部门任职时，来汇报及沟通工作的人员几乎络绎不绝，李强感到非常不习惯。

一天中午，李强到员工食堂吃午饭，他刚落座，身旁的员工却纷纷"逃离"到其他的桌子上用餐，整张桌子只剩下李强一人，李强顿觉无趣。当天下午，李强将其秘书叫到办公室，让秘书去了解分公司的人员为何对自己敬而远之，是否对自己有所不满，或者是他自己有做得不到位的地方。几天后，秘书通过私下的了解后回复李强，分公司的同事认为李总您比较严肃、不苟言笑，工作要求也非常严格，怕自己的言行失当，故不敢与李总亲近。李强听取了秘书的汇报后，也对自己到分公司后这段时间的工作进行反思，由于自己一直顾着对分公司工作情况和业务熟悉与上手，忽略了与下属和员工们必要的沟通与交流。同时，他上任以后，只是上任当天通过任职会议与各部门中层以上管理干部进行会面，以及到各业务部门简单转了一圈，其余时间基本再也没到具体的业务部门进行走访，使得下属和员工对自己产生误解，并且不敢与其靠近，长此以往，将严重制约并且不利于分公司业务和工作开展。

当天晚上，李强让秘书组织分公司中层以上干部在公司食堂进行聚餐。聚餐时李强首先举起酒杯，向分公司的全体中层干部鞠躬道歉，检讨自己在到任后一个月时间里，只顾着自己手头上的工作，忽略了与各位的工作交流与沟通。同时也赞扬分公司各中层管理者都是自己在分公司工作的前辈，对于分公司的事情，日后还是要多向他们进行学习与请教，共同把分公司搞好，成为集团内的标杆单位。在聚餐的过程中，李强也分别与分公司各中层管理者逐一碰杯，并逐一进行交流，气氛融洽。聚餐结束之前，李强还宣布只要他在公司内，他的办公室门将长期打开，欢迎各部门负责人随时到其办公室就公司的业务和管理工作进行交流。

在随后的一周里，李强主动到分公司内的各部门进行走访，与各部门的员工进行见面与座谈，听取他们对公司提议，并当场解决员工的实际困难。例如，在生产车间走访时，员工提到其中午午休时间没有固定的休息地点，而且车间现场也没有饮水机，只能到车间办公室喝水等细节问题，李强马上指示随同走访的人力资源部负责人王欣限期内解决。同时，确定每月第三周的周五中午为员工开放日，他将固定在午餐时间到饭堂坐班，与各层级员工沟通交流。平常的午餐时间，李强也主动与员工共进午餐，员工也渐渐不再躲避，愿意与这位东北汉子进行分享和交流，关系渐渐融洽，分公司的业绩也有了显著提升。

**资料来源**　编者根据实际案例进行整理、归纳、改编.

**问题**：本案例带给你何种启示？

**分析提示**：沟通是管理者的一项重要技能，若管理者缺乏与员工之间的沟通、交流，就不能对员工进行有效管理，这也会使员工缺乏对企业文化的理解，从而造成管理者与员工之间的矛盾和对立。李强刚到广州分公司时，由于自己忽视了与下属和员工沟通交流的关注，一头扎在自己的工作中，导致员工对其产生了误解，幸好他及时觉悟，采取积极的改变措施和实际行动，挽回了下属与员工对其的信任和支持，使后续的工作得以顺利开展与推进。没有难以沟通的员工，只有不会沟通的领导。员工的需求有时其实很简单，管理者只要耐心倾听，用心落实，注重反馈，存在的问题就会迎刃而解。同时，李强放下身段，与下属和员工进行平等的对话，了解他们的需求，并对症下药，成功地赢得了员工的心，让每一位员工都能在沟通中受益，缓解了员工和公司对立的情绪。管理者在与员工沟通的过程中还必须尊重员工，通过换位思考，从员工的角度出发，让员工感受到被尊重，这样才能获得员工的认同。李强作为分公司的一把手能关注到午休场地和饮水机这些细微问题并予以解决，从员工的角度来看，确实解决了关系切身利益的大问题，使其能更好地投入工作当中，这也是一种领导的魅力。

## 7.2  沟通的类型

### 7.2.1  按信息的流向分为上行沟通、下行沟通和平行沟通

1）上行沟通

上行沟通主要是指团体成员和基层管理人员通过一定的渠道与管理决策层进行的信息交流。它有两种表达形式：一是层层传递，即依据一定的组织原则和组织程序逐级向上反映。二是越级反映，这指的是减少中间层次，让决策者和团体成员直接对话。

上行沟通的优点为：员工可以直接把自己的意见反映给领导，获得一定程度的心理满足；管理者也可以利用这种方式了解企业的经营状况，与下属形成良好的关系，提高管理水平。

2）下行沟通

下行沟通是指管理者通过向下沟通的方式传送各种指令及政策给组织的下层，其中的信息一般包括：有关工作的指示；工作内容的描述；员工应该遵循的政策、程序、规章等；有关员工绩效的反馈；希望员工自愿参加的各种活动。

下行沟通的优点为：它可以使下级主管部门和团体成员及时了解组织的目标和领导意图，增强员工对所在团体的向心力与归属感。它也可以协调组织内部各个层次的活动，加强组织原则和纪律性，使组织机器正常地运转下去。下行沟通的缺点为：如果这种渠道使用过多，会给下属造成领导高高在上、专横跋扈的印象，使下属产生抵触情绪，影响团体的士气。此外，由于来自最高决策层的信息需要经过层层传递，容易被耽误、搁置，有可能会出现事后信息被曲解、失真的情况。

3）平行沟通

平行沟通是指在组织系统中层次相当的个人及团体之间所进行的信息传递和交流。在企业管理中，平行沟通又可具体地划分为四种类型：一是企业决策层与工会系统之间的信息沟通；二是高层管理人员之间的信息沟通；三是企业内各部门之间的信息沟通与中层管理人员之间的信息沟通；四是一般员工在工作和思想上的信息沟通。平行沟通可以采取正式沟通的形式，也可以采取非正式沟通的形式，通常以后一种形式居多，尤其是在正式的或事先拟订的信息沟通计划难以实现时，非正式沟通往往是一种极为有效的补救方式。

平行沟通具有很多优点：第一，它可以使办事程序、手续简化，节省时间，提高工作效率。第二，它可以使企业各个部门之间相互了解，有助于培养整体观念和合作精神，克服本位主义倾向。第三，它可以促进员工之间的互谅互让，培养员工之间的友谊，满足员工的社会需要，使员工提高工作热情，端正工作态度。

其缺点表现为：平行沟通头绪过多，信息量大，容易造成混乱。此外，平行沟通尤其是个体之间的沟通也可能成为员工发牢骚、传播小道消息的一条途径，造成团体士气涣散等消极影响。

### 7.2.2　按信息传递的途径分为正式沟通和非正式沟通

1）正式沟通

正式沟通是指在组织系统内，依据一定的组织原则所进行的信息传递与交流。例如，组织与组织之间的公函往来，组织内部的文件传达、会议召开，上下级之间定期的情报交换等。另外，团体所组织的参观访问、技术交流、市场调查等也在此列。

正式沟通的优点是沟通效果好，比较严肃，约束力强，易于保密，可以使信息沟通保持权威性。重要的信息和文件的传达、组织的决策等，一般都采取这种方式。其缺点是由于依靠组织系统逐层地传递，所以沟通速度较慢。

2）非正式沟通

非正式沟通是指除正式沟通渠道以外的信息交流和传递，它不受组织监督，可自由选择沟通渠道。例如，团体成员私下交换看法、朋友聚会等，都属于非正式沟通。非正式沟通是正式沟通的有益补充。在许多组织中，决策时利用的情报大部分是由非正式信息系统传递的。同正式沟通相比，非正式沟通往往能更灵活迅速地适应事态的变化，省略许多烦琐的程序，并且常常能提供大量的通过正式沟通渠道难以获得的信息，真实地反映员工的思想、态度和动机。因此，这种形式往往能够对管理决策起重要作用。

非正式沟通的优点是沟通形式不限，直接明了，速度很快，容易及时了解到正式沟通难以提供的"内幕"。非正式沟通能够发挥作用的基础，是团体中良好的人际关系。其缺点表现为：非正式沟通难以控制，传递的信息不确切，容易失真、被曲解，而且它可能导致小集团、小圈子，影响人心稳定和团体的凝聚力。

劳动关系事务十分复杂，涉及经济、文化、技术、心理等各领域的知识与技能，借助企业组织外部的专家实现沟通，可以有效地降低沟通成本，提高沟通效率。此外，企业也应充分利用工会及其他团体组织在员工沟通中的作用。工会及其他团体组织是企业特定群体所信赖的沟通渠道，其对员工沟通的支持可以有效地强化员工对信息的接受。

### 7.2.3　按信息传递的媒介分为书面沟通、口头沟通、非语言沟通和电子沟通

1）书面沟通

书面沟通是以文字为媒介的信息传递，主要包括文件、报告、信件、书面合同等。以书面方式进行的沟通通常显得比较规范、严肃，有据可查，便于保存，传递准确性较高，传递范围较广泛。

2）口头沟通

口头沟通是以口语为媒介的信息传递，主要包括面对面交谈、开会、讲座、讨论会等。以口头方式进行的沟通比较迅速、灵活，并且可以直接得到反馈。有关研究表明，知识丰富、自信、发音清晰、语调和善、诚意十足、逻辑性强、有同情心、心态开放、诚实、仪表好、幽默、机智、友善等是人们实现有效沟通的必备特质。

3）非语言沟通

非语言沟通可以强化口语所传递的信息，也可以混淆、歪曲口语所传递的信息，因此了解非语言沟通十分重要。非语言的信息可以用多种方式表达，如利用空间沟通，人与人之间的距离远近，是站着还是坐着，以及办公室的设备和摆设等，均会影响到沟

通；如利用衣着沟通，不同的衣着可给对方传达不同的信息，因为衣着可明显影响人们对不同地位、不同身份群体的认知；又如利用举止进行沟通，人体及其各种举止可以传达许多信息，尤其是面部表情最具有代表性，所以了解肢体语言所代表的意义是有效沟通的一个重要组成部分。肢体语言的行为含义见表7-1。

表7-1                                                    肢体语言的沟通

| 肢体语言表述 | 行为含义 |
| --- | --- |
| 手势 | 柔和的手势表示友好、可以商量，强硬的手势则意味着"我是对的，你必须听我的" |
| 脸部表情 | 微笑表示友善礼貌，皱眉表示怀疑和不满意 |
| 眼神 | 盯着看意味着不礼貌，但也可能表示有兴趣，寻求支持 |
| 姿态 | 双臂环抱表示防御，开会时独坐一隅意味着傲慢或不感兴趣 |
| 声音 | 演说时抑扬顿挫表明热情，突然停顿是为了制造悬念、吸引注意力 |

4）电子沟通

电子沟通是以电子符号的形式通过电子媒介而进行的沟通。随着现代信息技术和通信技术的发展，电子媒介在信息沟通过程中正扮演着越来越重要的角色。

➡ 知识链接7-1

### IBM内部的沟通渠道

IBM内部的人事沟通渠道可分为三类：员工–直属经理；员工–越级管理阶层；其他渠道。

"员工–直属经理"的沟通是一条很重要的沟通渠道，其主要形式为：每年由员工向直属经理提交工作目标，直属经理定期考核检查，并把考评结果作为员工的奖惩依据。IBM的考评结果标准有五级：未能执行是第五级；达到既定目标的是第四级；执行过程中能通权达变、完成任务的是第三级；在执行前能预测事件变化并能做好事前准备的为第二级；第一级的考绩，不但要达到第二级的工作要求，而且其处理过程还要能成为其他员工的表率。

"员工–越级管理阶层"的沟通有四种形态：其一是"越级谈话"，这是员工与越级管理者一对一的个别谈话；其二是人事部安排，每次由10名左右的员工与总经理面谈；其三是高层主管的座谈；其四是IBM最重视的"员工意见调查"，即每年由人事部要求员工填写不署名的意见调查表，管理幅度在7人以上的主管都会收到最终的调查结果，公司要求这些主管必须每3个月向总经理报告调查结果的改进情况。

其他沟通渠道包括"公告栏"、"内部刊物"、"有话直说"和"申诉制度"等。IBM的"有话直说"是鼓励员工对公司制度、措施多提意见的一种沟通形式（一般通过书面的形式进行），员工的建议书由专人搜集、整理，并要求相关部门在10天内给予回复。IBM的"内部刊物"的主要功能是把公司年度目标清楚地告诉员工。IBM的"申诉制度"是指在工作中，员工如果觉得委屈，他可以写信给任何主管（包括总经理），在完成调查前，公司注意不让被调查者的名誉受损，不大张旗鼓地调查以免当事人难堪。

资料来源　佚名. IBM内部的沟通渠道［EB/OL］.［2024-06-21］. http：www.stzp.cn.

## 7.3　沟通的障碍及其解决途径

### 7.3.1　员工沟通中的主要障碍

在现代人力资源管理中，企业内部的沟通被认为是管理工作的一项重要内容。沟通是信息交流的重要手段，它就像一座桥梁，连接着不同的人、不同的文化和不同的理念。良好有效的沟通能够让交流的双方达成共识。实际上，员工沟通是对沟通概念的延伸，它不仅涵盖了个体与个体之间的交流，还包含群体之间以及上下级之间的沟通。从本质上来说，它是一种重要的管理工具，应用好这个工具能使企业的人力资源管理流程更加通畅、信息交流更加充分，从而高效地实现管理目标。然而，由于受传统的企业文化、组织结构、沟通渠道的影响，许多企业内部的沟通远未达到理想状态。企业内部的员工沟通障碍，一般表现为以下几个方面：

1）信息质量不好

如果发送者对自己所要发送的信息内容没有真正了解，不清楚自己到底要向对方说明什么，那么沟通过程的第一步就受到了阻碍，整个沟通过程就会变得很困难。信息接收者对信息的复杂性都有一定的接收限度，超过了这个限度，就会发生接收困难。此外，信息量过大，致使接收者无法完全接收，也会影响沟通的效果。

2）沟通媒介选择不当

对于内容极为复杂的信息，若采用言语为媒介，往往不易说清楚，接收者也不易明了；对于内容极为简单的信息，若选用文字、图表作为媒介，则会浪费时间与物力。在选用言语媒介时，发送者的口齿不清，或语言不通，或用语模棱两可，或电话中有噪声而听不清；在选用书面文字媒介时，文字不通顺或有别字而生误解，字体模糊而无法看清，都会影响信息的有效传递，给沟通带来困难。

3）组织结构不合理

组织内部层次过多，会影响沟通的速度；内部部门过多，会增加平行沟通的次数和需要协调的单位，从而影响沟通的效果。另外，在进行上行沟通和下行沟通时，由于组织层次过多，每层主管都可能会加上自己的理解和补充意见。这样，意见或信息的传递就可能走样而影响沟通效果。

4）心理因素所引起的障碍

个体的人格差异，使得其在态度、观念、思想、处理问题的方法及情绪等方面，均具有差异。这种差异常导致沟通双方对问题产生不一致的看法和态度，往往引起沟通障碍。另外，接收者若对信息发送者抱有不信任感，心怀敌意，或由于紧张、恐惧而影响接收效果，或歪曲了对方传达的内容等，均会造成沟通障碍。

5）文化因素所引起的障碍

在传统的组织文化中，信息是不对称的，它往往是权力的代名词，是以专制的、自上而下的方式进行控制的。即使在同一等级的员工中，信息沟通也是很难进行的，原因就在于，工业经济下的企业文化注重对个人的激励，很少有人愿意将自己的知识和盘托出。非正式沟通的泛滥也是文化障碍的一种，极容易形成低效率的工作态度。

### 7.3.2　上下级沟通障碍的解决途径

上下级之间如缺乏信任，就会影响沟通的正常进行；同时，下级人员的畏惧感也会对沟通造成障碍。在沟通过程中，如果双方在经验水平和知识结构上差距过大，也会产生沟通障碍。解决上下级之间沟通的障碍需要注意以下几点：

1）不要轻易对下级发火

身为上级，在工作中难免会遇到下属出错的情况。此时，你可能非常生气，想要把怒火转移到下属身上。但越是在这个时候，就越应该理智、冷静，注意克制自己的情绪，如若不然，会适得其反，因小失大，既破坏了自己的形象，又影响事业的发展。

2）多用鼓励的方式激发下级的积极性

感情激励就是通过强化感情交流、沟通，协调上下级的关系，让下级员工获得感情上的满足，激发员工沟通积极性的一种激励方式。其主要表现为：一是要尊重下级员工。对尊重的需要也是人的一种基本需要，要真正把员工看作企业的主人，切实把尊重员工落到实际行动上，切实维护好员工的尊严。二是要信任下级员工。领导对员工的信任，能够让员工真切地感受到自身价值的存在。三是要及时表扬鼓励员工。当员工有好的表现时，无论该行为表现是否突出，上级都应首先及时给予语言和态度上的肯定，促使员工将行为因果紧密联系，激发员工的成就感、荣誉感，从而强化其良好行为。四是要有激励制度，以便员工预先看到自己良好行为可以带来的正向激励。

3）沟通前多了解情况

跟下属沟通时，要多学习、多了解、多询问、多做功课，了解信息的内容、信息对沟通对象的意义，以培养积极的沟通态度。同时，根据工作、员工的需求，与员工分享信息；在信息沟通的过程中，营造相互信任的氛围。

4）提供方法，紧盯过程

与下属沟通，重要的是提供方法并紧盯过程。如果你做过业务，就告诉他合约是怎么签的；如果你管过仓库，就告诉他存货是怎么浪费的；如果你当过财务，就告诉他回款为什么常常发生问题。

### 7.3.3　部门间沟通障碍的解决途径

形成部门间沟通障碍的主要原因有：部门主管间权力扩张的冲突；部门间竞争的负面效应；上级与部门或部门主管间不同的亲疏关系及问题处理差异；部门本位主义；关于工作理解的差异导致的误会；作业方式、作业内容与业绩的不同导致的对应得薪酬和福利待遇的差异的理解；权责不清导致的推诿现象等。消除部门间沟通障碍要求各部门做好以下几点：

1）主动

只要主动与同级部门沟通，自然就会拥有宽广的胸怀。

2）谦让

在企业里，凡是比你先进来的人，都是你的前辈，一个人只有学会了谦虚，在需要帮助的时候才容易得到别人的支持。

3）体谅

一个人要多体谅别人，多从他人的角度去想问题，多为他人着想，这才是真正解决问题。

4）协作

人都是先帮助别人，才能有资格叫人家帮助你，这就是自己先提供协作，然后再要求人家配合。

5）双赢

跟平行部门沟通的时候一定要做到双赢。

### 7.3.4　同事间沟通障碍的解决途径

同事间沟通上存在障碍的主要原因有：双方文化背景上的差异；风俗习惯的不同；社会经验的不同；出于某种需要、动机而产生的对交往对象发出的信息的误解、曲解、断章取义、难消化、偏见；交往双方在人格特征上的差异也能造成沟通障碍。

同事之间最容易形成利益关系，如果一些小事不能正确对待，就容易形成感情沟壑。日常交往中，我们不妨注意把握以下几个方面，来建立融洽的同事关系：

1）以大局为重，多补台少拆台

有些人对同事的缺点，平日里不当面指出，一与外单位人员接触，就对同事品头论足、挑毛病，甚至恶意攻击，影响同事的外在形象，这样长久下去，对自身形象也不利。同事之间由于工作关系而走在一起，就要有集体意识，以大局为重，形成利益共同体，特别是在与外单位人员接触时，要树立“团队形象”观念，多补台少拆台。

2）对待分歧，要求大同存小异

同事之间由于经历、立场等方面的差异，对同一个问题往往会有不同的看法，可能会引起一些争论，一不小心就容易伤和气。与同事有意见分歧时，一是不要过分争论。客观上，人接受新观点需要一个过程，主观上往往还伴有“好面子”“争强好胜”的心理，彼此之间谁也不服谁，此时如果过分争论，就容易激化矛盾而影响团结。二是不要一味地“以和为贵”，即使涉及原则问题也不坚持、不争论，而是随波逐流，刻意掩盖矛盾。面对问题，特别是在发生分歧时要努力寻找共同点，争取求大同存小异。实在不能一致时，不妨冷处理，表明“我不能接受你们的观点，我保留我的意见”，让争论淡化，但又不失自己的立场。

3）在发生矛盾时，要宽容忍让，学会道歉

同事之间经常会出现一些磕磕碰碰，如果不及时妥善处理，就会形成大矛盾。俗话讲，冤家宜解不宜结。在与同事发生矛盾时，要宽容忍让，从自身找原因，多为他人设想，从而避免矛盾激化。如果已经形成矛盾，自己又的确不对，要放下面子，学会道歉，以诚感人。退一步海阔天空，如有一方主动打破僵局，就会发现彼此之间并没有什么大不了的隔阂。

➡ **知识链接 7-2**

沟通技能测试

■ 评价标准：

非常不同意/不符合（1分）不同意/不符合（2分）

比较不同意/不符合（3分）比较同意/符合（4分）

同意/符合（5分）非常同意/符合（6分）

■ 测试问题：

1.我能根据不同对象的特点提供合适的建议或指导。

2.当我劝告他人时，更注重帮助他们反思自身存在的问题。

3.当我给他人提供反馈意见甚至逆耳的意见时，能坚持诚实的态度。

4.当我与他人讨论问题时，始终能就事论事，而非针对个人。

5.当我批评或指出他人的不足时，能以客观的标准和预先的期望为基础。

6.当我纠正某人的行为后，我们的关系能够得到加强。

7.当我与他人沟通时，我会激发出对方的自我价值和自尊意识。

8.即使我不赞同，我也能对他人的观点表现出足够的兴趣。

9.我不会对比我权力小或拥有信息少的人表现出高人一等的姿态。

10.在与同自己有不同观点的人讨论时，我将努力找出双方的某些共同观点。

11.我的反馈是明确而直接指向问题关键的，避免泛泛而谈或含糊不清。

12.我能以平等的方式与对方沟通，避免在交谈中让对方感到被动。

13.我以"我认为"而不是"他们认为"的方式表示对自己的观点负责。

14.讨论问题时我更关注自己对问题的理解，而不是直接提建议。

15.我有意识地与同事和朋友进行定期或不定期的私人会谈。

■ 自我评价：

80~90分    你具有优秀的沟通技能。

70~79分    你略高于平均水平，有些地方还需要提高。

70分以下    你需要严格训练你的沟通技巧。

## 7.4  与问题员工的有效沟通

　　员工沟通之所以成为一个难题，是因为作为沟通对象的员工具有多种多样的个性，这就必然带来不同的职业态度、不同的处事风格。企业的管理者大多都遇到过以下类型的员工：特别难以相处但是工作业绩特别好；工作缺乏动力，不愿意在下班后多工作一分钟；倚老卖老，经常挑战管理者的权威等。这些员工不断触碰公司纪律的底线，经常因为一些让人无法接受的行为举止而在员工团队中引起混乱，从而导致整个团队工作效率下降。这些员工是造成员工管理困难的主要诱因，也就是所谓的问题员工。

问题员工在企业中是普遍存在的，有关调查显示，问题员工在企业员工中所占的比例超过40%。如何与问题员工进行有效沟通，使之成为高效员工，是所有管理层必须面对的课题。

### 7.4.1　与功高盖主类型员工的有效沟通

1）功高盖主类型员工的特点

功高盖主类型员工是一些非常能干的员工，他们工作勤奋并且工作业绩突出。这些员工对公司来说具有很高价值，他们的业绩远远超过了公司里的其他人，包括他们的主管和经理，甚至包括公司的老总。这样的员工往往也分为两种：一种是合适的员工，即功高盖主，但是服从管理；另外一种就是问题员工，即凭着自己的业绩不把自己的上级放在眼里，经常凭自己的想法去尝试一些创新，不服从公司的管理。

一般认为，服从者比较好沟通，而与不服从者的沟通则困难得多。但是，管理者只要认真想一想两类员工的不同表现，就会发现第一种员工往往给管理者造成更大的沟通麻烦。因为中国的管理者并不擅长表扬自己的员工，即使表扬也是很吝啬的，更多的言语是指出自己员工的缺点，希望其以后加以改正。这样的沟通方法很容易打击员工的积极性，使他们走向极端，成为不服从管理的员工。

2）与服从者的沟通

对于功高盖主但是服从管理的员工，管理者要摒弃传统的管理方法，采用符合现代企业员工心理特征的新方法进行沟通。

（1）管理者要善于用夸奖的语言。管理者不要吝惜用夸奖的语言来激励员工，如果有条件甚至可以开庆功会。这样一来，员工会非常高兴，感觉自己得到了认可，工作会更加努力。由于他得到了上级的认可，也会非常敬重上级，虽然"功高"，却不会"盖主"。

（2）管理者在赞扬时要注意方式。管理者对员工的赞扬要具体，要针对员工特定的行为和特定的业绩，切忌泛泛地表扬员工。泛泛地表扬是起不到预期效果的。另外，管理者在进行表扬时，不要顺便指出员工的缺点，也就是不要在表扬的时候"泼冷水"，"泼冷水"的直接后果是打击员工的积极性。

（3）管理者不要掠夺其功劳。很明显，如果管理者试图掠夺下属的功劳，会引起下属的极度反感和不满，很容易使下属成为问题员工。管理者掠夺下属的功劳是没有必要的，因为员工作为自己的下属，他的业绩其实就是管理者的业绩，并且管理者的业绩是根据全体下属的总体业绩来评定的。

（4）管理者可以适当地加大对员工的表扬力度，使其体会到成功的喜悦。即使员工没有那么大的功劳，管理者在进行表扬的时候也可以适当地给他多加一点功劳，在这种情况下员工会感到格外喜悦。这种喜悦就是成就感，而成就感往往带来更大的工作动力。

3）与不服从者的沟通

（1）沟通的内容要选择其能力比较薄弱的地方。例如，销售人员善于销售，但可能不擅长回款管理，那么管理者应该针对这一点与其进行沟通。由于被自己的上级抓住了"缺点"，员工就会有所收敛。

（2）沟通要经常性。与不服从者的沟通要经常进行。沟通的时候，管理者要首先肯定他的业绩，然后要求他遵守公司的规章制度，这样才比较容易收到效果。

（3）领导要自我反省。领导自身的一些缺点可能是导致员工不服从管理的因素。所以，领导应该审视自己，探询是否因自己的缺点而削弱了权威性。如果存在这方面的缺点，管理者应该通过培训或者自我管理努力来克服。

### 7.4.2　与完美主义类型员工的有效沟通

1）完美主义类型员工的特点

问题员工中有相当一部分属于完美主义者，这些员工的特点是很固执，追求完美，对自己要求高，对别人要求也高，并且不太擅长变通，这样便会导致周围的员工不太喜欢他们。在工作方面，由于过于追求完美，因此这部分员工往往工作进度比较缓慢，甚至无法按时完成工作。但是奉行完美主义的员工能够把每一件事都做好，精益求精不出错；做任何事情都有条不紊、思维缜密、始终如一。这些优点往往能给他们带来很好的工作业绩。表7-2列示的内容是完美主义类型员工的特点。

表7-2                                   **完美主义类型员工的特点**

| 优点 | 缺点 |
| --- | --- |
| 1.有洞悉他人心灵的敏感性和欣赏世界之美的艺术品位 | 1.不善于变通 |
| 2.工作忙乱时能细微地观察 | 2.对别人要求高 |
| 3.思维缜密，能始终如一地行事 | 3.工作进度慢 |
| 4.只要事情值得做，一定有做好的决心 | 4.缺乏时间管理 |
| 5.任何事都做得有条不紊 | |

2）与完美主义类型员工的沟通

（1）放大完美主义类型员工的优点。完美主义类型员工讲究条理、善于分析、一丝不苟。管理者要重视这类员工的优点，发挥他们的优点。完美主义类型员工特别擅长做记录、制图、分析别人弄不清的问题，所以很多工作都可以放心交给他们去做。

（2）关注完美主义类型员工的敏感性。完美主义类型员工很敏感，通常容不得别人的批评。因此，管理者在对他们进行管理的时候要特别注意这些员工的敏感性。

（3）列出完美主义类型员工工作计划的长处及短处，尤其是列出当他们不按时完成工作计划时的短处。当员工明白这个不足之后，他就会意识到不能按时完成计划给公司和自己带来的损失，从而稍微降低自己对完美的要求，把按时完成工作放在第一位。

（4）保持自身的良好形象。管理者在与这些员工打交道的时候要尽可能注意自己的形象，使自己看上去整洁而有礼貌，这样会更容易接近这些员工。

### 7.4.3　与消极悲观员工的有效沟通

1）消极悲观情绪的负面影响

员工的消极悲观情绪会很快感染团队的其他成员，严重影响团队的士气，使领导的干劲和热情降低。

2）员工消极悲观的原因

消极悲观情绪的产生往往是因为受到以往失败的影响，对未来失去信心，认为未来没有希望。消极悲观情绪的形成及产生根源具体参见表7-3。

表7-3 消极悲观情绪的形成及产生根源

| 消极悲观情绪的形成 | 消极悲观情绪的产生根源 |
|---|---|
| 缺乏目标 | 破坏性批评 |
| 害怕失败 | 对人不对事 |
| 害怕被拒绝 | 增加内疚感 |
| 埋怨与责怪 | 有条件的爱 |
| 否定现实 | 不愿或害怕承担责任 |
| 半途而废 | 消极论断 |
| 对未来悲观 | 批评别人，验证自我 |
| 空想与幻想 | |

3）与消极悲观员工的沟通

管理者与这些员工沟通的目标是让他们摆脱消极悲观的状态，说服他们相信大多数的忧愁和消极都是他们自己想象出来的。"40%从未曾发生过；30%是忧虑曾经发生的事；12%是担忧别人的想法；10%是无关紧要的事；8%是相当值得考虑的事，但其中的一半是你无法控制的，因此96%的事是不必忧虑的。"诸如此类的说服方法是非常有效的。此外，管理者可以鼓励他们明确写出心中忧虑的事情，因为成年人心中想的东西落在白纸黑字上，会带来一些轻松的感觉。另外，管理者应该使员工认识到成功需要时间和过程，敦促员工把注意力集中在他想要解决的问题的方法和程序上。

▶▶▶ **小思考7-1**

有一个秀才，要进京赶考，做了三个梦。第一个梦是在墙头上种白菜，第二个梦是在下雨天戴着斗笠又打着伞，第三个梦是跟朝思暮想的姑娘入了洞房躺在一起，但却是背靠着背。

秀才请求一个术士给他解梦。术士说："嗨，你这个倒霉的秀才，你这三个梦太晦气了！墙头上种白菜，这不是白种吗；下雨天，戴着斗笠又打着把伞，这不是多此一举嘛；跟心爱的姑娘都入了洞房了，却还是背靠着背，这不是好事成空想也白想了吗？你呀，不要去赶考了，赶快收拾行李回家去吧！"

秀才闷闷不乐，准备收拾包袱回家，路上遇到了一个禅师，就如此这般地诉说了一遍。

禅师一听大笑，说："恭喜恭喜，你金榜题名了！"

秀才说："您老人家真会开玩笑。我都这么倒霉了，您还拿我开涮啊？"

禅师说："依我看来，事情正好相反。你想想看，你在墙头上种白菜，说明你种的位置比别人高，高中！下雨天，戴着斗笠又打着把伞，说明你准备充足，加了双重保险，有备无患！跟心爱的姑娘都入了洞房，她基本上是煮熟了鸭子，飞不掉了。虽然你们是背靠着背，但这正好说明你这个穷秀才好事成双、梦想成真、翻身的时刻就要到了啊！"

资料来源 阿愚. 有积极的心态才有积极的人生［J］. 理财杂志，2005（11）.

这个故事告诉我们什么道理？

小思考7-1
参考答案

### 7.4.4 与有严重道德和人格缺陷者的有效沟通

**1）有严重道德和人格缺陷者的种种表现及负面影响**

企业里可能存在一些有严重道德和人格缺陷的员工，他们不论是在生产、经营的第一线，还是在不同层次的管理岗位上，往往为了自己的利益，不惜使用各种不道德的手段来达到目的，从而伤害其他员工，包括管理者的工作积极性和个人情感，严重时可能造成企业的极大混乱。

具有严重道德和人格缺陷的员工在企业中经常表现出来的不道德的做法往往具有很多共同的方面。比如，搬弄是非，歪曲事实，捕风捉影，散布谣言；欺上瞒下，仗势欺人；对人缺少真诚，喜欢见风使舵，八面讨好，假话连篇；对于帮助过自己的人，不懂得感恩，往往过河拆桥，甚至恩将仇报；对于自己不喜欢或者认为对自己利益有妨碍的人，喜欢背地里攻击，暗箭伤人；自己有了一点成绩时，便独自称大，目中无人，认为老子天下第一；而碰到了挫折时，又多半是怨天尤人，把责任推给别人等。

**2）与有严重道德和人格缺陷者的沟通**

对于这类员工，只要他们还没有达到企业必须将其解聘的程度，也就是说，他们还在企业正常工作，就应该与其进行积极的沟通。在大多数情况下，一个员工的缺陷可能只是表现在个别方面，而在其他方面，他们也具有长处。对于这种情况，管理者应该通过了解、弄清楚事实，然后有针对性地进行沟通。行之有效的方法有：

（1）深入交谈，指出问题，进行心理矫正，帮助其慢慢改正错误。

（2）指出问题的严重性，限期改进，并有人跟进检查。

（3）对于故意违反企业规定、给企业造成严重负面影响的员工，或者是累犯，就要把事实公之于众，并对其进行严肃处理，如公开口头警告、纪律处分、留厂察看等，并要通过沟通使其本人认识到这样做的必要性和公正性。这里要注意的是，既然该员工还是企业的一员，企业就应该怀着真诚的意愿，努力说服并改变他们，而不能采取敌视或歧视的态度。

▸▸▸▸ **小思考7-2**

春秋战国时期，耕柱是一代宗师墨子的得意门生，不过，他老是挨墨子的责骂。有一次，墨子又责备了耕柱，耕柱觉得非常委屈，因为在众多门生中，大家都公认耕柱是最优秀的，但又偏偏常遭到墨子指责，让他很没面子。一天，耕柱愤愤不平地问墨子："老师，难道在这么多学生当中，我那么差劲，以至于要时常遭您老人家责骂吗？"墨子听后，毫不动肝火，而是问他："假设我现在要上太行山，依你看，我应该要用良马来拉车，还是用老牛来拖车？"耕柱回答说："再笨的人也知道要用良马来拉车。"墨子又问："那么，为什么不用老牛呢？"耕柱回答说："理由非常简单，因为良马足以担负重任，值得驱遣。"墨子说："你答得一点儿错都没有，我之所以时常责骂你，也是因为你能够担负重任，值得我一再地教导与匡正你。"

资料来源　佚名. 从墨子用人看企业沟通管理［EB/OL］.［2024-10-11］. http://www.themanage.cn/200907/281257.html.

你从"墨子训徒"的故事中得到了什么启示？

互动课堂

小思考7-2
参考答案

## 7.5　员工满意度调查

随着经济全球化进程的加快，市场竞争日趋激烈，企业与企业之间的竞争形式已经发生了一些微妙的变化，即由企业间的外部竞争转变为内部竞争，由消费者的竞争转变为员工的竞争，由顾客满意的竞争转变为员工满意的竞争。这些变化说明企业管理日趋理性，逐步认识到了企业的外部竞争力来源于企业的内部竞争力，企业想获得更多的利润，必须从源头抓起，即更多地关注内部员工的利益，知他们所想，急他们所需。在这种背景下，"员工满意度调查"逐渐被许多企业所重视，并开始在各个行业内盛行起来。

### 7.5.1　员工满意度调查的基础及理念

现代企业管理有一个重要的理念：请把员工当"客户"。员工是企业利润的创造者，是企业生产力最重要和最活跃的因素，同时也是企业核心竞争力的首要因素。企业的获利能力主要是由客户忠诚度决定的，客户忠诚度是由客户满意度决定的，客户满意度是由所获得的价值大小决定的，而价值最终要靠富有工作效率、对公司忠诚的员工来创造，而员工对公司的忠诚取决于其对公司是否满意。所以，要提高客户满意度，需要先提高员工满意度。

### 7.5.2　员工满意度调查的目的

1）找出公司潜在的问题

员工满意度的高低，往往与企业管理方面存在的问题相关，所以员工满意度调查是反映员工对各种企业管理问题的满意度的晴雨表。企业在某一时期对员工满意度进行调查，通过员工满意度的高低和不满意的指向，可以及时发现企业在哪一方面存在问题。比如，公司通过员工满意度调查发现员工对薪酬满意度有下降的趋势，就应及时检讨其薪酬政策，找出不满日益增加的原因并采取措施予以纠正。

2）找出本阶段出现的主要问题的原因

例如，公司近来受到产品高损耗率、高丢失率的困扰，通过员工满意度调查就会找出问题出现的原因，确定是否因员工工资过低、管理不善、晋升渠道不畅等所致，否则只能靠主观猜测。

3）评估组织变化和企业政策对员工的影响

员工满意度调查能够有效地用来评价组织政策和规划中的各种变化，通过变化前后的对比，公司管理层可以了解到公司决策和变化对员工满意度的影响，从而促进公司与员工之间的沟通和交流。由于保证了员工自主权，员工就会畅所欲言地反映平时管理层听不到的内容，这样就起到了信息向上和向下沟通的催化剂和安全渠道的作用。员工满意度调查活动使员工在民主管理的基础上树立了以企业为中心的群体意识，从而在不知不觉中对组织产生强大的向心力。

### 7.5.3　员工满意度调查的内容

企业可以通过进行员工满意度调查对企业管理现状进行全面审核，从而保证企业工作效率和最佳经济效益，解决低生产率、高损耗率、高人员流动率等紧迫问题。对员工满意度进行调查，即分别对以下几个方面进行全面评估或针对某个专项进行详尽考察：

1）薪酬与福利

薪酬是决定员工工作满意度的重要因素，它不仅能满足员工生活和工作的基本需求，而且体现了公司对员工所做贡献的认可和尊重。

福利是员工的间接报酬，一般有补充性工资福利、保险福利、退休福利、员工服务福利、物质福利等。在某种意义上，福利对员工具有更大的价值。目前的趋势是福利在整个报酬体系中的占比越来越高。

2）工作

工作本身的内容在决定员工的工作满意度方面也起着很重要的作用，其中影响满意度的两个最重要的方面是工作的多样化和职业培训。

3）晋升

工作中的晋升机会对员工满意度有一定程度的影响，它会带来管理权力、工作内容和薪酬方面的变化。

4）管理

员工满意度调查在管理方面一是考察公司是否做到了以员工为中心，管理者与员工的关系是否和谐；二是考察公司的民主管理机制，也就是说员工参与和影响决策的程度如何。

5）环境

好的工作条件和工作环境，如适宜的温度、湿度、通风条件、光线、清洁状况和工作安排以及实用的工具和设施，会极大地提高员工满意度。

### 7.5.4　员工满意度调查的实施步骤

1）明确调查任务

讨论决定调查的主要内容，之后按内容决定任务，再按任务决定方法、技术手段和测量目标。

2）设计调查方案

设计调查提纲，确定调查指标，列出调查问题，确定调查范围，选取调查对象，提出调查方法，如决定是进行普查还是采用抽样调查。

3）收集调查资料

实施调查过程，完成调查问卷的回收工作，确保调查问卷的数量和质量。

4）整理调查结果

对调查资料进行整理、检验、归类、统计，形成调查结果、图表、文字、总体评价，提供综合调查报告。

5）为企业提供咨询服务

就发现的问题进行分析并提出改进、纠正的具体措施。

6）对措施的实施实行跟踪调查

为企业员工提供培训、咨询服务，为公司制定新的纪律、政策，检测员工满意度调查的实际效果，准备下一轮的调查或其他相关的、专项的调查。

### 7.5.5　实施员工满意度调查的几种方法

目前，国际上为企业所普遍接受和采纳的员工满意度的测量方法主要是量表法。采用量表法评价员工工作满意度简洁、高效、适用性强、信息量大。比较知名的有工作描述指数问卷、洛克工作满意度量表、明尼苏达满意度调查表、彼得需求满意度调查表、波特式调查问卷。另外，进行员工满意度调查还可以采用访谈调查法、观察记录法等。

1）量表法

（1）工作描述指数（Job Descriptive Index，JDI）问卷。它是史密斯（Smith）设计的最有名又最普遍的员工满意度调查问卷，可用在各种形式的组织中。它把工作划分为5个基本维度：薪酬、晋升、管理、工作本身和公司群体，答案分为较差、差、一般、好、较好5个等级，通过填表人的回答，可以统计出员工对工作环境、工作群体等方面的满意程度。工作描述指数问卷通用性强、组织形式不限，可用于不同文化程度、不同收入、不同工作种类的员工调查。例如盖洛普咨询公司在近30年的时间里，采访了数百种行业的100多万名员工，根据史密斯划分的5个基本维度，设计并最后筛选出了12个问题形成了盖洛普测量问卷，用来测评员工满意度。这12个问题虽然不能覆盖影响员工工作满意度的全部要素，却能捕捉绝大部分最重要的信息。

① 我知道对我的工作要求吗？

② 我有做好我的工作所需要的材料和设备吗？

③ 在工作中，我每天都有机会做我最擅长做的事吗？

④ 在过去的6天中，我因工作出色而受到表扬了吗？

⑤ 我觉得我的主管或同事关心我的个人情况吗？

⑥ 工作单位有人鼓励我的发展吗？

⑦ 公司的使命、目标使我觉得我的工作重要吗？

⑧ 在工作中，我觉得我的意见受到重视吗？

⑨ 我的同事们致力于高质量的工作吗？

⑩ 我在工作单位有一个最要好的朋友吗？

⑪ 在过去的6个月内，工作单位有人和我谈及我的进步吗？

⑫ 在过去一年里，我在工作中有机会学习和成长吗？

（2）洛克工作满意度量表。它分为9个分量表（特定维度）、36个问题，每个分量表对应4个相应的问题，每个问题分6级回答。9个特定维度及其描述见表7-4。洛克工作满意度量表见表7-5。

表7-4　　　　　　　　　　　　　　9个特定维度及其描述

| 一般类别 | 特定维度 | 维度的描述 |
|---|---|---|
| 事件或条件： | | |
| 1.工作 | 工作本身 | 内在的兴趣、多样化、学习的机会、困难、工作量、成功的机遇、对工作流程的控制等 |

| 一般类别 | 特定维度 | 维度的描述 |
|---|---|---|
| 2.奖励 | 报酬 | 数量、公平或公正的依据 |
| | 晋升 认可 | 机会、公正 表扬、批评、对所做工作的称赞 |
| 3.工作背景 | 工作条件 | 时数、休息时间、工作空间质量、温度、通风、工厂位置、福利退休金、医疗和生活保险计划、假期、休假等 |

人物：

| 1.自己 | 自己 | 价值观、技能和能力 |
|---|---|---|
| 2.公司内的其他人 | 监督管理 | 管理风格和影响、技能的熟练程度、行政管理的技能等 |
| | 同事 | 权限、友好、帮助、技术能力等 |
| 3.公司外的其他人 | 顾客 | 技术能力、友好等 |
| | 家庭成员（洛克未提到） | 支持、对职务的了解、对时间的要求等 |
| | 其他 | |

表7-5                          洛克工作满意度量表

| 编号 | 请仔细阅读以下每一个陈述，并从右栏的备选答案中选择符合您心意的选项，然后圈出相应的数字 | 非常不同意 | 不同意 | 有点不同意 | 有点同意 | 同意 | 非常同意 |
|---|---|---|---|---|---|---|---|
| 1 | 我感到我做的工作得到了应得的报酬 | | | | | | |
| 2 | 在工作中我得到晋升的机会很少 | | | | | | |
| 3 | 我的上司完全胜任他（她）的工作 | | | | | | |
| 4 | 我对我目前得到的福利待遇不满 | | | | | | |
| 5 | 当我出色地完成一项工作时，我得到了应有的赏识 | | | | | | |
| 6 | 我们单位大多数的规章制度使得干好一件工作很困难 | | | | | | |
| 7 | 我喜欢我的同事 | | | | | | |
| 8 | 我有时感到我的工作没有意义 | | | | | | |
| 9 | 在我们单位中存在良好的交流和沟通 | | | | | | |
| 10 | 加薪的间隙时间很长 | | | | | | |
| 11 | 在我们单位中，工作出色的人有足够的晋升机会 | | | | | | |
| 12 | 我的上司对我不够公平 | | | | | | |

| 编号 | 请仔细阅读以下每一个陈述，并从右栏的备选答案中选择符合您心意的选项，然后圈出相应的数字 | 非常不同意 | 不同意 | 有点不同意 | 有点同意 | 同意 | 非常同意 |
|---|---|---|---|---|---|---|---|
| 13 | 我们得到的福利待遇和大多数其他单位提供给员工的一样 | | | | | | |
| 14 | 我感到我的工作没有得到承认 | | | | | | |
| 15 | 我干好一件工作的努力很少受到太多规章制度的约束 | | | | | | |
| 16 | 由于同事能力有限，我不得不在工作中付出更多的努力 | | | | | | |
| 17 | 我喜欢我目前所做的工作 | | | | | | |
| 18 | 我不清楚本单位的发展目标 | | | | | | |
| 19 | 当我考虑我的工资时，我感到没有得到单位的认可 | | | | | | |
| 20 | 员工在本单位的晋升机会和其他单位的情况差不多 | | | | | | |
| 21 | 我的上司很少体谅下属 | | | | | | |
| 22 | 我们单位的福利待遇是公平的 | | | | | | |
| 23 | 在本单位工作的员工很少受到奖励 | | | | | | |
| 24 | 我的工作量总是很大 | | | | | | |
| 25 | 和我的同事在一起，我感到很愉快 | | | | | | |
| 26 | 我常常觉得我不知道本单位发生的事 | | | | | | |
| 27 | 我对我的工作有一种成就感 | | | | | | |
| 28 | 我对我在本单位涨工资的机会感到满意 | | | | | | |
| 29 | 有些应该有的福利待遇我们单位没有 | | | | | | |
| 30 | 我喜欢我的上司 | | | | | | |
| 31 | 我有很多文案工作（写报告、总结等）需要做 | | | | | | |
| 32 | 我感到我对工作的付出没有得到应有的回报 | | | | | | |
| 33 | 我对我晋升的机会感到满意 | | | | | | |
| 34 | 工作中存在很多相互推诿、扯皮现象 | | | | | | |
| 35 | 我的工作有乐趣 | | | | | | |
| 36 | 分配给我的工作常常不能解释清楚 | | | | | | |

得分说明：

其一，正面陈述：非常不同意记1分，以此递加类推，即1=1，2=2。

其二，负面陈述：非常不同意记6分，以此递减类推，即6=1，5=2。

其三，问卷测量的不同工作要素包括的项目编号如下：

报酬：1，10，19，28

晋升：2，11，20，33

上司：3，12，21，30

福利：4，13，22，29

认同感：5，14，23，32

规章制度：6，15，24，31

同事：7，16，25，34

工作性质：8，17，27，35

沟通：9，18，26，36

其四，其中未作答的项目可用均值来代替（要素均值或总均值），另一种不太准确的替代数字是3或4。

（3）明尼苏达满意度调查表（Minnesota Satisfaction Questionnaire，MSQ）。它是当前研究员工满意度较权威的量表，目的是测量员工对工作整体的满意程度，于1957年由明尼苏达工业大学工业关系中心的研究者编制而成。明尼苏达满意度调查表（MSQ）分为长式量表（21个分量表）和短式量表（3个分量表）。量表中包括"内在满意"（Intrinsic Satisfaction）及"外在满意"（Extrinsic Satisfaction）两个层面，前者指形成满意感的增强物（Rein Forcers）与工作本身有密切的关系，如从工作中获得的成就感、自尊、自主等；后者指形成满意感的增强物与工作本身无关，如主管的赞美、同事间的良好关系、良好的工作环境等。在每题后的满意度分为5级回答，直接填写每项的满意等级，累加结果并与常模进行比较。长式MSQ共有100项调查内容，可测量工作人员对20个工作方面的满意度及一般满意度。20个大项中每个项下有5个小项。这20个大项如下：个人能力的发挥；成就感；能动性；公司培训和自我发展；权力；公司政策及实施；报酬；部门和同事的团队精神；创造力；独立性；道德标准；公司对员工的奖罚；本人责任；员工工作安全；员工所享受的社会服务；员工社会地位；员工关系管理和沟通交流；公司技术发展；公司的多样化发展；公司工作条件和环境。

工作描述指数问卷只提供了组织成员对5个工作要素总的态度的信息资料，而明尼苏达满意度调查表则提供了具体的较详细的信息资料。它对影响员工满意度因素的测量采用Likert五点量表计分法。例如，你对工资收入是否感到满意？提供5个评分标准供选择：A——5分（非常满意）；B——4分（基本满意）；C——3分（不确定）；D——2分（不满意）；E——1分（非常不满意）。该评分标准由强到弱排列，每一个评分标准都代表了被调查者对该问题的态度和意见，每个人的选择都可能不尽相同，这就要求把每个人的每个选项的答案统一起来计算各个选项的单项得分，即单项得分＝Σ（频数×分值）÷单项有效样本数。其中频数为有多少人选择了该答案，分值即评分标准。通过这种方法就可以量化调查对象个人满意的程度，从而对量化的数据进行分析。

（4）彼得需求满意度调查表（Peter Need Satisfaction Questionnaire，NSQ）。它是开放式的适用于管理人员的工作满意度调查方式。对管理人员的满意度进行调查对任何组织来说都是非常必要的。因为如果管理人员对工作不满意，不仅会影响他自身的行为，而且会波及整个部门甚至整个组织。

彼得需求满意度调查表的提问集中于管理工作中的具体问题，每个问题都有两项，一项是"应该是"，另一项是"现在是"。两个问题的得分相比较，差别越大，满意度越低；差别越小，满意度越高。总的满意度可用各项得分的全部加总来衡量。图7-1是彼得需求满意度调查表的一个题目。

你在当前的管理位置中，个人成长和发展的机会：

a.现在的状况如何

（最小）1　2　3　4　5　6　7（最大）

b.应该如何

（最小）1　2　3　4　5　6　7（最大）

图7-1　彼得需求满意度调查表示例

（5）波特式调查问卷。上述问卷、调查表不能充分地反映出组织成员满意或不满意的主次、轻重。波特设计了一种能弥补这一缺点的问卷，如图7-2所示，问卷中每一个问题都有三项：a.对现状的满意程度；b.理想的情况应该怎样；c.对该项目满意的重要程度。与彼得需求满意度调查表一样，对答案a与b进行比较，就可以确定满意程度，而答案c则反映出被调查者对该项目满意的重要程度。

工作安全保障：

a.对现状的满意程度

（最小）1　2　3　4　5　6　7（最大）

b.理想的情况应该怎样

（最小）1　2　3　4　5　6　7（最大）

c.对该项目满意的重要程度

（最小）1　2　3　4　5　6　7（最大）

图7-2　波特式调查问卷示例

以上介绍的几种著名的量表都属于问卷调查法。这种方法是将问卷设计好后分发给个别员工或全体员工作答，然后对收集的信息进行汇总整理，撰写调查报告。它的特点是：范围广、灵活适用。大量实践表明，以上几种调查方法均有正确性、可靠性和全面性的优点。这几种方法考查了公司想要测量的内容，反映出了影响员工工作、生活和企业效益的广泛因素，提供了公司管理层感兴趣的有关因素的详细数据。

2）访谈调查法

访谈调查法是一种定性研究方法，主要通过设定开放式、不断深入的题目对员工进行访谈，获得企业中存在的问题类型和员工的深切感受等方面的信息。访谈调查法的优点是具有直接性、灵活性、适应性和应变性；回答率高；效度高。其缺点是规模小、耗时多；事先需培训、标准化程度低。访谈调查法分为结构性访谈和非结构性访谈：结构性访谈需事先设计好调查表；非结构性访谈无提纲，可自由发问。访谈调查法适用于部门较分散的公司，参加人员可以是公司全体员工或部分员工。访谈调查可以是一次性访谈或跟踪性访谈。

3）观察记录法

观察记录法是一种单向的、有针对性的信息采集方法，其优点是便捷、高效；其缺点是信息的表象化程度高，受观察记录人员的主观意识影响大，调查时间较长。观察记录法适用于小范围的重点调查。

➡ **知识链接7-3**

### 2021年某企业年度员工满意度调查问卷

部门：　　　性别：　　　年龄：　　　入司日期：　　　填表日期：　　　月　　　日

（如果您愿意，请写上您的姓名，我们承诺不向外透露此次活动所有个人的看法）

力求做到员工满意，人力资源部特安排在年终对全体员工进行一次全面的满意度调查，也作为员工与企业的一次全面沟通，希望广大员工珍惜这次机会，以主人翁的热情和高度的责任感，客观、认真、翔实地填写以下问卷。谢谢！请将你所选择的答案填写至答题卡上，并在必要时补充答案。

第1部分　对工作本身的满意度

1.您的个人能力及特长是否得到了发挥？

A.全部得到发挥　　　　B.基本得到发挥　　　　C.不确定

D.没有得到发挥　　　　E.根本没有得到发挥

2.您认为您的职位与权力是否相对应？

A.非常对应　　　　　　B.基本对应　　　　　　C.不确定

D.不对应　　　　　　　E.极度不对应

3.您对您个人的能力表现感到满意吗？

A.非常满意　　　　　　B.基本满意　　　　　　C.不确定

D.不满意　　　　　　　E.极度不满意

4.您觉得这份工作具有挑战性吗？

A.非常具有挑战性　　　B.具有一定的挑战性　　C.不确定

D.不具有挑战性　　　　E.极不具有挑战性

5.您在工作中是否感到有乐趣？

A.经常有　　　　　　　B.偶尔有　　　　　　　C.不确定

D.没有　　　　　　　　E.极度没有

第2部分　对工作回报的满意度

6.您对在公司获得的收入是否感到满意？

A.非常满意　　　　　　B.基本满意　　　　　　C.不确定

D.不满意　　　　　　　E.极度不满意

7.在日常工作中，您经常受到表扬与鼓励吗？

A.经常有　　　　　　　B.偶尔有　　　　　　　C.不确定

D.没有　　　　　　　　E.根本没有

8.您经常参加培训吗?

A.经常有培训　　　　　　　B.偶尔有培训　　　　　　　C.不确定

D.没有培训　　　　　　　　E.根本没有培训

9.您的晋升机会多吗?

A.非常多　　　　　　　　　B.基本有　　　　　　　　　C.不确定

D.没有　　　　　　　　　　E.根本没有

10.您认为公司的奖惩制度是否合理、公正?

A.非常合理公正　　　　　　B.基本合理公正　　　　　　C.不确定

D.不合理不公正　　　　　　E.极度不合理不公正

第 3 部分　对工作环境的满意度

11.您对职工食住条件感到满意吗?

A.非常满意　　　　　　　　B.基本满意　　　　　　　　C.不确定

D.不满意　　　　　　　　　E.极度不满意

12.您认为公司的加班是否合理?

A.非常合理　　　　　　　　B.基本合理　　　　　　　　C.不确定

D.不合理　　　　　　　　　E.极度不合理

13.您认为工作的资源配备充裕吗?

A.非常充裕　　　　　　　　B.基本充裕　　　　　　　　C.不确定

D.不充裕　　　　　　　　　E.极度不充裕

14.您对医疗、工伤保障感到满意吗?

A.非常满意　　　　　　　　B.基本满意　　　　　　　　C.不确定

D.不满意　　　　　　　　　E.极度不满意

15.您对您的工作环境感到舒适吗?

A.非常舒适　　　　　　　　B.基本舒适　　　　　　　　C.不确定

D.不舒适　　　　　　　　　E.极度不舒适

第 4 部分　对工作群体的满意度

16.您对同事之间的人际关系状况感到满意吗?

A.非常满意　　　　　　　　B.基本满意　　　　　　　　C.不确定

D.不满意　　　　　　　　　E.极度不满意

17.您认为公司的团队精神如何?

A.非常强　　　　　　　　　B.强　　　　　　　　　　　C.不确定

D.不强　　　　　　　　　　E.极度不强

18.您对您和周围同事的工作质量是否感到满意?

A.非常满意　　　　　　　　B.基本满意　　　　　　　　C.不确定

D.不满意　　　　　　　　　E.极度不满意

19.您对公司会议的有效性看法如何?

A.有非常好的作用　　　　　B.基本有作用　　　　　　　C.不确定

D.没有作用　　　　　　　　E.根本没有作用

20.您对同事之间的工作配合与协作是否感到满意？

A.非常满意              B.基本满意              C.不确定

D.不满意              E.极度不满意

第5部分　对企业经营管理的满意度

21.您认为公司管理层是否注重听取员工意见，做到有效沟通？

A.非常合理              B.基本合理              C.不确定

D.不合理              E.极度不合理

22.您对公司的用人机制感到满意吗？

A.非常满意              B.基本满意              C.不确定

D.不满意                E.极度不满意

23.您对公司管理人员的管理才能感到满意吗？

A.非常满意              B.基本满意              C.不确定

D.不满意                E.极度不满意

24.您对公司的制度建设感到满意吗？

A.非常满意              B.基本满意              C.不确定

D.不满意                E.极度不满意

25.您对公司内部宣传工作的看法如何？

A.非常满意              B.基本满意              C.不确定

D.不满意                E.极度不满意

第6部分　对企业文化的满意度

26.您认同"公司的员工都有着共同文化和价值观"的说法吗？

A.非常赞同              B.同意              C.不确定

D.反对              E.强烈反对

27.您对公司提倡的企业精神与价值观的看法如何？

A.非常认同              B.基本认同              C.不确定

D.不认同                E.极不认同

28.您认为员工的责任感及能动性如何？

A.非常有              B.基本有              C.不确定

D.没有              E.极度没有

29.您认为公司的企业文化现状是否有助于企业的长期发展？

A.非常有帮助            B.有一定帮助           C.不确定

D.没有帮助              E.有阻碍

30.您对企业的发展远景及未来展望有信心吗？

A.非常有信心            B.基本有信心           C.不确定

D.怀疑              E.很悲观

答题卡

说明：

1.员工满意度调查采用不记名方式进行，为便于了解不同类型员工意见，请将以下基本信息填写完整。

2.调查结果用于改善管理，调查结果以保密方式进行统计和处理，请放心做答。

3.本问卷填写不超过50%的内容时，视为无效答卷；为了能有效收集满意度意见，请认真填写本问卷。谢谢您的参与！

您的基本信息：

1.您的工作部门是：

A.人力资源部　　　B.行政部　　　　C.生产部　　　　D.工程部

E.品系部　　　　　F.项目管理部　　G.物流管理部　　H.业务部

I.其他

2.您在公司的工作年限：

A.不满1年　　　　　B.1～2年　　　　　C.3～4年

D.5～10年　　　　　E.10年以上

3.您的最高学历：

A.初中以下　　　　　B.初中　　　　　　C.高中/中专/技校

D.大专　　　　　　　E.本科　　　　　　F.硕士及以上

4.您的工作性质属于：

A.生产类　　　　　　B.技术类　　　　　C.营销类

D.管理类　　　　　　E.辅助类　　　　　F.其他

5.您的职位属于：

A.普通员工　　　　　B.基层管理人员　　C.中层管理人员

请在表7-6中填写您认同的答案：

表7-6　　　　　　　　　　　　　各题答案

| 题号 | 答案 | 题号 | 答案 | 题号 | 答案 | 题号 | 答案 | 题号 | 答案 | 题号 | 答案 |
|---|---|---|---|---|---|---|---|---|---|---|---|
| 1 | | 6 | | 11 | | 16 | | 21 | | 26 | |
| 2 | | 7 | | 12 | | 17 | | 22 | | 27 | |
| 3 | | 8 | | 13 | | 18 | | 23 | | 28 | |
| 4 | | 9 | | 14 | | 19 | | 24 | | 29 | |
| 5 | | 10 | | 15 | | 20 | | 25 | | 30 | |

非常感谢您完成了这份调查问卷！您对目前公司内部管理是否有建议或意见？如果有，请把它们写出来。

公司十分珍惜您的答卷以及您所提的宝贵意见和建议，我们将对所有答卷进行统计分析，并积极采取有效的措施，逐步改善您的工作和生活环境，改善公司的管理现状，努力实现我们共同的梦想！

资料来源　编者根据企业内部资料整理与修改.

### ⇒ 随堂测——劳动关系协调员职业技能理论测试

随堂测7
即测即评

1. （单选题）劳资沟通中经常采用访谈的方式，下列（      ）对访谈的分类是不正确的。

A.个别访问与集体访问

B.直接访问与间接访问

C.结构式访问与无结构式访问

D.主动访问与被动访问

2. （多选题）（      ）是影响劳资沟通的因素。

A.组织内部的沟通氛围                   B.组织内部的机构设置

C.沟通者之间的信任程度                 D.沟通者的态度

3. （单选题）（      ）是聆听的消极行为。

A.点头               B.身体前倾         C.频繁看表         D.微笑

4. （单选题）（      ）是最好的沟通方式。

A.电子邮件           B.电话             C.面谈             D.会议简报

5. （多选题）沟通中的发送要注意（      ）问题。

A.发送的有效方法   B.在什么时间发送   C.发送的具体内容   D.发送对象

### ⇒ 以案说法

#### 动机与行为

在日常生活中，常听到这样的话："人为财死，鸟为食亡""天下熙熙，皆为利来；天下攘攘，皆为利往"。这些看法虽然不一定正确，但都属于对人的行为的原因的探索。也常听人说，运动员努力学习与训练为国争光，科学家搞科研为民族争气，这些也都是对人的行为原因的解释。行为的原因就是行为的动机。正如汽车没有发动机就不能开动一样，人没有行为的动机，也就不会产生行为。

##### 1.动机与行为关系的复杂性

动机与行为的关系十分复杂：（1）同一行为可能有不同的动机。例如，同样是学习活动，有的学生是为了得到教师表扬，有的学生是为了得到父母的奖励，有的学生则是出于对学习感兴趣。（2）相似或相同的动机可能引起不同行为。同样是学习动机，有人到图书馆查资料，有人去请教老师，还有人冥思苦想。（3）在同一个体身上，行为动机也可能多种多样，其中有的动机占主导地位，是主导性动机，有的动机处于从属地位，是从属性动机。由于人与人之间在动机上存在很大差异，因而形成了不同的动机体系。人的行为往往不受单一动机支配，而是由动机体系推动。

##### 2.动机与行为效果之间的复杂性

动机与行为效果之间的关系也十分复杂。效果主要指社会效果。一般来说，动机和效果是统一的，即好的动机产生好的效果，坏的动机引起坏的效果。但二者之间也有不一致的情形，所谓"好心办坏事""画虎不成反类犬"，就是指这种情况。动机和效果关系之所以复杂，是因为行为效果不仅由动机决定，决定人的行为效果还有许多主客观因素，客观因素如任务难度、情境和机遇，主观因素如个人的知识经验、能力和人格等。

### 3.动机与行为效率

动机与行为效率的关系主要表现在动机强度与工作效率的关系上。人们倾向于认为，动机强度越高，对行为影响越大，工作效率越高；动机强度越低，工作效率越低。事实并非如此。研究表明，动机强度与工作效率之间的关系不是线性关系，而是倒U形关系。中等强度的动机最有利于任务完成，即动机强度处于中等水平时，工作效率最高，一旦动机强度超过这个水平，对行为反而会产生一定阻碍作用。如学习的动机太强、急于求成，会产生焦虑和紧张，干扰记忆和思维的顺利进行，使学习效率降低。考试中的"怯场"现象，主要由动机过强造成。又如，中国古代就有"易子而教"的说法，说的是父母在教育自己孩子时由于动机太强反而不容易收到好的教育效果，将孩子交给他人教育，效果可能更好。同样的道理，外科医生也不宜为自己的亲人做手术。

动机强度与工作效率之间的关系还随着任务的难度的变化而变化。耶克斯和多德森研究表明，各种活动都存在一个最佳的动机水平。动机的最佳水平随着任务的性质不同而不同。在容易的任务中（如搬砖或挖土），工作效率随着动机的提高而上升；随着任务难度的增加，动机的最佳水平有下降的趋势。

### 4.动机与价值观的关系

价值观是指主体按照客观事物对自身及社会的意义或重要性进行评价和选择的原则、信念和标准。价值观的主要表现形式有兴趣、信念和理想等。价值观是一个人的思想意识的核心，对个人的思想和行为具有导向或调节作用。价值观决定动机的性质、方向和强度。个体把目标的价值看得越高，由目标激发的动机就越强，在行为中发挥的力量就越大。个体如认为目标的价值不大，由此激发的力量就小。

### 5.动机与意志

动机与意志既有区别又有联系。意志具有引发行为动机的作用，但比一般动机更具有选择性和坚持性。意志通过行为表现出来，受意志支配的行为称为意志行为，它是自觉的、有目的的行为。通常，意志与克服困难相联系，只有在克服困难的过程中，才能体现意志的力量。

资料来源　张积家.普通心理学［M］.北京：中国人民大学出版社，2015.

**解读**：在企业日常劳动关系管理中，一定少不了沟通环节。恰到好处的沟通，可以提升员工工作积极性，促进企业和员工共同成长。企业劳动关系管理工作人员应当了解员工动机，促进员工行为向积极方向发展，企业也应当建立完善有效的沟通渠道，使其成为和谐劳动关系的重要桥梁。

## 基础训练

□ 简答题

1.简述沟通的定义及过程。

2.沟通可以分为哪些类型？

3.消除沟通的障碍有哪些途径？

4.员工满意度调查的目的和基本内容分别是什么？

**综合应用**

□ 案例分析

### 美好的假期安排

27岁的李丽是冰城哈尔滨人，到南方工作已将近5年，一直在S公司担任销售部文员。虽然李丽的薪水尚可，但这份工作假期很少，且也没有明确的带薪年休假规定，故多年来也没有享受过带薪年休假。在过去的5年时间里，李丽仅在工作的头两年的春节得以回老家与家人团聚，因此她打算向公司申请为期一周的假期，回老家探望父母，顺道到老家周边的旅游景点游玩一番。李丽思前想后，她最终决定以家中奶奶病重，需回家探望为由，向公司提出了请假一周的申请（注：李丽的奶奶早已移居国外）。公司考虑到李丽的孝心可嘉，遂同意了她的申请，并同意其休假。但李丽是一个不折不扣的"微信控"，在休假期间将游玩的照片发到了微信朋友圈，最终被其部门主管发现。部门主管将微信的截图提交给了人力资源部，要求人力资源部按照公司的相关规定对李丽进行处分，并建议视作其旷工。

李丽上班销假后，人力资源部主管张霞找到了李丽，就此事与其进行沟通。在沟通过程中，张霞严肃指出李丽的欺诈行为，对其个人的诚信度产生质疑，并告知李丽公司将对其行为进行严肃的警告与通报批评。李丽感到很委屈，既然公司同意了她的假期，那么假期的安排就应由其自行做主，公司不应对其进行警告与通报批评处分，最终与张霞不欢而散，并回其所在部门找到了部门主管，对其侵犯个人隐私的行为提出了抗议。

资料来源　编者根据真实案例进行整理、归纳、改编.

问题：请分析在本案例的沟通过程中，存在什么问题？

分析提示：该案例反映的是现在企业与员工管理沟通中常见的问题，许多的管理者或行政部门工作人员，习惯性地使用自己的权威，而忽略了员工的真实意愿。同时，作为管理者和人力资源管理工作人员，在与员工的沟通过程中也要学会聆听，听取员工的解释，寻找问题的关键节点，这才有利于问题的解决并达到理想的沟通效果。

□ 实践训练

杨天是某名牌大学的2015届毕业生，毕业于信息工程学院，是该学院的高材生，在校期间深得老师器重。大三下学期暑假，便已被某世界500强电子通信科技机构招录为网络部实习生，并于大四上学期开始正式在该单位实习。2015年7月，杨天取得毕业证后，公司将杨天正式招录为见习工程师，见习期为1年，并将其分配至一线部门进行轮岗锻炼。

在实习期间，杨天对公司的各个模块及上级布置的工作都特别感兴趣，特别上心，因此公司相关部门的负责人对其也特别满意，遂将其招录为正式员工。但2015年9月份以来，公司发现杨天整天都闷闷不乐，工作积极性也明显下降。当前杨天正在生产部操作岗锻炼，其余同事每天都能完成生产定量任务，但杨天每天却只能完成既定生产任务指标的70%左右，引来部门其他同事与上级的不满。

部门经理通过与杨天的面谈，初步了解到近期情绪低落主要有以下几个方面的原因：

　　1.在生产部门任职，感到工作枯燥、乏味，每天都是机械化地操作与重复，感觉其被大材小用。

　　2.他自己是学习信息化工程专业的，但是目前的工作完全跟他的专业不对口，而且发现早他两年入职见习工程师的师兄高翔，至今还只是担任车间的技术员，感觉看到了自己的明天。

　　3.家里的父母很希望杨天能回家乡发展，正通过关系为了谋求一份机关事业单位的工作，但杨天不舍得在城里的生活和发展……

　　资料来源　编者根据真实案例进行整理、归纳、改编.

　　针对案例中提到的信息，请您扮演人力资源管理部工作人员与杨天进行沟通，对杨天进行开导。

　　分析提示：企业管理者在与员工沟通的过程中要注意沟通技巧的运用，沟通的目的之一是要营造和谐的工作氛围，同时作为公司领导和人力资源工作者需要关注员工的疾苦和工作内、外的困难，并予以其指导、开解与帮助，帮助员工适应企业的工作及生活环境。沟通的方法和思路有多种，因此要找准切入点并根据员工的特点选用不同的沟通方式，从而达到有效沟通的目的。同时，在沟通过程中需要注意倾听的技巧，先听员工的诉求，不要急于先入为主，去宣扬所谓的"大道理"，应与员工以一种平等的身份进行交谈，理解他们的难处，也提出公司的建议，从而实现价值观的传导。

## 学习目标

**知识目标：**

1.了解职工民主管理制度的性质、特点，以及职工代表大会职权的主要内容；

2.明确平等协商制度、信息沟通和员工满意调查的主要内容，以及企业内部劳动规则的主要内容；

3.熟知工资形式及工资主要核定、支付方法与规定；

4.对目前企业中实行的工时制度有初步了解与认识，掌握适用人群与加班时间的处理方式；

5.掌握企业奖惩的主要内容与方法，以及企业处理申诉的重要方法。

**素养目标：**

引导学生认识劳动关系管理的相关制度，理解合法有效的管理制度在企业管理中举足轻重，帮助学生认识依法建立劳动关系管理制度的重要性和必要性。

## 内容架构

第8章 劳动关系管理的相关制度

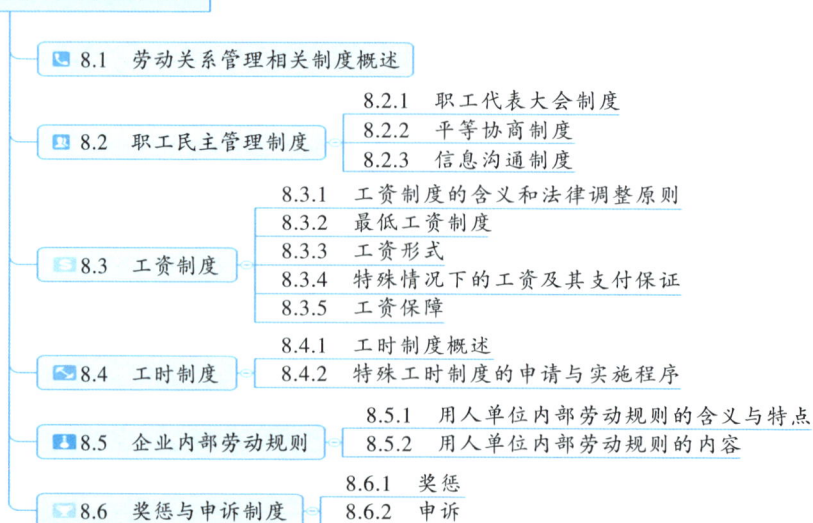

- 8.1 劳动关系管理相关制度概述
- 8.2 职工民主管理制度
  - 8.2.1 职工代表大会制度
  - 8.2.2 平等协商制度
  - 8.2.3 信息沟通制度
- 8.3 工资制度
  - 8.3.1 工资制度的含义和法律调整原则
  - 8.3.2 最低工资制度
  - 8.3.3 工资形式
  - 8.3.4 特殊情况下的工资及其支付保证
  - 8.3.5 工资保障
- 8.4 工时制度
  - 8.4.1 工时制度概述
  - 8.4.2 特殊工时制度的申请与实施程序
- 8.5 企业内部劳动规则
  - 8.5.1 用人单位内部劳动规则的含义与特点
  - 8.5.2 用人单位内部劳动规则的内容
- 8.6 奖惩与申诉制度
  - 8.6.1 奖惩
  - 8.6.2 申诉

**引例**

### W公司能"留住人"　平等氛围获员工好评

据经济之声《天下公司》报道，互联网行业非常活跃，其中钩心斗角的情况也比较多，各家公司除了比拼硬实力外，在公司文化、员工福利上也都在较劲。媒体准备用3天的时间，找互联网行业中几家知名公司的员工来吐槽。

W公司是互联网行业中公认的最难挖人的公司，为什么会这样？

原因：工资高、福利好。2012年所有员工都能拿到13个月的工资以及特别红包，另外员工还将获得年终奖和期权奖励、例行加薪……

除了收入丰厚外，W公司留得住人，还有哪些原因呢？今天W公司的一位技术人员接受了记者的采访，他说，比收入更让员工爱公司的是简单、平等的工作氛围。

技术人员：这个公司，员工的意见比较开放，可以随便吐槽。W公司有个内网BBS，跟外面的BBS一样火爆，而且里面什么都可以说，你可以指责公司的某个产品，也可以说公司的某个部门合作上有问题，甚至你可以说公司的文化、公司的管理，都可以说。

记者：是匿名的吗？

技术人员：没有，实名的。

记者：大家不怕被报复吗？

技术人员：对，这就是这个公司令我觉得伟大的地方。这个公司有一些价值观的管理，比如说你要去协同自己和别人，或者是成就别人牺牲自我。我感觉这个公司一方面非常民主，另一方面是充满感情的公司。其实无论是领导也好，还是下面的人也好，没那么多客套话，说得都很直接，你就认为这个公司不装，而是非常实在。

记者：好像很多人都说，在W公司干活感觉不是在给公司干，好像是在给自己干，为什么会有这种感觉？

技术人员：第一，公司放权，它把权力都给你，让你有足够的参与感。给你一个方向，然后告诉你其中细节要自己去弄。好的话，你会有奖金，是15个月的奖金，但是不限于15个月，比如你说的绩效超标了，你可以拿到18个月，甚至是24个月的薪水。另外一个，W公司这个平台足够大，能够做一些新的产品出来，而且看到那些用户一点点在往上涨，你可以直接看到用户的反馈，你就会有一种"这是我养的孩子"的感觉，把它弄好了就很自豪。

W公司的员工基本上都是创业型的，为什么呢？就是因为W公司让你感觉创业就是那么简单，这些人就那么土，土到你觉得他们不比我聪明多少，甚至比我还笨，他能够干那么大的事，我不一定比他差吧。

你在W公司这个相对比较自由的环境里面，想说什么就说什么的这种环境里面，到别的公司就会不适应。自由到哪种程度？假如有人不配合你，你就可以当着他的面，在老板面前就跟他说，你为啥不配合我？没问题，都可以吐槽的。

两个部门之间需要"共创会"，其实就是"吐槽会"，我需要为你做什么？你需要为我做什么？直截了当。在那个会议上，把所有的事都放在桌面上，达成共识，然后形成一个文案，就是我要为你做什么，你要为我做什么。要上去按手印的，甚至要对赌，就是到年底做不好，你那个薪水就没了，自己给自己设那种 KPI（绩效统计）。这还不是领导教你玩，这是下面团队自发地就这么玩。到了别的公司就是扯皮、内讧，你绝对不适应的。

资料来源　于恋洋. 阿里最能"留住人"平等氛围获员工好评［EB/OL］.［2023-10-29］.http：//finance.chinanews.com/cj/2013/10-29/5436369.shtml.

随着新生代员工逐步进入劳动力市场，他们是自主和有想法的新一代，同时随着互联网经济的逐步深化，企业的组织架构也在发生着改变。我们企业的劳动关系管理制度，再不能是过去的"你能做什么，不能做什么"的管理模式和管理思维，要与时俱进，员工为公司的发展建言献策，并且让他们以平等的身份投入与公司的对话、沟通中，共谋发展。上述的案例给我们最大的启发是，在组织中如何"留住人"，使员工与企业共同完成既定的目标，从而实现"共赢"，这非常值得我们企业和人力资源管理者思考。

## 8.1　劳动关系管理相关制度概述

1）劳动关系管理制度的内涵及相关制度的范围

劳动关系的调整方式依据手段的不同，可以分为七种，而这七种调整方式大多数都可以通过各类制度来表述。这里的制度就是劳动关系管理制度，它是指劳动关系主体以《劳动法》和《劳动合同法》及其他相关法律为依据，经管理方（或雇主协会，或政府）提出，并通过一定形式，让员工（或员工团体，或员工意志的其他代表者）了解，或参与讨论并认同，最终形成的对劳动关系主体各方的权利和义务及其行使过程进行规范与协调的成文规定与规则。

在本章之前的内容里，对劳动关系管理的许多制度已做了论述，但还有许多重要的制度没有涵盖进去，而这些没有涵盖进去的重要制度，就是本章要论述的主要内容，主要包括职工民主管理制度、工资制度、劳动规则管理制度、奖惩与申诉制度等。

另外，一般用人单位的规章制度还包括员工日常行为规范、行政制度、财务制度、岗位职责等配套制度。用人单位在制定制度时要注意制度间的相互衔接。

2）劳动关系管理相关制度的作用

劳动关系管理相关制度是劳动关系管理整个制度体系中的重要组成部分。企业全面制定这些制度并予以认真实施，其意义重大。其一，使劳动关系管理制度更加全面和系统。比如劳动关系管理制度所包含的内容，是企业在日常管理中碰到最多的内容，这些内容中的大部分并不涉及法律层面，但它们可能严重影响劳资双方的关系以及企业生产、经营的效率和效益。只有建立并实施这些相关制度，企业才可能最大限度地消除劳动关系管理制度方面的空白点，进而可以在劳动关系调整的各个层面、各个环节上，做到有完善、合理的制度来加以规范和保证。其二，使劳动关系管理方面的重要法律、法规能更好地予以落实。调整劳动关系的重要法律、法规，不可能对劳动关系主体之间的所有可能出现的冲突或不协调的方面，以及法律、法规实施、执行过程本身，都进行十分完备的规定，有了这些相关的制度，就能够使这类法律、法规的实施更加具体化，从而使实施工作能真正落到实处。其三，企业有了这些制度，并加以认真宣传、贯彻与实施，就会使劳动关系主体各方更加自觉地遵守有关的法律、法规；能运用这些制度化解劳资双方的矛盾，从而使各方将分歧或冲突控制到最低程度，甚至消除在萌芽状态之中。其四，这些制度有些是关于如何运用有关法律、法规的，这有利于劳动关系主体各方，特别是有利于员工一方能正确、及时地利用有关法律、法规来维护自己的正当权益。

3）劳动关系管理相关制度的制定程序

由于这些相关制度虽然是以法律、法规为依据，但它们本身不是法律、法规，基本是企业自己制定的，所以，在制定这些制度过程中，都要依法保证企业职工参与，在达成一致后，再予以公布。程序不合法的内部劳动制度不具有法律效力，因此，制定用人单位内部劳动制度必须符合法定程序。

制定规章制度的一般流程包括：第一，提出议案。人力资源部提出《员工手册》制定或修订的议案。第二，立项和起草。确定修订的部门或人员、时间要求等事项，确保员工手册各项制度的内容合法性、完善性和可操作性。第三，征求意见。准备制定或修订后的《员工手册》草案，将草案发给全体员工并明确员工应一定时间内提出具体意见或者建议，同时企业应当留存发放草案的证据。第四，召开会议、民主讨论。征求意见结束后，组织员工代表（2/3全体员工）或全体员工参加《员工手册》制定或修订的讨论会议并留影保存，同时制作会议纪要，并由全体参会人员签字确认。企业应留存会议纪要。第五，形成定稿。根据员工反馈意见和讨论会议的结果制作《员工手册》的定稿。第六，公示。将《员工手册》定稿在公司宣传栏或显眼位置公示至少一周并留影保存。第七，签收。签收有两种方式，其一，将《员工手册》定稿的电子版发至全体员工的电子邮箱（PDF版），并要求员工回复确认，同时企业应当留存该电子邮件；其二，下发《员工手册》定稿的纸质版，并要求全体员工在签收单上签字确认，企业留存该签收单。

（1）员工参与。用人单位内部劳动制度的制定虽然是企业生产经营管理权的表现，在很大程度上是企业意志的体现，但只有在吸收和体现劳动者一方的意志，得到劳动者认同的情况下，才能确保其有效实施。因此，制定用人单位内部劳动制度，用人单位有义务保证员工参与，听取员工意见。

（2）正式公布。用人单位内部劳动制度以全体员工和企业各个部门为约束对象，应当为全体员工和企业各个部门所了解，因此，应当以合法有效的形式公布。通常情况下，以企业法定代表人签署和加盖公章的正式文件的形式公布。

## 8.2　职工民主管理制度

### 8.2.1　职工代表大会制度

1）职工代表大会制度的性质

职工代表大会（中小型企业为职工大会）是由企业职工经过民主选举产生的职工代

表组成的，代表全体职工实行民主管理权利的机构。当前，根据我国相关立法，职工代表大会制度主要在国有企业中实行，非国有企业则实行民主协商制度。但就民主发展的一般趋势而言，劳动者，即在劳动关系中与雇主相对的一方，参与企业管理已经是通例。很多国家也都采用国家立法的形式保障劳动者民主管理的参与权。职工代表大会（职工大会）制度与民主协商制度是职工参与民主管理的两种主要的、并行不悖的制度，在协调劳动关系中发挥着重要的功能。职工代表大会制度是企业职工行使民主管理的基本形式，是职工民主管理的具体表现。职工代表大会依法享有审议企业重大决策、监督行政领导和维护职工合法权益的权力。通过职工代表大会这一制度实现对企业的民主管理，是职工对企业管理的参与，而不是对企业管理的替代。在劳动关系的运行中，职工作为被管理者，通过民主参与，使职工的意志渗透到企业管理的行为与过程之中，从而实现劳动者的意志与管理者的意志的协调，进而保证劳动关系的稳定与协调。

2）职工代表大会的职权

职工代表大会的职权是该机构依法享有的、对企业行政生产经营管理事务进行咨询、建议或决定的权力，具体表现为：

（1）审议建议权。对企业生产经营重大决策事项进行审查、咨询和建议，如对生产计划、资金使用、重大技术引进与改造、财务预决算方案等提出意见或建议。通过职工代表大会的审议使企业重大生产决策建立在科学民主的基础之上。

（2）审议通过权。对企业事关职工切身权利的重大事项，如工资、劳动安全卫生、相关管理规则等进行审查、讨论，并做出同意或否决的决议，从而维护和保障职工的合法权益。

（3）审议决定权。对企业非直接生产经营而是属于职工利益的事项进行审议，并做出决定，交由企业执行，如职工福利事项等。

（4）评议监督权。评议监督企业各级管理人员，并提出奖惩和任免的建议。

（5）推荐选举权。根据企业所有者的决定，民主推荐企业经营者或民主选举经营者。

职工代表大会行使上述职权必须注意权利行使的"度"。在企业重大生产经营决策方面，保证职工的知情权与咨询权；在关于劳动条件事项方面，保证职工的审议通过权或决定权，或者将此种事项交由劳动关系双方对等协商决定。可通过两个标准来评价职工民主参与适度与否：劳动关系双方的利益是否协调，以及管理过程是否实现高效率、低成本。

#### ◆◆◆➡ 案例分析8-1

### 企业职代会规范化建设三例

#### 灵山集团："双维"民主管理，发好企业之声

企业文化对于企业而言，是积累硕果、发展底蕴；对于员工而言，是安心工作、认真履行职责、传承企业文化、创新发展模式的精神源泉。灵山的企业文化就是一种"家"文化，有家一般的温暖，有家一般的向心力，但同时也有严格的规章制度、有与时俱进的发展诉求。灵山集团的职工代表大会则正是为员工提供了一种与公司联系的

渠道。

近年来，灵山集团工会在上级工会和集团党委的领导下，在集团各行政职能部门的大力支持下，始终认真履行职责，坚持职代会制度，加强民主管理。在近些年的工作过程中取得了一些硕果：

稳步推进基础工作，民主管理扎实有效。在民主管理上，灵山积极落实"双维"原则，认真履行职代会职能，确保民主管理工作深入到每个环节。近年来，灵山工会深抓和谐劳动关系，致力建立健全科学有效的利益协调、权益保障机制，成效显著，集团公司、素食公司、经营公司、物业公司先后被区总工会评为"和谐劳动关系"标兵企业。尤其在2012年召开的集团第二届三次职工代表大会上，通过了《员工关系管理制度》《合理化建议管理办法》两项与员工密切相关的制度，为进一步强抓力推民主管理提供了有效的制度保障。

"1+3"集体协议是近年来国家关于员工与企业关系的重要措施，灵山集团积极响应，持续开展相关工作，第一时间召开内部会议落实国家政策。通过召开职工群众座谈会、职工代表座谈会认真听取职工群众的意见和建议。据不完全统计，类似的职工群众座谈会、职工代表座谈会，自2010年起累计召开50余次，解决各类问题300余件，维护和保障了职工的权益。

文化落地循序渐进，企业氛围和谐稳定。近年来，全面推进企业文化建设被摆在灵山跨越式发展规划中的重要位置，在集团范围内深入进行宣贯和推进。灵山工会以"文化落地与职工文体活动相结合"为切入点，通过丰富职工群众业余文化生活、文体活动和比赛，以活动为载体，不断进行企业文化理念渗透和宣传贯彻。

职工代表大会是员工参与经营、管理的重要途径，灵山集团充分运用这一通道，使员工第一时间了解集团的发展动态，为集团经营发展建言献策。灵山员工的声音始终贯穿灵山集团的发展进程。

无锡安装：发挥职代会作用　为职工办好实事

近年来，无锡工业设备安装有限公司工会进一步发挥职代会制度的重要作用，积极协调和规范企业与职工的劳动关系，维护和保障职工的合法权益，让职工分享企业发展的成果，不断提高职工的薪酬待遇，促进和保持劳动关系的和谐稳定。

无锡工业设备安装有限公司是一家由国有企业整体改制设立的民营企业，要维护非股东职工的权益，仅靠股东会是无法实现的，还要靠工会来团结、组织广大职工，选派代表，与经营者开展平等协商，在维护企业总体利益的同时，切实维护职工的自身权益。而职工代表要充分体现广大职工的意愿，确定谈判基调和条款，只能通过职工代表大会来讨论和审议。在统一认识后，公司工会认真开展职工代表的推选工作，对各部门、各层次、各年龄段及性别等因素都做了考虑，以充分体现广大职工的代表性。筹备召开职工代表大会时从职工群众最关心、最直接、最迫切要解决的问题入手，重点讨论集体合同条款和工资、福利等具体事宜。

职工知道企业经营、生产的稳定是职工工作和收入稳定的前提，企业经济效益的持续提高是职工福利条件不断改善和收入水平不断增加的先决条件。企业经营者清楚企业的生存和发展要靠职工的努力和付出，只有让职工确立以企业为荣、以企业为家的思想，职工的积极性、创造性才会充分地发挥出来，企业才会真正地壮大和兴旺。因此企业要具有吸引力，必须让职工有稳定和不断增长的经济收入，有安全、健康的工作环境，有能够让职工充分发挥才能的工作岗位。公司工会力争通过使企业和职工利益双赢的协商途径，在劳资双方的平等协商中，职工了解了企业的基本经营状况，经营者也了解了职工的基本要求，从而逐渐达成一致。例如在公司的集体合同中就明确，职工年人均收入水平随企业经济效益水平而增减；在工资集体协商中明确体现了职工收入与企业效益挂钩的情况。

职工心中有企业，企业发展为职工。多年来，无锡工业设备安装有限公司在制定涉及职工群众切身利益的规章制度时都会提交代表大会讨论审议，使以职代会为基本形式的民主管理制度得到不断强化，不断增强了职工的向心力和凝聚力，促进了劳动关系的和谐，因而多次获得省、市、区"模范职工之家""劳动关系和谐企业"等荣誉称号。

### 雪浪环境：职工科技创新　企业前景远大

在企业谋求创业板上市的关键时期，雪浪环境工会围绕企业科技创新主旋律，开展征集合理化建议活动，激发职工科技创新热情，鼓励职工创造出新的科技成果，为企业新一轮发展做出贡献。在职工与企业的共同努力下，无锡雪浪环境科技股份有限公司于2014年6月成功在创业板上市。

公司工会在每年召开职代会期间，鼓励职工结合企业发展的实际情况提出更为合理的建议，并将行之有效的、科学的建议收集起来与企业领导进行交流，推动企业采用员工的合理建议，从而提高职工参与活动的积极性和企业归属感，促进企业稳步发展。

当前全人类关注环境保护问题，科技人员提出立足环保产业，开发垃圾焚烧烟气净化新产品，为全人类高度关注的环保事业做出新贡献的合理化建议。公司领导采纳了科技人员的建议，组织科技人员在原有自主创新技术的基础上，开发出垃圾焚烧烟气超低排放新产品，垃圾焚烧二英排放指标达到0.01纳克/立方米，优于欧盟2000标准，实现垃圾焚烧烟气近零排放，填补了国内空白。该新产品已在上海多家垃圾焚烧发电厂广泛应用，现正在全国垃圾焚烧发电行业广泛推广。该新产品的成功开发，成为公司新的经济增长点，订单量与同比翻了一番。该新产品的成功开发，助推雪浪环境核心竞争力的提升，助推我国环保行业整体装备水平的提高，助推地方经济转型发展。

资料来源　佚名．无锡滨湖企业职代会规范化建设典型案例选登［EB/OL］．［2024-12-14］．http://www.js.xinhuanet.com/2015/12/14/c_1117455547_2.htm.

问题：员工参与企业管理有何意义？

分析提示："水能载舟亦能覆舟"，这是古人留给我们的治国和管理企业的优秀经验与智慧。如何让员工参与到企业的管理，如何体现员工的当家做主，如何使员工成为公司的"主人翁"，这是企业管理和员工管理中恒久不变的话题。通过企业的职工代表大会制度，既让员工对公司的发展目标、动向有所了解，同时对于涉及员工切身利益的规章制度制定、奖惩办法、薪酬调整方案、职业发展通道方案等，员工也可行使其话语权与投票权，由此，员工的积极性明显提高。上述三个单位之所以能够得到高速发展，是因为其总结出了一条经验，这就是让员工参与，提升员工的积极性与归属感，使其更有动力投入企业的建设与发展，同时在企业发展的过程中分享企业发展的成果，政府、企业、工会与劳动者共同构筑了和谐劳动关系。

### 8.2.2　平等协商制度

平等协商是劳动关系双方就企业生产经营与职工利益的事务进行平等商讨、沟通，以实现双方的相互理解和合作，并在可能的条件下达成一定协议的活动。平等协商制度是企业实行民主管理的基本形式之一。

平等协商作为企业职工参与管理的基本形式，与作为订立集体合同程序的集体协商是两种不同的制度，其具有明显特点：

（1）平等协商的职工代表经职工选举产生；集体协商的工会代表由工会选派，只有在没有成立工会组织的企业才由职工推举产生。

（2）平等协商的目的在于实现双方的沟通，并不以达成一定的协议为目的；而集体协商则在于订立集体合同，规定企业的一般劳动条件。

（3）平等协商的程序、时间、形式比较自由，可以议而不决等；而集体协商有严格的法律程序。

（4）平等协商的内容广泛，可以是企业生产经营的所有事项或当事人愿意协商的事项；而集体协商的内容一般为法律规定的事项。

（5）平等协商表现为知情、质询与咨询，协商的结果由当事人自觉履行；集体协商表现为劳动关系双方对劳动条件的决定或决策过程，所订立的集体合同受国家法律保护。

（6）平等协商属于职工民主管理制度中的职工民主参与管理的形式；而集体协商的法律依据是劳动法中的集体合同制度等。

但是，平等协商与集体协商仍有密切的联系，主要表现在平等协商往往是订立集体合同而进行集体协商的准备阶段。

### 8.2.3　信息沟通制度

建立有效的信息沟通制度，其目的在于保障正式信息沟通渠道的通畅和效率，减少企业与员工之间因信息不对称而产生的误解、矛盾和冲突，有利于员工及时了解企业的经营管理现状，并积极提出合理化建议，有利于密切管理者与被管理者双方的感情联系，使企业以人为本的管理理念得以实施。

1）建立完善的信息沟通系统

企业与员工之间开展信息沟通，不仅要利用好正式沟通渠道，而且要善于利用非正式沟通渠道。企业信息沟通的类型，总体上可分为纵向沟通和横向沟通两种，企业要注重从体制到具体的制度，建立和完善这两种信息沟通渠道。

（1）纵向信息沟通。根据企业责权分配的管理层级结构，建立指挥、命令、执行、反馈信息系统。纵向信息系统分为下行沟通和上行沟通。下行沟通是企业内高层管理机构和职能人员逐级或越级向下级机构和职能人员，直至生产作业员工的信息传输。在沟通的各个环节要对信息加以分解并使之具体化。上行沟通是下级机构、人员向上级机构、人员反映、汇报情况，提出建议或意见。上行沟通的信息应逐层集中，在各环节进行综合，然后向上一级传输。在上行沟通渠道中，应建立员工的申诉制度，作为企业奖惩、考核制度的有机组成部分。

（2）横向信息沟通。横向信息沟通是企业组织内部依据具体分工，在同一级机构、职能业务人员之间的信息传递。

2）建立标准信息载体

（1）制定标准劳动管理表单。劳动管理表单是由企业劳动管理制度规定，有固定传输渠道，按照规定程序填写的统一的表格，如统计表、台账、工资单、员工卡片等。管理表单记录、反映企业组织的劳动关系系统的数据和现实情况。通过管理表单，可以掌握、分析企业劳动关系系统运行状况，以及据此形成各类管理信息。

（2）汇总报表。此类报表是企业高层管理人员充分了解情况、掌握管理实际进程的工具，包括工作进行状况汇总报表与业务报告两类。

（3）正式通报与内部刊物。正式通报与内部刊物说明企业劳动关系管理计划、目标、规定和管理标准等。其优点是信息传递准确，不易受到歪曲，且沟通内容易于保存。

（4）例会制度。这是直接以口头语言的形式，综合上行沟通、下行沟通、横向沟通三种信息沟通的方式。具体形式可以有会议、询问、指示、讨论等多种。此种沟通方式具有亲切感，可以通过语调、表情、肢体语言增强沟通效果，容易获得沟通对方的反馈，具有双向沟通的优势。

## 8.3　工资制度

### 8.3.1　工资制度的含义和法律调整原则

1）工资制度的含义

工资，是指用人单位基于劳动关系，按照劳动者提供劳动的数量和质量，以货币形式支付给劳动者本人的全部劳动报酬，一般包括：各种形式的工资（计时工资、计件工资、岗位工资、职务工资、技能工资等）、奖金、津贴、补贴、延长工作时间及特殊情况下支付的属于劳动报酬性质的工资收入等。工资不包括用人单位按照规定负担的各项社会保险费、住房公积金，劳动保障和安全生产监察行政部门规定的劳动保护费用，按照规定标准支付的独生子女补贴、计划生育奖，丧葬费、抚恤金等国家规定的福利费用和属于非劳动报酬性的收入。

正常工作时间工资，是指劳动者在法定工作时间（参照标准工时制度的工作时间标准）内提供了正常劳动，用人单位依法应当支付的劳动报酬。正常工作时间工资不包括下列各项：延长工作时间工资；中班、夜班、高温、低温、井下、有毒有害等特殊工作环境、条件下的津贴；法律、法规和国家规定的劳动者福利待遇等。

在我国现阶段，工资仍然是劳动者及其家庭成员生活费用的主要来源。加之我国生产资料公有制、国有企业的主导地位、劳动者主人翁的政治地位和多种经济成分共存等特殊性及复杂性，工资问题也必然十分重要和复杂，它不仅直接关系到劳动者同企业的物质利益，也关系到国家、民族、社会的生产、消费和社会的发展、稳定，是我国劳动立法的一个重要问题。《劳动法》第五章对工资分配原则、分配方式、工资水平、工资保障等做了专门规定，再加上大量的现行政策法规，使我国工资制度日臻完善和健全。

2）我国工资法律调整的原则

工资法律调整的原则，是指贯穿整个工资立法过程中的指导思想和准则，也是贯彻执行工资法律制度必须遵守的基本准则。

（1）按劳分配原则。

（2）在经济发展的基础上逐步提高工资水平的原则。

（3）用人单位自主分配和充分体现劳动者个人物质利益原则。

3）工资制度中三方的权利

（1）劳动者的工资权。劳动者的工资权是与劳动者的劳动给付义务相对的一项权利，正因为劳动者有工资权，劳动才得以成为劳动者的谋生手段。许多国家的劳动法和国际劳工组织的有关公约和建议书规定，工资权的完整内容包括四个组成部分：①工资取得权，即劳动者在履行劳动给付义务，以及合法免去劳动给付义务和因可归责于用人单位的事由而不能履行劳动给付义务的情况下，对用人单位有工资请求权和工资受领权。②工资支配权，即劳动者对其取得的全部工资有权自由支配，不受任何他人或组织的干预。③工资保障权，即劳动者有权获得最低工资保障、工资支付保障和实际工资保障。④工资分配参与权，即劳动者有权通过法定方式参与企业工资分配过程，使劳动者的共同意志体现于企业工资分配的制度和方案之中。

（2）用人单位的工资分配自主权。《劳动法》第四十七条规定："用人单位根据本单位的生产经营特点和经济效益，依法自主确定本单位的工资分配方式和工资水平。"这为用人单位享有工资分配自主权提供了法律依据。

另外，随着社会经济发展，企业的劳务派遣用工和外包用工比例明显增加，企业应当注意派遣用工或外包用工应与本企业劳动者同工同酬。同酬的原则是"实行相同的劳动报酬分配方法"，可以在综合考虑员工学历、经验、技术、工作态度、效率等因素基础上支付不同的工资报酬。

（3）国家的工资管理权。在现代市场经济条件下，国家拥有一定的工资管理权，对于保护劳动者的工资权和维护、制约企业的工资分配自主权，对于实现工资分配的效率目标和公平目标，都很必要。但是，国家的工资管理权在权限上应当适当，既要确保国家对工资分配实行有效的宏观控制，又不能与工资分配中的市场调节机制相冲突。国家的工资管理权应当包括下述三个方面的内容：①对全社会工资的一般管理，主要是制定工资政策和法规，控制工资问题，确定最低工资标准，管理工资基金，协调城乡居民收入比例关系和不同地区、行业、职业之间的工资比例关系。②对企业工资的间接管理，主要是对企业工资总额进行动态的、适度的宏观调控，指导企业选择和完善工资制度，监督企业在工资分配过程中遵守工资政策法规。③对国家机关（包括部分事业单位和社会团体）工资的直接管理，主要是确定国家机关工资分配的制度和方案，根据经济发展状况并参照企业平均工资水平确定和调整国家机关工资水平。

◆◆◆▬▶ **案例分析 8-2**

### 浅析同工同酬

【案情简介】A 公司与 B 公司系关联公司。苏某与 A 公司签订自 2009 年 11 月 6 日起的无固定期限劳动合同，约定苏某从事管理工岗位工作。苏某通过内部竞聘方式从 A 公司借调到 B 公司销售部服务科，仍从事管理工岗位工作。王某、张某与苏某均在销售部服务科工作，王某从事会计岗位工作，张某从事销售员岗位工作。前述三人同属于销售部服务科费用结算组，王某任组长，起主管作用。三人的工作内容有部分相同，三人均要审核服务单。除此以外，苏某的主要工作是对收到的服务单进行登记、汇总、申报；张某主要是做主机厂的二次索赔、经销商的测评等工作；王某是组长，要分配工作，统一安排汇总，要做整个结算小组的进度表、请示，与主机厂联系，以及与经销服务商对账，到财务处挂账，负责与主机厂的服务协议的报批，对苏某和张某工作进行考评等工作。苏某、王某、张某均属于非定额员工。非定额员工的工资实行岗位工资制，岗位工资是在进行岗位分类和岗位劳动测评的基础上，根据各岗位的技能高低、责任大小、劳动负荷和劳动条件等因素确定的非定额员工基础性工资。三人的岗位工资均不相同。苏某请求 A 公司按照王某的岗位工资标准从 2015 年 2 月起补齐其所在岗位应得工资差额 33 440 元〔（3 040 元/月−1 995 元/月）×32 月〕。

【争议焦点】同工同酬成立条件。

【案例评析】本案争议焦点系同工同酬的成立条件。根据《劳动法》第四十六条第一款"工资分配应当遵循按劳分配原则，实行同工同酬"、《关于〈劳动法〉若干条文的说明》（劳办发〔1994〕289 号）第四十六条第三款之规定，"同工同酬"是指用人单位对于从事相同工作，付出等量劳动且取得相同劳绩的劳动者，应支付同等的劳动报酬。从前述规定可以看出，"同工同酬"成立需要同时具备以下三个条件：（1）相同工作，即劳动者的工作岗位、工作内容相同；（2）付出等量劳动，即在相同的工作岗位上付出了与他人相同或者相等的工作量；（3）取得相同的劳绩，即劳动带来的业绩成效相同。而本案中苏某、王某、张某三人的岗位依次为管理工、会计、销售员，从事的是不同岗位的工作，而工作内容仅有部分相同，不符合"同工同酬"中的"相同工作"的条件。从王某的工作内容来看，也远远多于苏某的工作内容，也比苏某的工作复杂，需要的技能更多，带来的工作成效相应地也比苏某的更有价值；从职务来看，王某担任费用结算组组长，需要承担的责任也比苏某大。从前述两点分析来看，也不符合"同工同酬"中"付出等量劳动""取得相同劳绩"的条件。基于前述理由，苏某与王某在工作岗位、工作内容、工作量、工作业绩方面均有差异，不符合"同工同酬"的条件，苏某请求按照王某的岗位工资标准补足其工资差额无事实依据和法律依据，不应得到支持。

【启示思考】

1. "同工同酬"等于"同岗同酬"吗？

在劳动实践中，比较容易误解地认为"同工同酬"等同于"同岗同酬"，即只要在相同工作岗位的劳动者就应获得相同的劳动报酬。同工同酬只是一项原则性的规定，我国法律目前并没有规定具体的操作标准，实际上也很难有一个统一的尺度或标准。根据《关于〈劳动法〉若干条文的说明》（劳办发〔1994〕289 号）第四十六条第三款对"同工同酬"的界定，相同工作、付出等量劳动、取得相同业绩是实行同工同酬原则的三个必要条件，缺一不可。即使岗位相同，工作内容亦不尽然相同；即使工作内容相同，也存在工龄、学历、技能、经验、工作态度、责任心等因素的差异。同岗只确定岗位相同，而工作内容、付出的劳动量、取得的工作成效均是不确定的变量，所以同岗并不必然同工，也不必然实行同酬。因此，同工同酬不等于同岗同酬。

2.同工同酬等于工资相同吗？

"同工同酬"从字面上很容易让人误解为只要"同工"就应获得相同的报酬。但根据《劳动法》第四十六条第一款"工资分配应当遵循按劳分配原则，实行同工同酬"之规定，工资分配应实行同工同酬。《关于〈劳动法〉若干条文的说明》（劳办发〔1994〕289号）第四十六条第三款在定义"同工同酬"时用的也是"同等的劳动报酬"，未使用"相同"的字眼。2012年12月28日修订后的《劳动合同法》第六十三条的内容增加了"用工单位应当按照同工同酬原则，对被派遣劳动者与本单位同类岗位的劳动者实行相同的劳动报酬分配办法"，该增加内容进一步明确了同工同酬原则的"同酬"应为"实行相同的劳动报酬分配方法"，而非单纯的金额相同。如果采用字面解释，不考虑员工学历、经验、技术、工作态度、效率等等因素，容易导致用人单位劳动报酬的僵化，不利于用人单位的管理，从薪酬制度上形成长期有效的激励机制，调动员工的积极性。而同工的劳动者实行相同的薪酬分配制度，既能避免分配歧视，又保持了分配制度的灵活性。只要用人（用工）单位不实行以身份为区别的劳动报酬分配办法，就不属于违反同工同酬原则。只要对相同岗位的劳动者实行相同的工资分配制度，同样的考核标准，就不违反同工同酬原则，即标准一样，但结果可以不一样，薪酬允许合理的差异。因此，同工同酬并不必然工资相同。

3.同工同酬中的"酬"包含福利待遇吗？

《劳动法》第四十六条第一款规定，工资分配实行同工同酬原则，限定了实行同工同酬原则仅在工资的分配中。《关于〈劳动法〉若干条文的说明》（劳办发〔1994〕289号）第四十六条第三款在定义"同工同酬"时用的是"同等的劳动报酬"，该说明的第三条第三款规定"劳动报酬是指劳动者从用人单位得到的全部工资收入"，明确了劳动报酬仅指工资收入。而根据《关于工资总额组成的规定》第十一条第二项的规定，社会保险和职工福利方面的费用不列入工资总额，即从这个意义上说同工同酬的"酬"不包含福利待遇。随着时间的推移，法律制度不断完善，《劳动合同法》颁布，该法第六十二条第一款第三项规定，劳务派遣用工的用工单位应当支付被派遣劳动者加班费、绩效奖金，提供与工作岗位相关的福利待遇。从该项规定可以看出，用工单位需要支付的福利待遇被限定在与工作岗位有关的福利待遇，如果是与工作岗位无关，仅与身份有关的福利待遇，并不属于应当支付的范畴。2014年3月1日起施行的《劳务派遣暂行规定》（中华人民共和国人力资源和社会保障部令第22号）第九条做了相应规定，即"用工单位应当按照劳动合同法第六十二条规定，向被派遣劳动者提供与工作岗位相关的福利待遇，不得歧视被派遣劳动者。"这里仍然强调的是与工作岗位有关的福利待遇。综上所述，就现行有效的劳动法律法规的规定，同工同酬中的"酬"不包含福利待遇，但劳务派遣用工中与岗位有关的福利待遇应纳入同工同酬的"酬"的范围。

资料来源　根据重庆市綦江区人力资源和社会保障局有关资料整理.

### 8.3.2 最低工资制度

**1）最低工资的概念及意义**

最低工资是指按照相关规定劳动者在法定工作时间内提供了正常劳动，用人单位依法应当支付的最低劳动报酬。在我国社会主义市场经济体制下，建立最低工资制度具有特殊意义。

（1）最低工资制度是建立我国劳动力市场的基本条件。由于劳动关系双方各自利益的相对差异，用人单位和劳动者双方都不可能自觉地站到宏观高度考虑社会劳动力的生产和发展问题。只有建立这一制度，才能保证劳动力市场的健康运行。

（2）最低工资制度作为国家干预分配的手段，可以保障劳动者权益，保证社会的发展和稳定。

（3）建立这一制度有利于我国工资制度与国际接轨。最低工资制度已成为世界潮流，许多发达国家和发展中国家都已根据国际劳工组织公约建立了这一制度，我国是国际劳工组织成员，理应随着市场经济的发展逐步在工资制度方面与国际接轨。

**2）最低工资标准的确定**

它使最低工资制度具体化。如何确定我国的最低工资标准呢？考虑到我国幅员辽阔，各地生产、生活水平差异较大等因素，《劳动法》第四十八条规定："国家实行最低工资保障制度。最低工资的具体标准由省、自治区、直辖市人民政府规定，报国务院备案。"这就是说，我国不实行全国统一最低工资标准，允许各地根据其具体情况确定。

那么各地又应当根据什么来确定最低工资标准呢？原劳动和社会保障部颁布的《最低工资规定》（劳动和社会保障部令第21号）对测算方法做了明确的规定，确定最低工资标准一般考虑城镇居民生活费用支出、职工个人缴纳的社会保险费和住房公积金、职工平均工资、失业率、经济发展水平等因素。可用公式表示为：

$$M = f(C,S,A,U,E,a)$$

式中：$M$——最低工资标准；$C$——城镇居民人均生活费用；$S$——职工个人缴纳的社会保险费、住房公积金；$A$——职工平均工资；$U$——失业率；$E$——经济发展水平；$a$——调整因素。

只有综合考虑这些因素，才能把劳动者的需要同当前社会生产力水平和劳动生产率状况结合起来，使最低工资具有可能性和现实意义。

在我国，由于最低工资制度主要是根据各地的生产、生活水平制定的，所以实行分级管理的原则，即"国务院劳动行政主管部门对全国最低工资制度实行统一管理""省、自治区、直辖市人民政府劳动行政主管部门对本行政区域内最低工资制度的实施实行统一管理"。只有贯彻这两个"统一管理"才能保证最低工资制度统一、完整、正确地执行。

**3）最低工资的给付**

正确给付最低工资，是正确执行最低工资制度的基本要求。要正确给付，不仅要提高企业领导人的法治观念，而且要掌握最低工资的特殊组成和计算办法。《最低工资规定》明确规定下列各项不得作为最低工资组成部分：

（1）加班加点工资。

（2）中班、夜班、高温、低温、井下、有毒有害等特殊工作环境、条件下的津贴。

（3）国家法律、法规、政策规定的劳动保险、福利待遇等。

上述的工资、津贴和待遇，属于非正常劳动、额外劳动和社会福利方面的报酬和待遇，不是正常劳动条件下的一般性劳动支出，所以不应当包括在最低工资内。如果用人单位混淆二者的界限，还要承担相应的法律责任。

### 8.3.3　工资形式

1）工资形式的概念

工资形式，即劳动计量与工资支付的方式，就是在确定各类员工工资等级标准的基础上，计量各个劳动者的实际劳动数量，并把员工的工资等级标准同他们的劳动数量联系起来，计算出企业应当支付给员工的工资报酬量，由企业按照预定的支付周期直接支付给员工本人。工资形式的关键，是以何种方式准确地反映并计量员工实际提供的劳动数量，提供最终实际向劳动者计付工资的劳动数量依据。劳动数量解决了，应当支付多少工资的问题也就随之解决了。

在工资形式中，计时、计件是正常情况下计量劳动量的办法，计时工资、计件工资是两种基本形式。奖金是超额劳动量的报酬，津贴和补贴是特殊劳动环境下和额外支出情况下带有补偿性的劳动报酬，奖金、津贴是两种补充形式。绩效工资是计件工资在新形势下的多种变形或多种表现形式。具体采用什么工资形式，一般由用人单位自己确定。

2）计时工资

计时工资是指按照职工技术熟练程度、劳动繁重程度和工作时间的长短支付工资的一种形式。计时工资额是根据职工的工资标准和实际工作时间的长短来计算的。凡是工资等级相同的职工，劳动时间相同，就可以得到相同数量的工资。计时工资可以分为月工资制、日工资制和小时工资制三种。

▶▶▶ **案例分析 8-3**

#### 员工自愿加班　不得以单位强迫加班为由解除劳动合同

杜某某于 2008 年 3 月 4 日入职某公司，岗位是操作员。该公司实行标准工时制度，其安排员工加班，员工可以拒绝，拒绝后可不加班，无惩罚性后果。公司安排杜某某每周至少休息 1 天。自 2020 年 8 月中旬起，公司要求员工须周一至周五工作日加班达到 4 天并每天 4 小时以上的，周六才安排加班。杜某某认为该规定是变相要求其在工作日加班，损害其休息权利，遂于 2020 年 9 月 2 日向公司发出《解除劳动关系通知》，称因公司长时间安排加班（每月加班时间远超 36 小时）并以每周不上满 4 天 16 小时不安排周六加班为由强迫员工非意愿加班，违反了《劳动法》第四十一条和《劳动合同法》第三十八条的有关规定，要求解除劳动关系，并要求公司支付经济补偿金等。公司于当日收到该通知后，于 2020 年 9 月 4 日复函杜某某称从未强迫员工加班，对加班的员工公司已按劳动法的规定依法支付加班费，故无须支付经济补偿金，并同意双方于 2020 年 9 月 2 日解除劳动关系。

杜某某向当地劳动争议仲裁委员会申请仲裁，请求公司支付解除劳动关系经济补偿

127 000元，遭到驳回。

杜某某为此提起上诉。一审法院认为，公司自2020年8月起实施的加班制度，并未强迫杜某某加班，杜某某可自主选择加班或不加班，即便不加班公司也不会采取任何惩罚性措施，且根据杜某某的工资构成，即便其不加班其工资也可达到五六千元，远高于广州市最低工资水平。另外，公司保证杜某某每周休息一天，如杜某某选择不加班，其可休息两天，并未损害其休息权利。公司对其2020年8月制定的加班制度做出了合理的解释，其作为生产抗疫原材料的企业，在此特殊时期订单增加，采取临时性措施调整加班制度以员工自愿选择为前提，尊重了员工的自由选择权。综上，杜某某主张公司支付经济补偿金的理由均不成立，一审法院对其诉讼请求依法予以驳回。

资料来源　编者根据真实案例整理、改编．

分析提示：对于公司的加班申请流程，应在规章制度中予以明示，或在员工入职培训时进行强调，若员工不清楚公司的加班制度，可向人力资源部门进行咨询，人力资源部门有义务向员工进行解答，避免双方因信息不对称造成争议与纠纷。

3）计件工资

计件工资是指按照合格产品的数量和预先规定的计件单价来计算的工资。其特点是，它不直接用劳动时间来计量报酬，而是用一定时间内的劳动成果——产品量或作业量来计算。因此，它用间接劳动时间来计量，是计时工资的转化形式，能较好地把劳动与报酬直接联系起来，是贯彻按劳分配原则的一种主要工资形式。

关于实施计件工资制度的，计算加班工资时应当注意，《劳动法》第三十七条规定："对实行计件工资的劳动者，用人单位应当根据本法第三十六条规定的工时制度合理确定其劳动定额和计件报酬标准。"因此企业实行计件工资制度的，劳动者的劳动定额和工资报酬应当根据标准工时制度合理确定，即计件工资以标准工时制度为计算基础。1994年劳动部印发的《工资支付暂行规定》第十三条第二款规定，实行计件工资的劳动者，在完成计件定额任务后，由用人单位安排延长工作时间的，分别按照不低于其本人法定工作时间计件单价的150%、200%、300%支付其工资。

4）奖金

（1）奖金的概念。奖金是有效超额劳动报酬，是职工工资的补充形式，是对在工作和生产建设中取得卓越成绩的职工的一种奖励。这里只作为工资形式加以研究。计时工资主要反映职工可能的劳动量，但不是他们实际劳动量的反映；计件工资虽是职工实际劳动量的反映，但对一些不便于制定劳动定额和计量劳动成果的工作，就难以实行，并且这两种工资形式对于节约物资、提高产品质量、开发新产品、降低消耗、安全生产等方面，都不能很好体现，因此，需要以奖金的形式来补充，以鼓励职工提高劳动热情，钻研技术业务，更好地贯彻按劳分配原则。

（2）奖金的种类。由于奖金具有较大的灵活性，凡是直接增加了社会财富的各种生产（业务）项目，或为增加社会财富创造了条件的项目都可以分别设置奖金，并以不同的形式发放。用不同标准对它们分类研究，无疑对于工资立法和实践都具有意义。以直接增加社会财富为标准来划分，可以划分为超产奖、质量奖和节约奖；以为增加社会财富创造条件为标准划分，可以划分为劳动竞赛奖、创造发明奖和安全生产奖；以设奖形式划分，可以分为单项奖、综合奖、集体奖、个人奖、年终奖等。

5）津贴

（1）津贴的概念和建立津贴制度的必要性。津贴是指补偿职工在特殊条件下的劳动消耗及生活费额外支出的工资补充形式。在现实中劳动条件是千差万别的，由于劳动条件不同，同一产品中的劳动含量肯定不同，为其支付的生活费也不相同。然而计时工资、计件工资和奖金所反映的只是一般劳动条件下的劳动消耗与劳动数量和质量的差别，不能反映在特殊条件下的劳动消耗及生活费的额外支出。只有承认这种差别，才能全面贯彻按劳分配原则，鼓励劳动者到特殊劳动条件下去工作。为此，建立津贴制度是十分必要的。

（2）津贴的种类。津贴大体有以下几大类：①按工作特点和劳动条件设置的津贴有矿山井下津贴、高温补贴、野外施工津贴等。②为特殊劳动和额外生活费支出的双重性设置的津贴有林区津贴、山区津贴、驻岛津贴、艰苦气象台站津贴，以及为鼓励职工到艰苦地方去工作而设立的津贴等。③为特种保健要求设置的津贴有保健津贴、医疗卫生津贴。④为补偿物价变动设置的津贴有生活费补贴、价格补贴等。⑤为鼓励职工钻研技术、努力工作设置的津贴有科研津贴、优秀运动员补贴和体育津贴。

◆◆◆◆▶▶▶ **案例分析8-4**

### 劳动者向企业讨要高温津贴反遭辞退，东莞企业被判决赔偿4万元

在高温津贴劳动争议中，是否为高温作业并发放高温津贴的举证责任在哪一方？在广东省东莞市司法局近日公布的"法援典型案例"中，劳动者李某讨要高温津贴反被辞退，东莞一企业因不能举证被判支付高温津贴。

案件显示，李某于2012年1月进入东莞某工艺制品厂任职注塑部组长。2017年1月4日，李某因厂方不发放高温津贴与厂方发生争议并被辞退。李某随即向当地劳动仲裁庭申请仲裁请求赔偿：违法解除劳动合同赔偿金40 000元；2015年6月至10月、2016年6月至10月高温补贴1 500元；休假工资等合计48 094元。仲裁结果和东莞市第三法院做出的一审判决，均驳回李某要求被告支付违法解除劳动合同赔偿金的诉讼请求。李某于2017年6月6日向东莞市中院上诉。

二审法院审理后认为，当事企业虽安装了通风降温设备，但未能提供充足证据证明在每年的6月至10月期间将李某工作场所的室温降到33℃以下，且未能举证证明已向李某支付过高温津贴。原审判决当事企业应支付李某2015年度、2016年度的高温津贴1 500元并无不当。因不能提供相关证据，故企业辞退李某是违法解除劳动关系。二审法院据此判决当事企业向李某支付违法解除劳动关系赔偿金40 000元。

在该案件审理过程中，东莞市法律援助处在一审、二审阶段均为李某提供援助，并指派广东乐而乐律师事务所胡杨律师承办。胡杨详细了解案件事实后认为，当事企业不支付高温津贴，并将李某辞退是违法行为。

"《广东省关于高温津贴发放的管理办法》（以下简称管理办法）自2012年6月1日起施行后，有些企业并没有重视，也没按规定向员工支付高温津贴，由此引发不少劳动纠纷，本案就是一个典型。"胡杨说。

东莞市总工会有关负责人告诉记者，高温津贴以前一直是劳动者维权的"软肋"，胜诉率低，一个重要原因就是由谁承担举证责任不够清楚，"尤其是室内是否是高温作业，劳动者想要证明其工作环境温度达到高温津贴发放标准并非易事"。这一情况在管理办法颁布后得到扭转，管理办法第十一条规定，劳动者从事高温作业情况及高温津贴发放情况应由用人单位承担举证责任。"用人单位应按月发放高温津贴，须在工资清单中列明具体项目及数额，并应保存高温津贴的发放记录至少两年。"

东莞市总工会表示，工会每年都开展"夏送清凉"暨防暑降温检查活动，维护职工高温条件下的劳动权益。

资料来源　叶小钟，李伟雄. 劳动者向企业讨要高温津贴反遭辞退 东莞一企业因举证不能被判支付高温津贴［EB/OL］.［2023-05-18］. http://acftu.workercn.cn/36/201805/18/180518072457399.shtml.

问题：该案件带给我们哪些启示？

分析提示：目前全国各地都已对劳动者的高温津贴待遇进行立法，大部分省份是在每年的6—9月发放高温津贴，但是高温津贴制度在企业中的执行力度仍旧偏弱，大多数劳动者表示没有享受到。我们通观各地的高温津贴规定，对户外作业人员的保障力度相对比较完善，同时也明确了在35℃以上高温，对劳动者的保护与保障，但是对于室内作业人员的高温津贴费用，在规定中都留有余地，让企业与员工协商确定。不过在大部分企业的规章制度中，对高温津贴这一点的约定基本空白，除政府机关、事业单位、国企和部分大型外企对高温津贴执行力度较强外，其余的企业大部分是采取减少户外走动时间、发放清凉饮料和甜汤等方式进行防暑降温。不过，在高温津贴条例中也提到，户外工作人员的高温津贴不能通过发放清凉饮料等方式进行免除。

### 8.3.4　特殊情况下的工资及其支付保证

特殊情况下的工资，是指依法或按协议在非正常工作情况下支付给职工的工资。例如，职工在工作时间内履行国家和社会义务、法定假日、停工期间和生产废品、受处分时等非正常情况下，支付给职工的工资。它体现了国家对劳动者权利和基本生活的保障，以及对民间习俗的尊重。《劳动法》和《工资支付暂行规定》对此都做了明确规定。特殊情况下的工资支付主要是指以下情形的工资支付：

1）双方依法解除劳动关系或终止劳动合同时的工资支付

双方依法解除劳动关系或终止劳动合同时，用人单位一次性付清劳动者工资。

2）履行国家和社会义务期间的工资

劳动者占用生产或工作时间履行下列义务时，用人单位应按劳动合同规定的标准支付工资：

（1）依法行使选举权或被选举权。

（2）当选代表出席乡（镇）、区以上政府、党派、工会、青年团、妇女会等组织召开的会议。

（3）出席劳动模范、先进生产（工作）者大会。

（4）出任人民法庭证明人。

（5）不脱产工会基层委员，因工会活动占用的生产或工作时间。

（6）其他依法参加的社会活动。

3）加班工资

《劳动法》第四十四条规定：有下列情形之一的，用人单位应当按照下列标准支付高于劳动者正常工作时间工资的工资报酬：

（1）安排劳动者延长工作时间的，支付不低于工资的百分之一百五十的工资报酬。

（2）休息日安排劳动者工作又不能安排补休的，支付不低于工资的百分之二百的工资报酬。

（3）法定休假日安排劳动者工作的，支付不低于工资的百分之三百的工资报酬。

4）婚、丧假工资

《劳动法》第五十一条规定，劳动者在法定休假日和婚丧假期间以及依法参加社会活动期间，用人单位应当依法支付工资。

5）年休假工资

《劳动法》第四十五条规定：国家实行带薪年休假制度。劳动者连续工作一年以上的，享受带薪年休假。在年休假期间，用人单位应当依法支付工资。此外，2008年1月1日开始施行的国务院制定的《职工带薪年休假条例》也对员工带薪年休假问题做出了具体的规定。应当注意，"连续工作"包括在不同用人单位之间的连续工作时间。

6）探亲假工资

探亲假工资是指依法支付给职工探望配偶、父母亲人期间的工资。1981年3月，国务院在《国务院关于职工探亲待遇的规定》中规定，职工探望配偶和未婚职工探望父母的往返路费，由所在单位负担；已婚职工探望父母的往返路费，在本人月标准工资30%以内的，由本人自理，超过部分由所在单位负担。职工在规定的探亲假期和路程假期内，按照本人的标准工资发给工资。

7）停工、停业期间的待遇

非因职工本身过失造成停工、停业的，在一个工资支付周期内，用人单位应当按照提供正常劳动支付劳动者工资；超过一个工资支付周期的，可以根据劳动者提供的劳动，按照双方新约定的标准支付工资，但不得低于当地最低工资标准；用人单位没有安排劳动者工作的，一般应当按照不低于当地最低工资标准的百分之七十支付劳动者基本生活费；如集体合同、劳动合同另有约定的，可按照约定执行。

8）企业依法破产时劳动者的工资

在破产清偿中，用人单位应按《中华人民共和国企业破产法》规定的清偿顺序，首先支付欠付本单位劳动者的工资。

9）特殊人员工资的支付

（1）劳动者受处分后的工资支付：劳动者受行政处分后仍在原单位工作（如留用察看、降级等）或受刑事处分后重新就业的，应主要由用人单位根据个人情况自主确定其工资报酬。

（2）学徒工、熟练工、大中专毕业生在学徒期、熟练期、见习期、试用期及转正定级后的工资待遇，由用人单位自主确定，或依据地方规定确定。例如《广东省高等学校学生实习与毕业生就业见习条例》规定：学生顶岗实习期间，实习单位应当按照同岗位职工工资的一定比例向学生支付实习报酬，具体比例由地级以上市人民政府根据本地实际情况予以确定。非顶岗实习的学生，学校、实习单位和学生可以在实习协议中约定给予实习补助。而对见习人员，见习单位应当每月向见习人员提供不低于当地最低工资标准百分之八十的生活补贴。见习单位支付生活补贴后，见习单位所在地人民政府应当落实省人民政府的有关规定，对见习单位给予补贴，补贴的具体数额由地级以上市人民政府根据本地实际情况予以确定。

（3）新就业复员军人的工资待遇，由用人单位自主确定；分配到企业的军队转业干部的工资待遇，按《军队转业干部安置暂行办法》（中发〔2001〕3号）的规定执行。

◆◆◆◆ **案例分析8-5**

### 五四青年节竟然还有半天假？说法不一放假成空文

5月4日当天，山东师范大学文学院的大学生曾文艳像往常一样去上课了。如果没有人提醒，她都想不起这一天是她的节日，而同在该校上大二的王青凤则早已对此不抱想法。"我听老师说，以前五一的七天小长假，是把青年节的假包含在里面了。现在假期缩短之后，青年节就不放假了。"

5月4日，记者随机采访了20位年龄在28岁以下的青年，无一人享受假期。

"如果提前安排好放假，并不会影响工作。如果有半天假，我会去逛街、看电影放松一下。"今年25岁的刘鑫在一家事业单位工作，她渴望青年节能有半天假，可惜今年又落空了。

在国企工作的女青年小葛，则指了指桌子上的一沓资料，"我这都有放假的文件呢，青年节当然应该放假。"不过，小葛的单位还是没放假。

听到记者说，"事业单位和国企都没放假"，在一家房地产公司做销售的小房心理"平衡"了许多。"看来各个单位都差不多，我工作几年后，换了好几家单位，没有一家放过假。"

"仔细想想，妇女节、儿童节，都是特定人群的假期。为什么青年节这天，我们这些小青年就有假不放呢？"小葛想了想，捂嘴笑着说，"因为在单位里，28岁以下的年轻人多数都是基层岗位，估计没人敢跟单位提这个话题。"

资料来源 范佳. 五四青年节竟然还有半天假？说法不一放假成空文[N]. 齐鲁晚报，2016-05-05.

问题：如何看待五四青年节假期这个话题？

分析提示：根据国务院公布的《全国年节及纪念日放假办法》的规定，由于青年节和3月8日妇女节等节日性质相同，都属于针对部分群体的节日，因此，如果当年5月4日赶上周六、周日的公休日，将不另补假期。团中央有关负责人表示，上午还是下午放假并未做硬性规定，由各单位视情况而定。

另根据《全国年节及纪念日放假办法》和原劳动和社会保障部《关于部分公民放假有关工资问题的函》的规定，妇女节、青年节、儿童节、建军节都属于部分公民放假的节日。属于部分公民放假的节日，按规定用人单位无须支付加班费。只有在全体公民放假的节日，劳动者加班才享受加班费待遇。

### 8.3.5　工资保障

1）工资保障的概念和意义

从广义上来说，工资保障是指实现"国家保护公民的合法收入"的宪法原则的全部制度，如提高工资、稳定物价、扩大劳动就业、举办各种福利事业、修建住宅等确保工资水平的稳定和提高的所有制度。本节所指的是狭义的工资保障，即《劳动法》调整的工资支付办法、禁止任意扣发工资和工效监督等制度。在我国现阶段劳动者的生活来源仍然主要靠工资收入的情况下，一方面保障劳动者充分就业，有正常、稳定的工资收入；另一方面使劳动者的有限收入有保障，是我国立法的一项重要任务。为此，我国宪法一方面规定公民有劳动权，另一方面规定"国家保护公民的合法收入"。为贯彻这一宪法原则，《劳动法》《工资支付暂行规定》及有关政策、法规等对此做了专门规定，形成了较完整的工资保障制度。工资保障制度的建立，对于提高企业行政领导人员的管理水平和法治观念、禁止任意扣罚职工工资现象发生、保障职工合法收入不受侵犯，都具有重要意义。

2）工资支付办法

《劳动法》第四十八条、第五十条、第五十一条及《工资支付暂行规定》规定用人单位支付工资必须按照以下方式执行：

（1）工资应以法定货币支付，不得以实物及有价证券替代货币支付。

（2）工资必须支付给劳动者本人。支付工资时，用人单位必须书面记录支付劳动者工资的数额、时间、领取者的姓名以及签字，并保存两年以上备查。

（3）工资支付的信息必须提供给劳动者。支付工资时，应向劳动者提供一份其个人的工资清单。

（4）要按时支付工资。工资必须在用人单位与劳动者约定的日期支付，如遇节假日或休息日，则应提前在最近的工作日支付。

（5）支付工资最长时间间隔规定。工资至少每月支付一次，实行周、日、小时工资制的可按周、日、小时支付工资。对完成一次性临时性劳动或某项具体工作的劳动者，用人单位应按有关协议或合同规定在其完成劳动任务后即支付工资。对于非全日制用工，依法其劳动报酬结算支付周期最长不得超过十五日。

3）工资保障措施

互动课堂

小思考8-1参考答案

●●●▶▶▶ **小思考8-1**

有位在北京某公司工作的王女士，其所在单位故意制定不能完成的目标，职工每月完不成任务就扣工资。

有些公司的规章制度不合理，就以这样的规定来克扣员工工资，这样合法吗？

工资保障主要为限制用人单位乱扣、滥罚工资，具体有下列规定：

（1）用人单位不得克扣劳动者的工资。

（2）扣除数额的限制。为保证劳动者最低生活水平的需要，有关法律、法规规定，依法从劳动者工资中每月扣除的部分不得超过劳动者当月工资的20%。若扣除后的剩余工资部分低于当地月最低工资标准，则按最低工资标准支付。如果劳动者造成的损失较大金额较高的，用人单位可以分月抵扣；当劳动者解除或终止劳动合同时，可以进行一次性扣除。

（3）扣除的情况及程序。依法，有下列情况之一的，用人单位可以代扣劳动者工资：用人单位代扣代缴的个人所得税；用人单位代扣代缴的应由劳动者个人负担的各项社会保险费用；法院判决、裁定中要求代扣的抚养费、赡养费；法律、法规规定可以从劳动者工资中扣除的其他费用。当因劳动者本人原因给用人单位造成经济损失的，用人单位可按照劳动合同的约定要求其赔偿经济损失，但用人单位应当书面告知劳动者之后方可扣除。

（4）工资保障的监督。任何法律制度都有监督的组成部分。有关法律、法规和政策规定，劳动行政部门、工会组织和中国人民银行，要加强对工资的监督。劳动行政部门要监督国家工资法规的正确实施，监督、检查工资待遇的执行情况。工会组织要监督企业切实执行国家工资法规的规定。中国人民银行要加强工资基金的管理工作，监督企业执行工资基金使用计划和通知开户银行办理工资基金转移手续。国有企业、集体企业本身应积极配合上述单位的检查监督工作，充分发挥工资管理制度的积极作用。

**▶▶▶ 小思考8-2**

蒋某入职某销售公司，并与其签订了劳动合同。工作期间，公司财务人员在公司微信群中要求工作完成率排名靠后的员工在群里发红包，蒋某因工作业绩几次未达标，在微信群发红包合计4 200元，另在群里向公司财务人员定向发送红包或转账19 500元。蒋某在完成任务后，公司财务人员向其返还12 460.69元，且因业绩较好，获得奖励4 500元。后蒋某诉至法院，认为公司要求其在微信群中发红包属于变相罚款，要求被告公司返还相应的红包金额。

你如何看待这个问题？

互动课堂

小思考8-2
参考答案

**▶▶ 知识链接8-1**

工资计算与支付办法、标准部分主要参考文件：

• 《中华人民共和国企业破产法》
• 《中华人民共和国劳动法》
• 《中华人民共和国劳动合同法》
• 《国务院关于修改〈国务院关于职工工作时间的规定〉的决定》（1995年3月25日）
• 《工资支付暂行规定》（劳部发〔1994〕489号）
• 《最低工资规定》（中华人民共和国劳动和社会保障部令第21号）
• 《关于贯彻执行〈中华人民共和国劳动法〉若干问题的意见》（劳部发〔1995〕309号）
• 《关于发布〈国家机关工作人员病假期间生活待遇的规定〉的通知》（国发〔1981〕52号）

- 《工伤保险条例》（2010年12月8日修订，2011年1月1日实施）
- 《女职工劳动保护特别规定》（中华人民共和国国务院令第619号）
- 《企业职工生育保险试行办法》（劳部发〔1994〕504号）
- 《国务院关于职工探亲待遇的规定》（国发〔1981〕36号）
- 《中华人民共和国工会法》
- 《对〈工资支付暂行规定〉有关问题的补充规定》（劳部发〔1995〕226号）
- 《关于职工全年月平均工作时间和工资折算问题的通知》（劳社部发〔2008〕3号）
- 地方性法规：《广东省工资支付条例》《江苏省工资支付条例》《北京市工资支付规定》《上海市企业工资支付办法》《天津市工资支付规定》《山东省企业工资支付规定》《安徽省工资支付规定》《浙江省企业工资支付管理办法》《江西省工资支付规定》《河北省工资支付规定》《辽宁省工资支付规定》等。

## 8.4　工时制度

### 8.4.1　工时制度概述

工时制度，即工作时间制度。据现有情况，我国目前有三种工作时间制度，即标准工时制、综合计算工时制、不定时工作制。

1）标准工时制

标准工时制，是指法律规定的，关于在正常情况下，一般职工从事工作的时间的制度。标准工时制度，又称标准工作制度，是由立法确定一昼夜中的工作时间长度、一周中工作日天数，并要求各用人单位和一般职工普遍实行的基本工时制度。标准工时制是其他特殊工时制度的计算依据和参照标准。因此标准工时制具有至关重要的意义，也是各国劳动立法中的重要内容。

标准工时制中的标准并不是一成不变的，随着社会的发展，标准也在不断发展和提高。《国务院关于职工工作时间的规定》第三条规定，职工每日工作8小时、每周工作40小时。实行这一工时制度，应保证完成生产和工作任务，不减少职工的收入。同时该规定的第四条也规定：在特殊条件下从事劳动和有特殊情况，需要适当缩短工作时间的，按照国家有关规定执行。

2）综合计算工时制

综合计算工时制是指分别以周、月、季、年等为周期，综合计算工作时间，但其平均工作时间和平均周工作时间应与法定标准工作时间基本相同，实际工作时间超出法定工作时间的，应按相关法律规定，向员工按结算周期计算加班费。

《国务院关于职工工作时间的规定》第五条规定，因工作性质或生产特点的限制，不能实行每日工作8小时、每周工作40小时标准工时制度的，按照国家有关规定，可以实行其他工作和休息办法。注意在实操中，企业也可以根据其实际工作需要与特点，在确保每周工作40小时不变的情况下，在确保员工每周至少休息一天的前提下，进行合理排班及确定每日的具体工作时间。

劳动部《关于企业实行不定时工作制和综合计算工时工作制的审批办法》第五条规

定，企业对符合下列条件之一的职工，可实行综合计算工时工作制，即分别以周、月、季、年等为周期，综合计算工作时间，但其平均日工作时间和平均周工作时间应与法定标准工作时间基本相同，包括：（1）交通、铁路、邮电、水运、航空、渔业等行业中因工作性质特殊，需连续作业的职工；（2）地质及资源勘探、建筑、制盐、制糖、旅游等受季节和自然条件限制的行业的部分职工；（3）其他适合实行综合计算工时工作制的职工。

实行综合计算工时工作制，其工作时间不区分制度工作日与公休日。员工在综合计算工时一个周期内只要总的实际工作时间没有超过法定总的工作时间的，其在公休日工作，不需支付200%加班工资。《劳动法》第四十四条第（二）款"休息日安排劳动者工作又不能安排补休的，支付不低于工资的200%的工资待遇"规定，一般只适用于实行标准工时制员工。

实行综合计算工时工作制员工实行计件工资制，其超过综合计算周期的总的法定工作时间的部分，要按计件单价工资的150%支付工资报酬。法定休假日安排职工工作的，按300%支付职工工资报酬。

3）不定时工作制

不定时工作制，也叫无定时工时制，它没有固定工作时间的限制，是针对因生产特点、工作性质特殊需要或职责范围的关系，需要连续上班或难以按时上下班，无法适用标准工作时间或需要机动作业的职工而采用的一种工作时间制度。它是指因工作性质、特点或工作职责的限制，无法按标准工作时间衡量或是需要机动作业的职工所采用的，劳动者每一工作日没有固定的上下班时间限制的工作时间制度。

对于实行不定时工作制的职工，用人单位应按劳动法的规定，参照标准工时制核定工作量并采用弹性工作时间等适当方式，确保职工的休息休假权利和生产、工作任务的完成。

《关于企业实行不定时工作制和综合计算工时工作制的审批办法》第四条规定，企业对符合下列条件之一的职工，可以实行不定时工作制，包括：（1）企业中的高级管理人员、外勤人员、推销人员、部分值班人员和其他因工作无法按标准工作时间衡量的职工；（2）企业中的长途运输人员、出租汽车司机和铁路、港口、仓库的部分装卸人员以及因工作性质特殊，需机动作业的职工；（3）其他因生产特点、工作特殊需要或职责范围的关系，适合实行不定时工作制的职工。

经批准实行不定时工作制的职工，不受《劳动法》第四十一条规定的日延长工作时间标准和月延长工作时间标准的限制，但用人单位应采用弹性工作时间等适当的工作和休息方式，确保职工的休息休假权利和生产、工作任务的完成。实行不定时工作制人员不执行加班工资的规定，但是实行不定时工作人员的工作时间仍应按照相关法规文件的规定，平均每天原则上工作8小时，每周至少休息1天。

对于实行不定时工作制的职工，在国家法定节假日企业安排其工作是否算加班，需参考各地政策。以目前掌握的信息而言，如上海、深圳两地是有相关规定，是算做加班的，需要支付300%的加班工资。但其余地区，并无明确规定，因此需参照当地的工资支付相关规定执行。

另根据《关于企业实行不定时工作制和综合计算工时工作制的审批办法》第六条的规定，对于实行不定时工作制和综合计算工时工作制等其他工作和休息办法的职工，企业应根据《中华人民共和国劳动法》第一章、第四章有关规定，在保障职工身体健康并充分听取职工意见的基础上，采用集中工作、集中休息、轮休调休、弹性工作时间等适当方式，确保职工的休息休假权利和生产、工作任务的完成。

### 8.4.2　特殊工时制度的申请与实施程序

企业实行不定时工作制和综合计算工时工作制等其他工作和休息办法的，需报当地人社部门审核与批准，在规定的有效期限内实行。具体的程序，以广东省现行的规定作为参考：

企业申请实行不定时或综合计算工时工作制，应报企业法人工商营业执照登记注册地县级以上劳动保障行政部门审批。

1）申请资料

企业申请实行不定时或综合计算工时工作制，应当提交以下材料：（1）企业实行不定时或综合计算工时工作制申请表，写明岗位（工种）的职能、特点和申请理由；（2）企业实行不定时或综合计算工时工作制的申请报告、实施方案、工时管理及工资支付规章制度，实施方案及规章制度需向本单位职工公示至少5个工作日，并提交公示反馈意见；（3）企业申请实行不定时或综合计算工时工作制职工名册及职工签名表；（4）企业法人营业执照副本及复印件；（5）实行期满需再次申请的企业，应当书面报告上期实施情况；（6）法律、法规或规章规定需要提交的其他材料。

2）申请核查

劳动保障行政部门应对企业报送的申请材料进行审核。根据实际需要，可指派两名以上工作人员对企业进行实地核查。有下列情形之一，应对企业进行实地核查：（1）申请实行不定时和综合计算工时工作制职工人数占企业职工总数50%以上；（2）申请实行以季、半年或年为周期的综合计算工时工作制的。

劳动保障行政部门对申报不定时或综合计算工时工作制企业实地核查的内容应当包括：（1）企业生产经营特点，工作时间、考勤管理制度及执行情况，工资分配制度及支付情况；（2）申请实行不定时或综合计算工时工作制人员工作岗位和工时安排等情况；（3）企业工会或职工代表意见。企业和劳动者应当对审查工作予以配合，据实提供材料。

3）审批时限

劳动保障部门应当在受理申请之日起20个工作日内做出是否准予实行不定时或综合计算工时工作制决定，如情况特殊需要延长时间的，经劳动保障部门负责人批准，可延长10个工作日，申请材料不齐全的，从补齐之日起计算。

批准决定中应当包含企业实行不定时或综合计算工时工作制的岗位名称、实行时间、综合计算工时计算周期、执行中的注意事项，并可根据不同岗位特点对劳动者日或周工作时限做出具体规定。每次批准实行期限一般为一年，最长不得超过两年。

4）实施程序

经批准实行不定时工作制和综合计算工时工作制的企业，应当将劳动保障部门的批准决定在单位内公示，明确实行的工种及人员，并在劳动合同中予以写明，不得混岗混员、擅自扩大实行范围。

企业应根据标准工时制度合理确定劳动者的劳动定额和其他考核标准，合理安排劳动者休息。对实行综合计算工时工作制的职工，应按国家有关规定计发加班或延长工作时间工资。

企业应当建立实行不定时和综合计算工时工作制登记存档制度。登记存档内容应包括实行人员、岗位、实行时间、综合计算工时计算周期、综合计算工时考勤记录，并应经劳动者签名确认。档案应至少保存两年。

5）处罚

各级劳动保障行政部门应加强对企业实行不定时和综合计算工时工作制的监督检查，建立企业执行工时情况定期检查和信息公布制度，并将企业执行工时制度情况纳入企业信用监督机制。对于违反工作时间和休息休假规定的用人单位，应严格按照《劳动保障监察条例》的规定做出处理。

## 8.5　企业内部劳动规则

### 8.5.1　用人单位内部劳动规则的含义与特点

用人单位内部劳动规则是用人单位依据国家劳动法律、结合用人单位的实际情况，在本单位实施的，为协调劳动关系，并使之稳定运行，合理组织劳动，进行劳动管理而制定的办法、规定的总称。

用人单位制定并实施劳动规则是其行使经营管理权和用工权的主要方式，发挥着用人单位内部强制性规范的功能。按照《中华人民共和国公司法》的有关规定，在现代企业制度中，制定重要的管理制度是公司的权利，是董事会和经理的职责。制定、实施内部劳动规则同时也是用人单位对国家和用人单位财产投资者的义务。在劳动关系的运行当中，劳动者处于被指挥和被管理的从属地位，其权利和义务的实现，受用人单位支配和约束。制定和实施内部劳动规则，并结合劳动合同、集体合同的履行，一方面可以使劳动者的权利义务明确、具体，另一方面可以使用人单位的管理行为规范化，从而限制用人单位对劳动者实现权利义务过程中的任意支配，特别是防止用人单位滥用惩戒权。此外，现代的劳动过程是一种联合劳动，分工协作更为精细、周密，每一个劳动者的工作绩效一般都与其他劳动者的劳动有着紧密联系，因而，每一个劳动者的权利义务都与其他劳动者的权利义务相互关联。在实现各自的权利义务过程中，劳动者之间极有可能发生矛盾与冲突。制定与实施内部劳动规则，可以有效地协调不同劳动者之间行使各自的权利、履行各自义务过程中所产生的矛盾，有利于形成全体劳动者都能以优化的秩序实现各自权利义务的格局。

用人单位内部劳动规则是企业规章制度的组成部分，是企业劳动关系调节的重要形式，具有以下特点：

（1）制定主体的特定性。用人单位内部劳动规则以用人单位为制定的主体，以用人单位公开、正式的行政文件为表现形式，只在本单位范围内适用。

（2）企业和劳动者共同的行为规范。用人单位内部劳动规则用来规范劳动过程中企业和劳动者之间，以及劳动者相互之间的关系。用人单位内部劳动规则所调整的行为是作为劳动过程组成部分的用工行为和劳动行为，既约束全体劳动者，又约束企业行政各职能部门和企业的各组成部分。

（3）企业经营权与职工民主管理权相结合的产物。用人单位内部劳动规则的制定和实施是企业以规范化、制度化的方法协调劳动关系，对劳动过程进行组织和管理的行为。制定用人单位内部劳动规则必须保证企业职工的参与。企业职工既有权参与相关制度的制定，又有权对制度的实施进行监督。

## 8.5.2　用人单位内部劳动规则的内容

1）劳动合同管理制度

员工如何与企业签订劳动合同，签订了合同以后如何执行，执行中发生了纠纷又如何处理，合同到期后还是否续签等，围绕这些问题，企业需要进行有效的管理，而这一管理工作的质量，又直接影响员工与企业的关系。所以，对企业内部劳动合同的管理，是企业内部劳动规则管理的重要内容。

劳动合同管理制度应包括以下方面：

（1）劳动合同订立的协商制度；

（2）劳动合同申请、鉴证制度；

（3）劳动合同履行的原则；

（4）员工招收录用条件、招工简章、劳动合同草案、有关专项协议草案审批权限的确定；

（5）员工招收录用计划的审批、执行权限的划分；

（6）试用期考察办法；

（7）员工档案的管理办法；

（8）应聘人员相关材料保管办法；

（9）劳动合同自检制度；

（10）劳动合同执行过程中纠纷处理的程序规定；

（11）劳动合同续签、变更、解除事项的审批办法；

（12）集体合同草案的拟订、协商程序；

（13）解除、终止劳动合同人员的档案移交办法、程序；

（14）劳动合同管理制度修改、废止的程序等。

2）劳动纪律

劳动纪律是企业依法制定的、全体员工在劳动过程中必须遵守的行为规则。每位员工都必须按照规定的时间、地点、方法和程序要求履行自己的劳动义务，保持全体员工在劳动过程中的行为方式和联系方式的规范化，以维护正常的生产、工作秩序。其主要内容为：

（1）时间管理规则。企业对全体员工的作息时间、考勤办法、请假程序和办法等方面的规定。

（2）组织规则。企业对各直线部门、职能部门或各组成部分及各类层级权责结构之间的指挥、服从、接受监督、保守商业秘密等方面的规定。

（3）岗位规则。劳动任务、岗位职责、操作规程、职业道德等。

（4）生产协作规则。流水线式生产和实行工序分工的企业，对员工在工种、工序、岗位之间隶属关系、协作、配合关系等方面，进行了合理的设计，并制定了相应的规则，员工如不遵守，将会引起生产秩序的混乱，严重时可导致生产或经营瘫痪。

（5）品行、道德规则。不同的企业根据自己的行业特点和企业文化要求，对员工在语言、着装、用餐、化妆、接待客人礼节等方面都有具体而严格的规定，并要求员工必须遵守。

（6）安全生产规则。按操作规程，实行安全生产，确保员工的生命安全和企业的财产安全，是每个生产性企业在生产管理方面的头等大事，企业一般都以严明的劳动纪律来予以落实执行。

制定劳动纪律，应当符合以下要求：

首先，劳动纪律的内容必须合法。应当在法律允许的范围内约束劳动者的行为，不能侵犯劳动者的人格尊严，不得非法限制和剥夺劳动者依法享有的权利和自由，不得强迫劳动，对于违纪员工的处罚不能超过规则以外的措施。

其次，劳动纪律的内容应当全面约束管理行为和劳动行为，工作纪律、组织纪律、技术纪律全面规定，使各种岗位的行为与职责都能做到有章可循、违章可究。

再次，标准一致。行为模式标准应当一致，纪律的执行应当宽严一致，各类管理行为、劳动行为应当受到同等的约束。

最后，劳动纪律应当结构完整。劳动纪律作为一种规范应具有严密的逻辑结构，适用条件、行为模式标准、奖惩程序、措施与责任明确规定。

#### ►►►► 案例分析8-6

#### 冯某与某金属制品厂劳动合同纠纷案

##### 一、基本案情

冯某在某金属制品厂工作，担任生产厂长，其职责包括登记员工考勤情况。任职期间，冯某陆续将多名迟到、早退、缺勤员工登记为全勤，帮助其骗领全勤奖并获利。此后，某金属制品厂发出免职公告，认为冯某违纪违规，虚报员工考勤牟利，免除其职务。冯某认为该金属制品厂违法解除劳动合同，遂诉至法院。

##### 二、裁判结果

法院认为，冯某作为管理人员，负有廉洁和忠诚义务，应严格遵守劳动纪律。冯某在任职期间利用其职务之便，将员工缺勤登记为全勤，套取虚报部分的全勤奖金，为个人谋取私利，侵害用人单位利益。冯某的行为违背了廉洁和忠诚义务，严重违反职业道德和劳动纪律，用人单位与其解除劳动关系合法，故对冯某主张违法解除劳动合同赔偿金的诉讼请求，不予支持。

##### 三、典型意义

劳动者严重违反劳动纪律的，用人单位可以解除劳动合同。劳动者依法从用人单位处获得劳动报酬，其作为用人单位的组织成员应负有忠诚义务。劳动者的行为如违反忠诚义务，根据具体情况，用人单位有权解除劳动合同。本案通过对劳动者恶意损害企业利益的严重违纪行为给予否定性评价，有力维护了企业的合法权益，保障了正常的管理秩序，具有鲜明导向意义。

资料来源　广州中院发布劳动争议十大典型案例［EB/OL］.［2025-01-02］. https://m.163.com/dy/article/J2QAGSIA05419PPO.html.

3）劳动定员定额规则

（1）编制定员规则。企业依据自身的实际情况制定企业机构的设置和配备各类人员的数量界限。除法律、行政法规规定的以外，企业按照生产经营的实际需要，自主决定内部机构的设立、调整、撤并和人员配备。

（2）劳动定额规则。在一定的生产技术水平和组织条件下，企业制定的劳动者完成单位合格产品或工作所需要的劳动消耗量标准，分为工时定额和产量定额两类。

劳动定员定额与劳动者的利益密切相关，直接关系劳动者的工资、工时和职业稳定性。制定劳动定员定额应注意以下事项：

第一，必须紧密结合企业现有的生产技术组织条件，确定定员水平，应执行适合本企业的技术组织条件的定员标准，对于强制性定员标准应严格执行，并严格履行定员制定程序。

第二，制定劳动定额的技术组织条件必须是企业现有的或是按照劳动合同的规定企业可以提供的条件，不能超过这种约定条件的劳动定额标准。

第三，劳动定额所规定的劳动消耗量标准应当以法定工作时间为限，并符合劳动安全卫生的要求。

第四，制定、修订劳动定员定额的程序必须合法。

4）劳动岗位规范制定规则

劳动岗位规范是企业根据劳动岗位的职责、任务和生产手段的特点对上岗员工提出的客观要求的综合规定。在劳动关系协调、组织劳动过程中，劳动岗位规范是安排员工上岗、签订上岗协议和对员工进行岗位考核的依据和尺度，包括岗位名称、岗位职责、生产技术规定、上岗标准等。

企业内部规则，除以上主要方面外，还应包括劳动安全卫生制度、福利制度、考核制度、奖惩制度、培训制度等，这些制度都与协调劳动关系有着直接的联系，并且反映劳动关系的实质内容。

## 8.6　奖惩与申诉制度

### 8.6.1　奖惩

1）奖惩的内涵和意义

奖励和惩罚是企业管理不可缺少的方法，同时也是企业劳动关系调整的重要手段。奖励属于积极性的激励诱因，是对员工某项工作成果的肯定，旨在利用员工的向上心、荣誉感，促使其守法守纪、负责尽职，并发挥最大的潜能。奖励可以给员工带来高度的自尊、积极的情绪和满足感。惩罚则是消极的诱因，其目的是利用人的畏惧感，促使其循规蹈矩，不敢实施违法行为。惩罚会使人产生愤恨、恐惧或挫折感，除非十分必要，否则不要滥施惩罚。奖惩是管理者对工作努力或严重违反劳动纪律的员工所采取的激励或惩罚措施。有效的奖惩措施，不应随便使用，而应符合预先设定的规则，并按照规定的程序进行；应明确奖惩的原因、奖惩依据、奖惩程度、奖惩的具体形式，对事不对人。奖惩不当，无论是对员工还是对管理方，都十分有害，并会影响劳动生产率的提高和员工关系的改善。

在现实工作中，大多数用人单位的《员工手册》等规章制度中对"奖励"的设置非常少甚至完全没有。用人单位应当强加奖励事项的设计，以便激励员工。

2）奖励的种类

（1）嘉奖、记功、记大功。根据奖励事实和程序，给予嘉奖、记功、记大功。嘉奖3次相当于记功1次，记功3次相当于记大功1次。这些奖励措施通常可以作为绩效加分或增发奖金的依据或者晋升参考。例如，获得嘉奖1次，在绩效考核中加1分；记功1次加3分，记大功1次加9分。记功的奖励也可以根据其程度，分为一等功、二等功、三等功。

（2）奖金。奖金即以金钱激励受奖者，奖金数目可以根据月薪的百分比发放，也可以另定数目。

（3）奖状、奖牌、奖章。这类奖励方式可以使受奖者长期显示荣耀。另外，奖状、奖牌、奖章的设计样式、本身的价值以及赠奖人的身份地位，都足以影响奖励的价值。

（4）晋级加薪。调升受奖者的薪级，提高薪酬水平。

（5）调升职务。提升受奖者职务，如将技术员调升为工程师，或由职责较轻的工作调任职责较重的工作等。

（6）培训深造。优先选送受奖者进修、深造，或送其出国考察。

（7）其他非物质奖励，如带薪假期、旅游等。

（8）表扬。利用开会或企业内刊等场合给予表扬、赞美、慰勉、嘉许。

3）惩罚的种类

（1）申诫、记过、记大过。与嘉奖、记功、记大功的奖励措施相对应，惩罚措施也可以分为申诫、记过、记大过。申诫3次相当于记过1次，记过3次相当于记大过1次。在绩效考核减分上，如申诫1次扣1分，记过1次就要扣3分，记大过1次就要扣9分。同样，这种惩罚措施也可以作为减发奖金的依据。

（2）降级。降级即调低受惩罚者的薪酬等级，降低薪酬水平。降级通常应有时间限制，如3个月、6个月，时间一到，即应恢复原来的薪酬等级。

（3）降调职务。降调受惩罚者的职务，如由主管降调为非主管或由环境较优的地区调往环境较差的地区。

（4）停职。在一段时间内停止受惩罚者的任职，停职期间停发薪酬和津贴。

（5）解除劳动关系。对严重违反劳动纪律者，可以依法解除劳动关系。

（6）追究刑事责任。对触犯刑律者，如侵占公款等，可以移送司法机关，追究其刑事责任。

这些奖惩措施可以同时使用，如对记大功者，可以同时发给奖金、表扬并调升职务；对受惩罚者，也可以同时记大过、降级以及降调职务。管理者使用奖惩措施，应当详细考察事实程度、功过轻重大小，妥善运用。惩罚员工，尤其应注意其发生错误的原因、动机、目的，做到不偏不倚，达到惩罚之效果。

在实际工作中，HR设计惩罚制度，务必要注意制度的实操性。不少用人单位设计的制度中惩罚处理级别过多，程序过于烦琐，导致用人单位在仲裁过程中处于被动地位甚至因此败诉。

4）实施奖惩的一般程序和步骤

奖惩制度是规范企业经营管理、约束员工行为的重要规范，大多数企业都根据自身需要出台了或繁或简的规章制度。那么，这些奖惩制度是否都能约束员工行为？管理者应当如何实施奖惩制度呢？制定包括奖惩措施在内的规章制度，是法律赋予企业的权利，也是企业用工自主权的重要内容，但法律在赋予企业此项权利的同时，为了防止此项权力的滥用导致员工合法利益受损也设定了相应的限制条件，这些限制条件包括：

（1）规章制度的内容合法，即管理制度的内容不能与现行法律法规、社会公德等相背离。

（2）规章制度要经过民主程序制定，即企业规章制度必须经过职工大会或职工代表大会，或至少是职工代表同意。

（3）规章制度要向员工公示，即规章制度出台后要公开告知员工。

我国法律规定，这三项限制条件缺一不可，如果企业制定的规章制度不符合上述任何一项条件，则不能作为人民法院审理案件的裁判依据。

对员工进行奖惩，应遵循一定的程序和步骤：

（1）建立绩效考核等规章制度。绩效考核一般通过绩效评价过程来确定，规章制度是获得高绩效的保证，应当与成功的工作业绩相关，其内容应合法、公正、具体、明确，具有可操作性。

（2）按法定程序让员工参与。企业在制定规章制度和工作规则时，应直接或间接征求员工意见和建议，应符合法定的民主程序，如职工代表大会通过、集体谈判确认等。

（3）公示。管理方负有将绩效考核标准和规章制度传达给员工的责任和义务，其方式有多种，如通过发放《员工手册》，介绍工作规则和组织政策；通过上岗引导，向新员工解释相关规则；通过让新员工在文件上签字，表明他们已经收到或读过《工作手册》；通过公告牌、公司简报和备忘录传达工作规则等。

（4）进行渐进性惩处。管理方对员工进行处罚，应采取逐步严厉的方式进行，即口头警告、书面警告、停职和解雇这种正常顺序，其目的是确保对所犯错误施以最轻惩处。实施渐进性惩处方式，要求对员工所犯错误，按照其严重程度进行分类。除了需要立即解雇的违纪行为如盗窃、伪造证件、营私舞弊等之外，对员工的各种违纪行为要制定出不同的处罚标准，并规范处理程序，如对工人未经允许擅自离开岗位，初犯时会受到口头警告，第二次时会受到书面警告，第三次时将被解雇；对浪费财物、上班时间睡觉，初犯时会受到书面警告，第二次时将被解雇。总之，处罚应与错误的严重程度相当，并不是越严厉越好。处罚员工，应仔细、公正、规范，避免草率。

（5）必要时进行纠正性惩处。当员工的工作绩效低于预期或者违反了规章制度时，必须采取纠正措施。

（6）调查和取证。奖惩应建立在事实清楚、证据确凿的基础之上，以充分、恰当的记录为依据。建立详细的工作档案，对员工的工作表现、工作业绩、过去违反规则的行为，要有翔实的考核评价和书面记录，因为良好的工作绩效以及在企业工作时间的长短，都可能会影响惩处行为的严厉程度。管理方要避免对员工进行草率惩罚，更不能在惩罚员工之后，再去收集、寻找相关证据。纪律管理在员工关系中发挥着重要作用。

### 8.6.2　申诉

1）申诉及其种类

申诉是指员工认为自己在工作中的权利受到侵犯而提出要求解决的行为。申诉，通常是由于员工认为企业违反了集体协议、劳动法律，或者违背了过去的惯例、规章制度、企业应承担的责任而引起的。建立申诉制度，为处理劳资之间的纠纷、分歧和不满，提供了有效的办法。它用一种正式的、事先安排好的方式，为化解纠纷提供了一种机制，有利于发挥工会在处理纠纷过程中的作用，有利于劳资双方在不同层次上的协商，从而确保职工的问题能得到及时处理。

申诉通常分为两类：个人申诉和集体申诉。个人申诉多是由于管理方对工人进行惩罚而引起的纠纷，通常由个人或工会的代表提出。其内容范围从管理方的书面警告开始，到最终工人被解雇的整个过程中可能引发的任何争议。争议的焦点是企业违反了集体协议中规定的个人和团体的权利，如有关资历的规定、工作规则的违反、不合理的工作分类或工资水平等。集体申诉，是指工会为了集体利益而提起的政策性申诉，通常情况下是工会针对管理方（在某些情况下，也可能是管理方针对工会）违反协议条款的行为提出质疑。集体申诉虽不直接涉及个人权利，却影响整个谈判单位的团体利益，通常由工会委员会的成员代表工会提出。例如，管理方把协议中规定的本应在企业内部安排的工作任务外包给其他企业，这一做法可能并没有直接影响到某一职工利益，但它意味着在谈判单位内部，雇用的职工会更少，工作岗位也会更少，因而工会可以以团体利益受损为由提出申诉。

为了防止拖延，通常对阶段任务做出时间限制。但如果双方同意，这些限制可因个人申诉而被取消。因为在许多申诉中，尤其是那些涉及解雇问题的申诉，集体协议规定了"及时仲裁"制度，即当事人可以不经过规定的申诉阶段，而直接进入仲裁。从理论上说，及时仲裁制度有助于防止案件的拖延，有助于快速解决对一方或双方至关重要的问题。

2）申诉的范围

员工申诉制度的主要作用在于处理员工工作过程中的不满，其范围一般限于与工作有关的问题。凡是与工作无关的问题，通常应排除在外，如员工的私人问题、家庭问题，虽然可能间接影响其工作绩效，但并不是申诉制度所应该或所能够处理的问题。一般而言，员工在劳动关系中可能产生的不满，可以通过申诉制度处理的事项主要有：薪资福利、劳动条件、安全卫生、管理规章与措施、工作分配及调动、奖惩与考核、群体间的互动关系以及其他与工作相关的不满。

　　3）申诉的程序

　　处理申诉的程序因企业规模大小、事情轻重，以及有无工会组织而有所不同，有的只有一两个阶段，有的则多达五六个阶段，申诉程序很可能因企业不同而不同。但一般而言，申诉的起始阶段多由申诉人与其管理者直接协商，然后由工会代表和工厂主管磋商，如争端仍未获解决，最终则通过外部仲裁。原则上，问题如果能在第一阶段获得解决，申诉就不再进入第二阶段。在无正式工会组织的企业，员工若有任何抱怨与不平，大多直接由申诉人与其主管直接协商，如果没有解决，则依序向上一级提出，直至其最高主管来解决。在有工会组织的企业内部，员工申诉程序往往通过正式的流程来处理。实际提起申诉的程序是通过集体谈判确立，并被具体写入协议条款之中。通常在集体协议中都包括了处理争议的申诉程序，具体步骤的设计由当事人双方自行决定。

　　一般而言，处理员工申诉，其主要程序可以分为受理员工申诉、查明事实、解决问题、申请仲裁（如果员工的不满不能在组织内部获得满意解决，则双方都可以诉诸第三者或公权力来仲裁）四个阶段。

　　4）建立、健全企业内部申诉制度

　　企业内部申诉制度的建立，是为了化解员工的不满情绪，解决组织内部不合理的制度安排。除了非正式的申诉处理制度（如当事人之间的私下沟通），组织还应建立一个明确的申诉制度，给员工提供正常、合法的申诉渠道。内部申诉制度的建立，应当主要做好以下几个方面的工作：

　　（1）制定规范的申诉规则，并将其制度化。企业对申诉的细则和程序等要明确加以规定，并形成企业和员工都要遵守的制度。企业在制定细则过程中，应注重听取员工意见，不能单方自行制定。细则确定以后，要进行公示。

　　（2）成立企业内部的申诉机构。企业内部申诉事宜，应有正式的机构来受理，要尽快改变当前不规范、不公正的做法。企业应建立由劳资双方代表共同组成的正式申诉机构，以确保申诉渠道的畅通，提高申诉处理的效率，同时做到有效防止直属主管刻意隐瞒事实的弊端，以确保申诉处理的客观和公正。

　　（3）明确申诉范围。明确界定申诉问题的范围，可以准确判断申诉事件是否成立，以及是否值得进一步加以调查。界定员工可以提起申诉的事项范围，可以使组织和员工了解申诉的问题所在，从而使申诉制度运作方向更为明确。同时，对申诉问题加以分类，可以使组织尽早发现问题，这样，不仅可以及时消除员工的不满，而且由此可以发掘组织管理制度存在的不合理之处。

　　（4）使申诉程序更加合理化。每个企业的申诉程序因为申诉制度的设计和运作，要受到组织规模大小的影响，可以不尽相同，但一个合理的申诉程序应具备以下几个要素：员工有机会表达其意见；企业有接受意见并处理意见的机构或执行者；申诉处理依正式的渠道和程序进行；问题处理必须能反馈给申诉者，明示申诉处理过程及结果，以及在问题处理未决时，员工应当遵守的基本规定；企业应定期整理并公布申诉处理的事件及问题特征，让员工了解申诉问题的重点及处理情形。

　　（5）不断提高申诉处理的质量。不断提高员工申诉处理的质量，要在掌握和运用处理的方法上下功夫。例如，要确实做好保密工作，减少申诉者的疑虑；摈弃本位主义，以超然、公正及客观的立场处理员工申诉；掌握处理时效，避免久拖不决；答复员工问题时，力求精确明示，切忌语意不明、模棱两可。遵循这些原则，可以确保申诉制度的正常运行，并使员工对该项制度有信心，发挥制度的效用。

### ➤ 随堂测——劳动关系协调员职业技能理论测试

随堂测8

即测即评

1.（单选题）关于规章制度，以下表述不正确的是（　　　）。

A.用人单位应当依法完善规章制度

B.用人单位规章制度向劳动者公示

C.用人单位规章制度应和全体职工协商一致确定

D.用人单位规章制度内容应合法合理

2.（多选题）厂务公开的形式包括（　　　）。

A.职工代表大会

B.厂情发布会

C.党政工联席会

D.企业内部信息网络、广播电视、厂报墙报

3.（多选题）以下关于用人单位工资制度条款合法有效的有（　　　）。

A.用人单位对销售提成规定享有最终解释权，提成比例变化时予以公示

B.用人单位安排劳动者补休后可不支付劳动者双休日加班工资

C.用人单位对劳动者造成重大经济损失的，有权要求劳动者予以赔偿，并扣除全部工资

D.用人单位支付劳动者的试用期工资不低于劳动合同约定工资的80%，且不低于最低工资标准

4.（多选题）劳动者认为企业的劳动规章制度存在问题的，有权向（　　　）提出。

A.工会　　　　　　　B.劳动行政部门　　　　C.调解委员会　　　　D.企业管理层

5.（多选题）属于用人单位掌握和管理的证据有（　　　）。

A.用人单位规章制度文本

B.用人单位规章制度相关程序的资料

C.用人单位对劳动者实施奖惩的资料

D.职工名册

### ➤ 以案说法

#### 劳动合同的履行应遵守职业规范和公序良俗

郭某于2005年入职某航空公司，在离职前担任乘务长。2019年10月12日，郭某在某航班限流等待期间在飞机洗手间内身着内衣自拍并发至微信朋友圈，并附有"飞机延误了，我立刻来洗手间试试新品：裸感……真的跟没穿一样……这么长时间一直穿的是裸吻内衣，我的胸型也升杯了……"等文字。2019年11月28日，该航空公司以郭某利用工作时间从事私人事务，且违反公司舆情管理、网络管理规定，在网络发布不雅照片违反公序良俗，严重违反航空公司规章制度为由，解除与郭某的劳动合同。郭某认为该

航空公司违法解除劳动合同，遂诉至法院。

　　法院经审理认为，某航空公司是公共航空运输企业，具有较强行业特殊性。因公共航空运输涉及不特定人民群众的公共安全，航空公司负有高度的安全责任，故某航空公司实行更加严格的规章制度和管理规范具有合理性。郭某自拍行为的发生时间属于飞行值勤期内，在值勤期内从事私人事务，违反其应履行的保障客舱安全的职责。虽然最终该班次没有出现安全问题，但出于航班安全管理至上的需要，该行为不可容忍。并且，郭某的身份在朋友圈公开，所发布的不雅照片有损社会风气和公序良俗，违背空乘人员的行为规范和职业形象，必然造成不良的社会示范效果，影响航空公司的声誉。因此，认定某航空公司以郭某严重违反规章制度解除劳动关系是依法行使管理权的体现，不构成违法解除。

　　资料来源　广州市中级人民法院．广州市法院、市总工会联合发布新业态劳动争议典型案例［EB/OL］．［2022-05-01］．https://m.thepaper.cn/baijiahao_17896848.

　　**解读**：航空公司作为负责人民群众出行安全的特殊企业，对影响飞行安全的行为持"零容忍"的态度具有合理性。一方面，本案从维护民航安全、保障人民群众生命安全的价值取向为出发点，认定郭某工作期间从事私人事务违反安全职责，某航空公司解除合同的行为合法，为践行爱岗敬业的社会主义核心价值观起到良好的示范作用。另一方面，虽然郭某本身不属于公众人物，但因其工作属性需面对一定数量的社会大众，其个人形象、言行举止均会对其工作和社会大众造成较大影响。本案倡导具有一定社会公众关注度的岗位人员在职务的履行中应更加自律，自觉约束自身言行，遵守公序良俗，以免对公众造成不良的影响。

## 基础训练

　　□ 简答题

　　1.本章所论述的劳动关系管理相关制度包括哪些主要内容？

　　2.职工民主管理的性质和特点是怎样的？

　　3.职工代表大会在协调企业和员工关系方面应行使哪些职权？

　　4.什么是平等协商制度？有何作用？

　　5.企业内部劳动规则含有哪些内容？

　　6.工资形式有哪几种？如何确定？

　　7.特殊情况下的工资支付包括哪几种情形？

　　8.简述企业奖惩的主要内容和方法。

　　9.提高处理申诉的质量，要注意使用哪些方法？

## 综合应用

　　□ 案例分析

　　李某为A公司员工。2017年3月的一天，因部门领导张某前一天要求其做的方案书没按时做好，而且最终交上来的版本语句不通、没有任何的思维逻辑，故张某口头通知李某不用再来上班了，但未出具解除劳动合同证明。当日后，李某就没再去单位上班。

之后，李某向当地劳动监察部门投诉单位未支付其加班工资，在加班工资事宜处理完毕后，李某又向当地劳动仲裁部门递交了仲裁申请书，要求单位支付违法解除劳动合同的赔偿金。在劳动监察投诉期间，公司向李某发出了书面通知，要求李某在接到通知3个工作日内返回单位上班，否则按旷工解除劳动合同。但李某认为，单位已口头通知，不再让其上班，双方劳动合同关系已解除，且李某在接到通知书的3个工作日后回单位，单位告知其不用上班。公司于2017年4月办理了李某的社会保险停保手续。此后，李某继续向劳动监察部门进行申诉，要求公司支付其违法解除劳动合同的经济补偿金。

资料来源　编者根据真实案例整理、归纳、改编.

要求：请分析本案例中，企业在对李某的解雇有何不妥之处？您会给A公司提供哪些完善规章制度和操作的建议呢？

分析提示：（1）注意处理手段的合法性；（2）公司制度的漏洞弥补；（3）公司制度的民主程序与公示制度的落实。

□ 实践训练

甲公司为一家新设立的互联网公司，从总经理到普通员工都是"90后"，大多为初入社会的大学毕业生，公司的主营业务为App开发，目前员工人数为15人。现请你根据本章所学的内容，拟定一份公司的内部行为规范，并召开全体员工会议，对该行为规范进行讨论与表决。

要求：

（1）要结合企业的实际情况与眼前的关注点进行设计；

（2）可对内部行为规范做创新尝试，结合员工的特点，做到生动活泼，但又不失严肃；

（3）合理落实民主程序，做好讨论与表决的事前、事中和事后工作，为该内部行为规范日后的有效落实打好基础。

## 第9章　和谐劳动关系的构建

▰▰▰➡ **学习目标** ▰▰▰

**知识目标：**

1. 了解当前劳动关系中存在的一些常见问题；

2. 明确当前劳动关系不和谐的主要原因；

3. 熟知并掌握构建和谐劳动关系的一些措施。

**素养目标：**

引导学生认识并理解构建和谐劳动关系是长期性的工作，企业应利用好工会及集体协商机制，与员工共同为建设和谐劳动关系而努力。

▰▰▰➡ **内容架构** ▰▰▰

```
第9章  和谐劳动关系的构建
                                            9.1.1  劳动争议案件现新趋势
                                            9.1.2  劳动标准方面的问题
            📞 9.1  当前劳动关系中存在的问题    9.1.3  社会保障方面的问题
                                            9.1.4  劳动争议方面的问题

                                            9.2.1  劳动力供给过剩，决定了劳动关系双方地位的不平等
                                            9.2.2  "资本雇佣劳动"与"劳动者人力资本缺失"，决定
                                                   了劳动者缺乏与资本抗衡的力量
            🔧 9.2  当前劳动关系不和谐的原因     9.2.3  劳动用工形式的多样化，劳动关系管理的"真空化"
                                            9.2.4  劳动法律法规还不完善、不配套
                                            9.2.5  有法难依，执法不严

                                            9.3.1  政府方面的措施
                                            9.3.2  企业方面的措施
            💲 9.3  构建和谐劳动关系的措施       9.3.3  工会方面的措施
                                            9.3.4  员工方面的措施
                                            9.3.5  其他组织方面
```

→ 引例 →

## 构建和谐劳动关系，促进企业发展

"出差每天只有30元的伙食补助，根本不够，还要加一些。"位于广州珠吉路上的广州市国研机械设备制造有限公司内，一场看似普通的会议，引起了全国媒体的关注，经过两个多小时激烈舌战，最终员工工资上涨15%，成为这家企业10多年来涨幅最大的一次，劳资双方均表示满意。

"我们不是作秀，说句实在话，工资集体协商对于我们来说，确实是件好事。"广州市国研机械设备制造有限公司副总经理王声跃这样告诉记者。

工资协商，对于这家有100多人的企业而言并不陌生，只是那时候还没有被冠以"工资集体协商"的名号。王声跃告诉记者，从每名员工进厂，工资就是"面议"协商，这么多年来，工资每年都会有一个调整的过程，每年4月底至5月初公司就会与工人面对面地协商涨幅，只是对象范围不断扩大。10多年来，这家公司没有发生一起2人以上的劳资纠纷，员工流失率只有3%。王声跃说，最初他们只找一些技术骨干、老员工单独谈，每个人涨幅也不一样，后来，他们改变了做法，让10多名老员工、一线骨干一起与老板面对面谈，虽然工资有增长，但后来发现还是有人要走，"我们调查发现，有些员工面对老板时担忧问题太尖锐，老板不答应，只好闷在心里，越积越深，最后不满意走了"。

早在2008年，广州市国研机械设备制造有限公司的高层决定让工会发挥"第三方"更大的作用，先就今后一年工资预期增长幅度在员工中进行调查，并将收集的情况反馈到公司高层协商，最后考虑企业利润等多重因素后确定一个增长幅度。"这样的效果是员工自动离职的少了，生产效益比往年提高，但我们觉得还有待完善。"王声跃告诉记者，到了2010年5月份，他们参照多方做法和相关规定，正式启动了"工资集体协商机制"。5月13日上午10时，40多名员工代表与王声跃等两名高层领导在四方桌上面对面坐下来。整个协商会讨论了两个多小时，经过一番激烈的讨论，最后结果是今年工资增长15%。

王声跃拿出了最近一次员工对这次涨薪方式的实名调查结果，95%的员工对此满意。王声跃说，工资集体协商过去两个多月了，现在无一人主动离职，他们也不再为招工难而发愁。

资料来源 杨进. 一家民营企业的工资集体协商之路："我们不是作秀"[N]. 广州日报，2010-08-05.

此案例说明，劳资双方平等协商、共同构建和谐劳动关系，既有助于满足员工利益，又有利于企业的发展，构建和谐企业劳动关系对企业与劳动者来说，是一件双赢的大好事。

当前，上至国家部委，下至市县和企业，都十分重视和谐劳动关系的构建。中国经济正处于转型升级的关键时期，职工队伍结构发生了深刻变化，影响劳动关系和谐稳定的因素日益增多。从新就业形态发展来看，以货车司机、网约车司机、快递员、外卖配送员等为代表的新就业形态劳动者大量涌现，成为职工队伍的重要组成部分。从职工利益诉求变化看，当前职工群众美好生活需要日益增长，从追求生存权益向追求发展权益延伸，从追求物质权益向追求民主权利、精神权益拓展，从利益诉求一体化、同质化向差异化、多元化转变。劳动关系内涵和外延不断发展，必须做好充分的准备工作，推动和谐劳动关系长远发展。所以，对和谐劳动关系构建面临的问题和对策进行研究，具有十分重要的现实意义。

## 9.1　当前劳动关系中存在的问题

经过改革开放40多年的快速发展，中国经济已经取得了举世瞩目的成就，但在经济发展的过程中，也日益暴露出了社会生活中不和谐的方面，尤其是在劳动关系方面还存在比较突出的问题。人力资源和社会保障部网站的统计信息显示，《劳动合同法》实施以来，对规范企业用工行为、维护职工和企业的合法权益、构建和谐劳动关系功不可没。多数省区市规模以上企业劳动合同签订率攀升，且劳动合同短期化现象减少，中长期和无固定期限劳动合同逐步成为主流，工资拖欠现象明显减少，社会保险购买率明显提高。但是，全球经济紧缩使部分企业经营困难加剧，涌现出这样一个观点：对于企业和雇员，《劳动合同法》的保护程度不平衡，本意是保护劳动者的一些条款，最终却损害了一些劳动者的利益。和谐劳动关系的构建遇到了新的问题。

### 9.1.1　劳动争议案件现新趋势

1）新类型案件增加，当事人诉求更广泛

根据北京市第三中级人民法院发布的2015—2016年劳动争议年度观察，从劳动争议案件案由上看，劳动合同纠纷3 018件，占99.11%；社会保险纠纷12件，占0.4%；福利待遇纠纷15件，占0.49%。其中，在劳动合同纠纷类案件中，确认劳动关系纠纷、追索劳动报酬纠纷和经济补偿金纠纷案件数量更为突出。

**小思考9-1**

互动课堂

小思考9-1
参考答案

《劳动合同法》已于2008年1月1日起施行。请问，根据该法，用人单位如果不与劳动者签订劳动合同应该承担什么法律责任？

2）企业借劳务派遣规避用工风险

《劳动合同法》实施10多年来，现实情况还是很多用人单位并不愿意签订无固定期限劳动合同，而法律规定了几种签订无固定期限劳动合同的情形，如连续签订两次固定期限劳动合同；连续工作满10年等。一些用人单位不愿签订无固定期限劳动合同，又想避免不签无固定期限劳动合同的风险，于是选择劳务派遣公司。同时劳务派遣也能给企业带来效益，如降低人工成本、增加生产管理的灵活性、有利于实现本单位人力资源的有效运用及合理配置、合法避税、规避或防范劳动法律风险等。采用"劳务派遣"的用工形式，使得企业原本需与劳动者签订的"劳动合同"变为与派遣公司签订的"劳务合同"。

《劳务派遣暂行规定》规定用工单位只能在临时性、辅助性、替代性的工作岗位上使用被派遣劳动者，且仍应当遵循同工同酬原则，但是部分用人单位操作时并未严格执行。

3）劳动合同的签订不规范

劳动合同签订时，一般是由企业事先拟定好格式固定的、对企业有利的劳动合同文本，然后要求处于弱势地位的员工（求职者）签订。一些用人单位在签订劳动合同时，存在合同约定工资标准低于实际工资标准的情况。

在现实生活中，甚至有些用人单位随意设立违约金或收缴工服费与劳动工具费（主要是低价值服务业），以利于限制员工的择业自由和劳动力的合理流动；用人单位对危险岗位的劳动环境、条件和劳动保障不做说明，以骗取贫困、知识文化低的劳动者签订合同和逃避相关责任。这种行为严重侵害了劳动者的利益。

### 9.1.2　劳动标准方面的问题

1）不严格执行国家最低工资标准，无故拖欠、克扣工资

近年来，企业无故拖欠、克扣员工工资的现象大大减少，但是，这些现象依然存在，尤其是在建筑工程行业和一些低附加值的服务业和加工制造业。国家和地方政府都在较大幅度地调高最低工资标准，但是，由于国际、国内经济形势的不景气，且大多数操作性员工（知识文化层次低）不知晓最低工资标准，很多中小型企业因无法承受不断增长的人工成本，一直在想方设法采取应对当地最低工资标准的措施，甚至干脆不执行当地最低工资标准。2018年8月21日，青海省人社厅开展了《青海开展用人单位遵守劳动用工和社会保险法律法规情况专项检查》，共检查企业、个体工商户、民办非企业单位等各类用人单位2 901户，涉及劳动者6.09万人。查出未依法签订劳动合同案件120件，涉及人数3 814人；违反最低工资规定和拖欠工资案件67件，涉及金额496.30万元；违反工时休息休假规定案件26件；未依法参加社会保险登记案件70件；未依法缴纳社会保险费案件76件，涉及金额24万元；其他违法行为案件4件；责令改正案件143件；责令支付工资及补偿赔偿案件34件，涉及金额279.1万元；督促社会保险登记58户；督促缴纳社会保险费22户，涉及金额22万元。

2）不严格执行国家的工时制度，违反法律规定延长工作时间的现象仍较严重

人工成本上涨了，原料价格上涨了，产品的市场需求却因为经济紧缩而减少了，企业如何应对？很多企业想到了一招既不太违法，又有利于企业成本控制的好办法：尽可能减少人员的使用数量，想办法低成本延长员工的工作时间。因为，加班费比多招聘新员工产生的相关费用要少得多。一方面是企业出于成本控制和利润增长考虑设法延长工作时间，另一方面是部分员工因为想增加收入和不好打发闲散时间而有加班的强烈愿望，在这两方面的因素作用下，延长工作时间现象在全国范围内广泛存在。笔者曾在东莞长安镇上沙安力科技园做调查，该园一家被评为东莞市和谐劳动关系的日资电子企业的行政负责人坦言，如果企业不延长劳动工时，企业将无法生存和发展，一是通过延长员工劳动时间可以减少因多招聘新员工而产生的额外费用，二是通过实施员工加班工作制度可以留住较多的有加班意向的员工（该企业曾经因严格执行劳动工时制度招致部分操作性员工的不满而离开企业，加盟到那些可以提供加班工时的企业）。2018年3月29日，《中国青年报》的文章"50.7%受访者称所在企业有'加班文化'"称，中国青年

报社社会调查中心联合问卷网对1 980名上班族进行的一项调查显示，50.7%的受访者称所在企业有"加班文化"。53.0%的受访者认为过度加班损害员工身心健康，不利于企业长远发展，44.1%的受访者认为过度加班会降低工作效率，让员工患上"拖延症"。58.8%的受访者建议企业进行科学工作统筹、人员分工和流程规划，44.6%的受访者建议企业建立健全工时协商机制。

➡ 知识链接9-1

### 标准工时制与加班的相关规定

标准工时制，是指由国家法律制度规定的，在正常情况下，劳动者从事工作或劳动的时间的制度。标准工时制中的标准并不是一成不变的，随着社会的发展，标准也在不断发展和提高。根据《国务院关于职工工作时间的规定》（国务院令第174号）的规定，我国目前实行的是每日工作8小时、每周工作40小时的标准工时制。

这一制度与《劳动法》的规定有些不同。《劳动法》第三十六条规定："国家实行劳动者每日工作时间不超过八小时，平均每周工作时间不超过四十四小时的工时制度。"显然在这里每周工作时间的上限多了4个小时。如何看待这多出来的4小时呢？根据《劳动部关于职工工作时间有关问题的复函》（劳部发〔1997〕271号）的有关规定，如果用人单位安排的工作时间每周超出40小时但不足44小时，不作为延长工作时间处理，但是劳动行政部门有权要求用人单位改正。因此，虽然在4个小时内用人单位不需要向员工支付加班工资，但这只能作为特殊或偶然的情况对待，用人单位不应将每周工作44小时作为计算加班工资的基础，如果这样做了，劳动部门有权要求用人单位改正并按每周工作40小时的标准执行。

标准工时制是标准和基础，是其他特殊工时制度的计算依据和参照标准。在一般情况下，任何单位和个人都不得擅自延长职工的工作时间。在特殊情况下，用人单位因生产经营方面的需要，经法定程序，可以将员工的标准工作时间延长，这延长的时间即为加班。加班包括正常工作日的加点，也包括休息日和法定休假日的加班。根据《劳动法》的规定，加班必须注意以下几个问题：

（1）加班必须是出于生产经营的需要。只有因工作上的需要，单位才能要求劳动者加班。如果是单位领导或是劳动者的个人事务，不能用加班的名义来延长工作时间。

（2）加班必须由用人单位征得劳动者同意。加班主要是一个用人单位和劳动者双方合意的结果。用人单位不能不经过劳动者同意就单方面宣布加班；同样劳动者也不能不与单位协商就擅自加班，并向单位索要加班报酬。

（3）加班时间不得超过法律规定。《劳动法》明确规定了加班每日不得超过1小时；特殊原因下，在保障劳动者身体健康的条件下每日不得超过3小时；但每月不得超过36小时。在计算每月的加班时间时，不仅要计算正常工作日的加点，而且要把休息日和法定休假日的加班都计算在内。

（4）单位安排劳动者加班的，应当依法向劳动者支付一定的工资报酬。

3）不严格执行国家劳动安全卫生制度，劳动卫生条件恶劣，职业安全危害严重

部分企业中存在劳动强度大、劳保条件差、工伤事故比例高的现象，尤其是重大特

大伤亡事故频繁发生。据中国新闻网2019年3月1日报道，2018年中国发生了5.1万起生产安全事故，有3.4万人失去了生命。据此报道，平均每天发生各类事故近140起，每天死亡90余人。2013年11月22日凌晨3点，位于青岛市黄岛区秦皇岛路与斋堂岛路交会处，中石化输油储运公司潍坊分公司输油管线破裂，斋堂岛街约1 000平方米路面被原油污染，部分原油沿着雨水管线进入胶州湾，海面过油面积约3 000平方米。处置过程中，当日上午10点30分许，黄岛区沿海河路和斋堂岛路交会处发生爆燃，同时在入海口被油污染海面上发生爆燃。山东省青岛市"11·22"中石化东黄输油管道泄漏爆炸特别重大事故认定为责任事故，事故共造成62人死亡、136人受伤，直接经济损失7.5亿元。2014年1月9日，国务院做出批复，同意国务院事故调查组的调查处理结果，认定是一起特别重大责任事故，对48名责任人分别给予纪律处分，对涉嫌犯罪的15名责任人移送司法机关依法追究法律责任。此案于2014年11月18日在青岛市黄岛区人民法院开庭审理，涉嫌重大责任事故罪的9名责任人被依法追究法律责任。2019年3月21日14时48分许，江苏盐城市响水县陈家港镇江苏天嘉宜化工有限公司化学储罐发生爆炸事故，并波及周边16家企业。习近平总书记对江苏响水天嘉宜化工有限公司"3·21"爆炸事故做出重要指示，要求全力抢险救援，"深刻"吸取教训，坚决防范重特大事故发生，时任国务院总理李克强就救援工作做出批示，国务院决定成立江苏响水天嘉宜公司"3·21"特别重大爆炸事故调查组并开展调查工作。截至2019年3月25日，事故已造成78人死亡，伤566人，其中危重伤员13人，重症66人。

### 9.1.3　社会保障方面的问题

社会保障是调节社会各阶层利益，保障劳动者的生活基本要求，促进社会和谐发展的一个重要手段，也是社会每一个成员应该享受的权益。

1）部分人群和企业社会保险缴保率低

《社会保险法》出台后，明确用人单位负有自行申报并按时足额缴纳社会保险费的法定责任，劳动者应当缴纳的社会保险费由用人单位代扣代缴。全社会都形成了参加社会保险的共识，但是，对于众多流动性较强的劳动者（尤其是农民工），其享受社会保障的程度很低，有的根本没有享受到社会保障，因此他们不愿意参加社会保险，甚至有的劳动者主动自愿提出不参加社会保险的申请。2015年9月6日，四川新闻网报道：四川全省派出执法人员3 466人次，检查各类单位2.5万户，涉及劳动者97.6万人。发现劳动用工和社会保险违法行为4 190件。其中，未依法参加社会保险登记案件859件；未依法缴纳社会保险费案件630件，涉及金额2 858.1万元；瞒报社会保险费工资总额案件11件，涉及金额58.6万元；骗取社会保险基金案件1件，涉及金额4.1万元。

◄◄◄►►► 案例分析9-1

#### 用人单位未缴纳医疗保险，赔偿员工医疗保险报销差额损失

杨某于2009年11月27日进入某科技公司工作，担任清洁工。双方未签劳动合同，某科技公司也未为杨某缴纳社会保险，杨某于2013年1月起在河南省南阳市参加了新型农村合作医疗保险。杨某患病前的月平均工资为2 801.67元。2015年6月29日，杨某称因膝盖疾病导致下肢瘫痪，向该科技公司请假至同年7月20日。因需住院治疗，2015

年7月18日杨某向部门主管发短信请求继续请假，科技公司确认收到短信，并于同年7月24日以杨某"自离"为由解除劳动关系。杨某自2015年7月8日至2016年2月16日在东莞市人民医院等多个医疗机构治疗，产生医疗费共计65 632.08元。双方确认杨某上班至2015年6月28日。

关于杨某主张的医疗保险报销差额是否应予支持的问题，法院认为，依照《社会保险法》第二十三条第一款等规定，用人单位和劳动者必须依法参加医疗保险，缴纳医疗保险费，否则用人单位应向劳动者赔偿未为其办理社会保险手续，且社会保险经办机构不能补办导致其无法享受社会保险待遇而遭受的损失。杨某主张的本可在东莞市职工基本医疗保险与其已享受的新型农村合作医疗保险之间的报销差额，属于因某科技公司未为其办理社会保险手续所遭受的损失，法院予以支持。经向广东省某市社会保险基金管理中心调查并经该中心核算，法院判决某科技公司向杨某补足两种类型医疗保险报销差额损失9 954.77元。

资料来源　人民法院案例库. 杨某诉某科技公司劳动争议纠纷案［EB/OL］.［2025-02-01］. https://rmfyalk.court.gov.cn/.

2）社会保险项目参保不全

按照法律规定，企业应该为员工缴纳养老、失业、医疗、工伤和生育保险，并为员工缴纳住房公积金。然而在现实中，绝大部分民营企业没有为自己的员工缴纳全部的"五险一金"，企业最不愿缴的是养老保险，最愿意缴的是工伤保险。按照法律法规规定的社会保险费率计算，企业为员工缴纳社会保险，需要缴纳职工工资总额约30%（包括约20%的养老、6%的医疗、2%的失业、1%的工伤与1%的生育）的社会保险费，企业面临巨大压力。以营利为目的的企业（尤其是民营企业）在面对如此之大的社保负担时，存在着强烈的逃费冲动。

3）员工不愿意参加社会保险

企业员工，主要是中小型民营企业员工，对社会保险的认识不足。中小型民营企业员工中有相当一部分来自农村，文化水平普遍不高，缺乏劳动风险意识和劳动风险损失补偿意识，没有意识到社会保险是自己应得的保障权益。他们不清楚企业负有什么样的社会保险责任，法律知识也比较薄弱，对眼前利益考虑较多。部分员工特别是农民工对社会保险的重要性认识不充分，参保意识不强，"发钱才是硬道理""生存才是大问题"，因此不愿意从为数不多的工资中扣除一部分参加社会保险。另外，企业员工流动性强，而社会保险金快速有效转移的政策性障碍和执行性障碍又较多，这使得许多员工不愿意参加保险，而更愿意让老板多支付点薪酬。这样，员工自己不愿缴费，也不会监督企业为自己缴费。

由此可见，我国企业为员工缴纳社会保险的自觉性有待加强，员工对参加社保的认识也还十分肤浅，同时也说明了政府相关部门对社保参保工作的监管还缺乏力度。

### 9.1.4　劳动争议方面的问题

1）争议案件数量居高不下，总体呈增长态势

《2021年度人力资源和社会保障事业发展统计公报》显示：全国各级劳动人事争议调解组织和仲裁机构共办理劳动人事争议案件263.1万件，涉及劳动者285.8万人，涉案

金额576.3亿元。全年办结争议案件252.0万件，调解成功率73.3%，仲裁结案率97.0%，仲裁终结率71.1%。

2）争议案件的焦点相对集中

从企业劳动争议案件的原因分析，企业劳动争议集中在劳动报酬、保险福利、劳动合同等关系劳动者基本权益的方面。《2021年度人力资源和社会保障事业发展统计公报》显示：全国各级劳动保障监察机构共主动检查用人单位116.3万户次，涉及劳动者4 298.9万人次。书面审查用人单位107.1万户次，涉及劳动者4 484.21万人次。全年共查处各类劳动保障违法案件10.6万件。加大劳动保障监察执法力度，为85.3万名劳动者追发工资等待遇79.9亿元。督促用人单位与45.4万名劳动者补签劳动合同。督促3 993户用人单位办理社保登记。依法查处人力资源市场违法行为，取缔非法职业中介机构1 298户。

3）争议案件的解决方式主要靠仲裁

根据《劳动法》第七十七条的规定，用人单位与劳动者发生劳动争议，当事人可依法申请调解、仲裁，提起诉讼，也可以协商解决。这样就形成了一个从用人单位内部到地方工会和劳动行政管理部门直至地方法院，从自治到司法解决的多元化的争议解决机制。其中劳动争议仲裁是解决企业劳动争议案件的主渠道。

## 9.2　当前劳动关系不和谐的原因

### 9.2.1　劳动力供给过剩，决定了劳动关系双方地位的不平等

近几年，一方面是国际国内经济发展不景气，产品与服务需求不足，导致劳动力需求减少；还有技术的日新月异，高效能的设备与器械的大量采用，也导致劳动力需求总量的减少。另一方面，国内大学生扩招后就业高峰的到来（每年都有几十万名大学生未能及时就业）、国家对某些产业的结构性调整造成的人员过剩、经济开发过程中失地农民的剧增和农村剩余劳动力的大量增加以及他们的异地流动，这些因素使得社会劳动力这个"蓄水池"的容量越来越大。劳动力的大量过剩使劳动力市场出现"寻低竞争"，表现为越来越低的工资、越来越长的劳动时间、越来越少的劳动保护和缺失的社会保险。在雇主以"你不愿干，有的是人"的要挟下，劳动者在不得不做出种种让步的同时，也失去了劳资谈判的资本和发言权，劳资关系地位严重失衡。

### 9.2.2　"资本雇佣劳动"与"劳动者人力资本缺失"，决定了劳动者缺乏与资本抗衡的力量

在未来的一段时间内，"资本雇佣劳动""强资本、弱劳力"的格局不会改变，同时，农民工、下岗分流的职工、文化与技能都低下的老员工、大量新入职的低学历低技能的毕业生，他们的文化和技能水平也难以提高。在这种情况下，劳动者对收入分配没有发言权，劳动要素与其他要素参与分配的力量被削弱，劳动力价格被严重低估，结果是劳动者在企业分配和参与享受社会发展成果中的利益受到损害，劳动关系的平等地位受到挑战，影响劳动关系与就业的稳定发展。

### 9.2.3　劳动用工形式的多样化，劳动关系管理的"真空化"

伴随经济形态多样化、经营机制市场化和人才竞争化，原来形式单一、内容相同的劳动关系已经不能涵盖不断出现的新的用工制度和就业形式，灵活就业和劳务派遣在我国已开始凸显并呈快速发展势头。灵活就业用工形式特点是：劳动用工主体、使用单位和日常管理单位三者之间相互分离、相对独立；用工机制灵活、快捷，市场供需变化快；劳动力招用手续简便、环节简化、程序简单；人员使用期限短，流动频率高；劳动关系软化，简单明了，给企业管理带来方便。当前形成的灵活多样的劳动关系，从期限上可分为短期性用工、间歇性用工、项目性用工和季节性用工等；从用工主体看，有劳务输入、劳务输出和人才租赁等；从实际管理看，采取人事代理和劳动代理等形式。灵活多样的用工形式，满足了生产经营的复杂化、多样化的需求，提高了企业生产效率。但是对于新的用工制度和就业形式，还缺乏具有针对性的法规政策予以指导与约束，这就给用工主体不规范用工创造了许多机会，从而导致了许多新型劳动争议的产生。根据《劳动合同法》的规定，劳务派遣一般在临时性、辅助性或者替代性的工作岗位上实施。但是在现实中，很多有劳务派遣用工的企业都突破了这"三性"的界限，劳务派遣的工种有些已涉及主营业务、行业基础性业务。由于劳务派遣管理存在问题，因此，劳务派遣员工的工资、保险等很多权益得不到保障，且同工不同酬，甚至面临随时被解雇的风险。另一方面，随着"互联网+"进入劳动用工领域，又出现了"网约平台用工"、分包、众包、非全日制用工、"阿米巴经营"等多种新型灵活用工管理方式，企业日益"去劳动关系化"，这种情况的存在，导致了越来越多的新型劳动争议的产生。

#### ◆◆◆▶ 案例分析9-2

#### 非全日制劳动关系的确认应符合实际用工特征

**一、基本案情**

王某于2012年1月入职某公司，双方签订了《劳动合同书（非全日制从业人员使用）》，合同约定工作时间为每天4小时，支付劳动报酬周期不得超过15日。但在实际用工中，王某每天工作均超过8小时，公司于每月中旬分两笔向其支付上个自然月工资。王某主张双方实质上建立的是全日制劳动关系，故申请仲裁要求确认与某公司之间形成全日制劳动合同关系，仲裁未支持王某的请求，王某不服裁决结果，向法院提起诉讼。

**二、裁判结果**

经法院审理认为：王某提交的员工签到表、报班表、签字的考勤表，均可证明王某每天工作已经超过了8小时，并且根据银行对账单反映的工资结算支付周期可知，公司每月工资分两笔转，但每月仅支付1次工资，与双方合同关于支付周期不超过15日的约定不符。公司也未向法院提交到当地劳动保障行政部门办理录用备案手续的证据。综上，法院根据实际用工特征，认定双方存在全日制劳动关系。一审判决后，公司提起上诉，二审维持原判。

**三、典型意义**

非全日制用工作为灵活用工的一种形式，《劳动合同法》对其进行了专门的规定。

非全日制劳动关系与全日制劳动关系在劳动合同形式、工作时间、工资支付周期、劳动关系的解除及经济补偿金的支付等方面都存在很大的区别。但是实践中有些用人单位一方面采用全日制用工的形式，另一方面却要求员工与其签订书面的非全日制劳动合同，从而规避全日制用工形式下用人单位应当承担的法定义务。本案中，公司名义上签订的是非全日制用工合同，但实际上工作时间、工资支付均不符合规定，也未进行备案，因此双方实质上形成了全日制劳动关系。通过本案也告知用人单位要根据实际用工特征签订劳动合同，否则既不能达到规避用工责任之目的，也会引发诉讼风险。

资料来源　北京市东城区人民法院．东城法院积极构筑诚信友善和谐的劳动关系典型案例［EB/OL］．［2025-01-02］．https：//dcqfy.bjcourt.gov.cn/article/detail/2023/04/id/7253814.shtml.

### 9.2.4　劳动法律法规还不完善、不配套

随着社会主义市场经济的发展，特别是非公有制经济的发展，企业的组织形式、劳动者的就业方式、劳动收入分配方式日趋多元化，我国的劳动法律法规已经明显滞后，突出表现在：与《劳动法》《劳动合同法》配套的一些重要法律法规尚未出台，经常遭遇"无法可依"的尴尬局面；一些既有的法律法规过于原则、内容比较陈旧，已不适应新形势的要求。这种情况特别不利于和谐劳动关系的构建。中国人民大学关怀教授，在"劳动法实施十周年理论研讨会暨中国劳动法学研究会年会"上，总结了劳动法目前存在的六大欠缺：实际操作不便，内容存在缺漏，争议处理修订不及时，与新法衔接不够，惩处力度太弱和立法层次不高。

### 9.2.5　有法难依，执法不严

一方面，一些地方政府把"执政能力"简化为"GDP的增长能力"，怕严厉执法会影响"投资环境"，从而把经济发展与严肃执法视为水火不相容的两个事物。这也使得就业歧视、违法使用童工、不签订劳动合同、不缴纳社会保险、不执行劳动标准等现象屡禁不止。更有甚者，有些地方官员成为私营企业主的保护伞。例如，在不少地方，国家机关工作人员和国企负责人在私有煤矿投资入股，造成权钱交易，这是矿难频繁发生的重要原因之一。另一方面，我国的劳动监察和劳动争议处理力量还不适应日益繁重的执法任务需要。劳动监察制度是最重要的劳动执法手段，但由于劳动执法人员的严重不足和素质低下，加上执法手段单一，且处罚力度不够，违法成本低，导致不能有效地威慑和遏制用人单位的违法行为，使这项制度难以发挥应有作用。截至2011年年末，全国共有劳动保障监察机构3 291个，各级人力资源和社会保障部门配备劳动保障专职监察员2.5万人，但面对全国数以万计的各类企业和7.6亿的劳动就业人员数，劳动监察只能处于极其被动的状态。

## 9.3　构建和谐劳动关系的措施

当前和谐劳动关系的构建，已经引起中共中央的高度重视。2006年3月28日，中华全国总工会下发了《中华全国总工会关于开展创建劳动关系和谐企业活动的意见》（总工发〔2006〕17号）；2006年7月1日，劳动和社会保障部、中华全国总工会、中国企业联合会、中国企业家协会联合下发了《关于开展创建劳动关系和谐企业和工业园区

活动的意见》（劳社部发〔2006〕25 号）；2006 年 10 月 11 日，中国共产党第十六届中央委员会第六次全体会议通过《中共中央关于构建社会主义和谐社会若干重大问题的决定》；《中华人民共和国劳动合同法》（2007）、《中华人民共和国就业促进法》（2007）、《中华人民共和国劳动争议调解仲裁法》（2007）、《中华人民共和国人民调解法》（2010）、《中华人民共和国社会保险法》（2010）、《全国人民代表大会常务委员会关于修改〈中华人民共和国职业病防治法〉的决定》（2011）、《拖欠农民工工资失信联合惩戒对象名单管理暂行办法》（2021）、《关于维护新就业形态劳动者劳动保障权益的指导意见》（2021）等得到了有效的实施。这些文件和法律、法规高度肯定了构建和谐劳动关系在以和谐为主题的中国特色社会主义现代化建设中的重要性与必要性。

但是，仅有中央政府的高度重视，还不能构建和谐劳动关系，要构建和谐劳动关系，政府、企业、工会、员工和其他社会组织必须共同努力。

### 9.3.1　政府方面的措施

政府在和谐劳动关系构建中起着十分重要的作用，具体来说政府应该做好以下几个方面的工作：

1）加强劳动关系的宏观调控

政府从宏观上调节劳动关系的手段，主要有劳动力市场调节和社会保障体系建设两个方面。在劳动力市场调节方面，首先是调节劳动力市场供需，通过就业政策，包括运用财政和货币手段，调节劳动力的需求；通过人力资源政策，包括创新户籍管理制度和人才流动管理制度、开展职业预测、职业培训和再培训，调节劳动力的供给；进而力求实现充分就业条件下的人力资源供需均衡。其次是调节劳动力市场的运行，通过调节工资政策、就业服务政策、社会保险制度，以及保证公平就业和公平报酬的反歧视政策和劳动保护等，保证劳动者的经济利益、就业权利和就业条件，从而保证劳动力市场的正常协调运行。在社会保障体系建设方面，主要是开展好社会保险、社会救济、社会福利、社会优抚安置与国有企业下岗职工基本生活保障和再就业等五个方面的工作，以实现收入再分配，减少贫困，缩小贫富差距，改善劳动者生活条件，促进社会公平与进步，推动劳动关系的稳定发展。

2）完善劳动法律法规

在劳动关系外部环境中，国家立法对调整劳动关系的作用是最大的。因此，构建和谐的劳动关系，应该认真抓好劳动法律、法规的完善工作。用完善的法律、法规来规范劳动关系的各个方面，才能使劳动争议发生时，有法可依，有章可循，使劳动关系任何一方的利益都受到保护，从而使劳动关系始终处于和谐的运行状况。当前，我国企业劳动关系中存在的一些问题就是由劳动法律法规不完善所引起的。因而，我们在严格执行《劳动法》《劳动合同法》的同时，必须加快制定配套的相关法律法规，为规范劳动关系双方的行为和利益、协调劳动关系提供法律支撑。

3）加强执法和监督力度

和谐劳动关系的构建要有法可依、执法必严、违法必究。为了加强执法和监督力度，我们应该做好以下工作：首先，严格执行《劳动保障监察条例》，提高劳动执法的效力，赋予劳动监察机构相应的权力，确保劳动监察机构在劳动执法中的调查权、审核权、请求协助权等诸项权力，尤其是要强化对违法行为的处罚权力。其次，加快健全省、市、县三级劳动保障监察机构，有条件的地方应向街道、乡镇和社区延伸，充实人员队伍，提高人员素质，保证工作经费，完善劳动保障法律监督检查网络。再次，要定期对企业进行劳动合同、社会保险、安全生产等方面的监督和检查，将劳动争议抑制在萌芽状态。为了防止地方保护主义，在监督与检查方式上，人力资源和社会保障部可不定期进行全国性抽样检查并公布结果，还可组织省际监督性互查和市县级之间的监督互查。最后，要强化对劳动执法权力的监督和制约，保证这一权力落到实处并得到正确行使，包括发挥工会的民主监督作用，加强自下而上的监督；强化劳动监察组织内部的监督，主要是加强上级组织对下级组织的监督。

4）积极推进集体协商与集体合同制度

集体协商也称集体谈判，是企业内部雇主和工会（或员工代表）通过协商，不断地就与劳动就业有关的条款达成协议的实践过程。集体合同是由工会（或员工代表）代表职工与企业订立的、适合于企业全体职工的、具有本企业基本劳动标准性质的契约，签订集体合同是市场经济国家通行的做法。集体协商与集体合同制度体现了企业与职工利益的结合，有利于充分保护职工的合法权益，调动职工的生产积极性；有利于体现职工在企业中的主体地位，维护企业内部劳动关系的和谐稳定；同时可以更好地规范劳动合同，弥补劳动法规的不足。总之，集体协商和集体合同制度是市场经济体制下调整劳动关系的重要手段，是推动和谐劳动关系构建的重要力量。

5）积极倡导文化建设

美国学者克莱德·克鲁克洪在《文化与个人》中指出，"文化是使人适应他自己环境的调节者；一种文化就是'人调节他们生活环境的总和'。的确，文化是一种适应的产物，但最好应该说，文化就是人对社会与自己关系的一种调节"。从这个意义上说，文化在调节企业劳动关系方面起着重要作用。劳动关系的调节可以分为"显性调节"和"隐性调节"。前者是指通过预先制定的一系列法律和规章制度，来明确劳动关系主体双方的权利和义务，一旦发生劳动争议和纠纷，则以此为准绳，从法制上来修复业已破坏的劳动关系。这是调节劳动关系的基本手段，但在这之外还需要一种补充手段——隐性调节。劳动关系的协调和处理仅仅依赖于制度和法规是不行的，因为制度法规总会留下空缺，而且其调节也过于刚性，成本高，不太变通和灵活，在处理劳动关系过程中，容易产生新的矛盾，因而迫切需要辅之以隐性调节。因为隐性调节（也可称之为柔性调节）能从思想和观念上规范劳动关系的主体双方认可并自觉遵守双方约定的规章制度，而且，一旦出现分歧，也易于沟通和理解，从而能尽快恢复业已破坏的劳动关系。文化正好充当了这种角色。所以，政府应该通过教育机构、出版机构、新闻媒体，对企业和公民进行诚信教育，在全社会范围内培育"劳资合作、共同发展"的新型劳动关系文化，通过文化的惯性力量来建立、维护和谐的劳动关系。

### 9.3.2　企业方面的措施

1）加强企业伦理道德建设

企业伦理道德，要求企业必须在发展生产时，注重社会责任，必须以人为本，必须尊重他人的利益。企业伦理道德建设的关键，是建立健康向上的企业文化——强调尊重、信任、团结，追求归属感与认同感，切实关注员工利益、健康与安全，改善员工劳动环境，与员工共享企业的成果。

2）依法拟定规章制度

在市场经济条件下，企业可以依据法律法规的要求拟定企业内部的劳动管理制度。但是，在内容上，要保障职工各项劳动权利得以实现，不得违反国家法律法规；在形式上，为保证内部制度的合法性与合理性，企业拟定劳动管理制度时应充分发扬民主，要经过全体职工大会或职工代表大会审议通过，或者征求工会的意见，并且要将劳动管理制度予以公示。规章制度的建立和完善使企业能依法、有序管理，实现经营目的和经济效益；劳动者也能积极履行劳动义务，实现自己的劳动价值，从而建立一种良好的互动关系。

3）积极发挥工会或职工代表大会的作用

有条件成立工会组织的企业，一定要成立工会，并做到有专门的办公场所、专项办公经费、专职的管理人员。成立工会的企业，应该尽可能保持工会的独立主体地位，发挥工会的"桥梁、纽带"作用。另外，企业对于重要的决定、重大的事件，应该尽量通过职工大会或职工代表大会的讨论与审议。通过工会或职工代表大会，推进集体合同制度和集体协商制度的有效实施。

4）设立劳动关系管理人员

根据企业规模、性质和条件，设立劳动关系专员或兼职人员，具体负责劳动法律法规和企业内部劳动管理制度的宣传教育工作、社保工作和劳资纠纷的调解与处理工作。劳动关系管理人员要通过培训和自学提高自身综合素质，掌握最新的劳动政策法规，了解最新裁判案例、立法动向，时常保持与专家或专业团队沟通，具备联系群众解决实际问题的能力、廉洁自律抵御腐蚀的能力和劳动保障管理服务的能力。另外，劳动关系管理人员要想方设法推动企业劳资纠纷预警系统、申报系统和调解系统的建设。

### 9.3.3　工会方面的措施

1）贴近职工生活，为职工办实事

工会是广大劳动者的"家园"，因此工会要经常对职工的工作、生活和思想情况进行摸底调查，及时发现问题、分析问题并解决问题，尤其是要做好困难职工的帮扶救助工作。另外，工会应想办法丰富职工的业余文化生活。这样能让劳动者在工作和生活中，感受到组织的温暖，进而增强对组织的归属感，激发其工作热情。

2）促进劳动合同的签订，监督劳动合同履行情况

工会应加强劳动合同签订方面的法律法规的宣传，指导员工与企业协商签订劳动合同，并对企业执行劳动合同的过程进行监督。对于签订无效劳动合同和劳动合同执行过程中的违法行为，应该及时发现、及时指出并力促其改正。

3）加强劳动关系的协调

协调劳动关系，需要以法律法规作为行动准则，以表达和维护劳动者的合法权益为工作的出发点，因而需要工会组织培养出劳动关系协调方面的专家，让其承担以下责任：与单位就建立集体合同进行谈判，确保职工在劳动报酬、安全卫生、社会保险权利等方面得到合法合理的保障；为权益受到侵害的职工提供法律上的帮助，在处理劳动争

议时发挥作用，维护职工合法权益；在三方协商机制中从维护劳动者利益角度发挥作用。另外，工会还要完善以企业劳动争议调解委员会为主要形式的企业劳动关系自我调节机制的建设。

4）搞好劳动者的教育工作

职工综合素质的提高，一方面，有利于增强职工在"劳资谈判"中的地位；另一方面，有利于促进劳资关系的协调。在市场经济条件下，将职工培养成拥有社会主义核心价值观的劳动者，工会可开展以下四个方面的教育工作：爱国主义、集体主义、社会主义教育，民主、法治和纪律教育，社会公德、职业道德、家庭美德教育，科学、文化、技术教育。

### 9.3.4 员工方面的措施

1）诚实守信、敬业爱岗

当前，部分劳动者的职业道德水平不高、主人翁精神缺乏、职业忠诚度低，频繁跳槽、损公肥私的现象时有发生。为了构建和谐劳动关系，职工应该不断提升自己的思想道德水平，践行诚信原则，遵守职业道德，立足本职工作，做好本职工作。

2）努力学习、提高技能

要提高劳动者在"资本雇佣劳动"这一环境下的地位，广大劳动者应该刻苦学习新知识、新技能，不断提高自身的"被聘用能力"，提高在"劳资谈判"中的地位，推进和谐劳动关系的建立。

3）依法维护自己的权益

当自己的合法权益受到侵犯时，要通过正当的途径据理力争，必要时应该拿起法律武器通过诉讼方式解决问题，这一方面是维护自身权益，另一方面是给侵权者"敲警钟"。另外，职工可依法组建工会，通过工会组织去维护自身的合法权益，变个人维权为组织维权、集体维权，以降低维权成本、增强维权效果。

### 9.3.5 其他组织方面

1）发挥媒体作用，促进和谐劳动关系的构建

新闻媒体能够在第一时间将劳动纠纷的事实真相告诉公众，这对于当事人来说是一种巨大的"威胁"力量。报纸、广播、电视、网络、杂志等都是促进和谐劳动关系建立的力量。例如中央电视台的《焦点访谈》《今日说法》栏目，家喻户晓，全国人民都知道其作用；又如孙志刚事件的快速有效处理、中国工商报记者喻山澜告赢了中国工商银行、山西"黑砖窑"事件的有效曝光，这是网络的作用。当然，媒体在促进和谐劳动关系构建中，也应该注意防止其负面效应。

2）发挥社区作用，推进和谐劳动关系的建立

劳动者所在的社区通过丰富多彩、形式多样的社区文化建设，加强对社区企业的舆论监督，注重对劳动者的社区文化引导，这对于构建社区和谐劳动关系具有十分重要的作用。因为企业和劳动者都归属于某个社区，所以要积极发挥社区的辅助作用。

3）发挥职业中介组织和劳务输出组织的作用，促进和谐劳动关系的构建

户籍管理的灵活化、劳动用工的多样化和人才流动的普遍化，使得职业中介组织市场和劳务输出组织前景广阔，这些组织在职业介绍或雇员派遣中若能遵纪守法、诚实守

信，充分起到求职者和用人单位之间的桥梁和纽带作用，就能促进和谐劳动关系的构建。

4）发挥人力资源服务机构作用，促进和谐劳动关系的构建

2014年12月25日人力资源和社会保障部、国家发展改革委、财政部联合发文《人力资源社会保障部　国家发展改革委　财政部关于加快发展人力资源服务业的意见》（人社部发〔2014〕104号），阐明人力资源服务业是为劳动者就业和职业发展，为用人单位管理和开发人力资源提供相关服务的专门行业，主要包括人力资源招聘、职业指导、人力资源和社会保障事务代理、人力资源培训、人才测评、劳务派遣、高级人才寻访、人力资源外包、人力资源管理咨询、人力资源信息软件服务等多种业务形态。人力资源服务业具有高技术含量、高人力资本、高成长性和辐射带动作用强等特点，关系各类劳动者就业创业和职业发展，关系企事业单位的人力资源管理和创新能力提升，是国家确定的生产性服务业重点领域。

人力资源服务为用人单位和求职者都提供了更多的选择和交流的机会，提高了劳动者和岗位的匹配效率。缓解劳动者与用人单位之间的信息不对称问题，在一定程度上，也有助于解决劳动者求职难和企业招工难的问题。在这些方面，人力资源服务业可以说发挥了非常重要的作用，在促进就业创业和推动人力资源市场化配置中发挥了积极的作用。截止到2021年年底，全行业共有人力资源服务机构5.91万家，从业人员103.15万人。全年共为3.04亿人次劳动者提供就业、择业和流动服务，为5 099万家次用人单位提供专业支持。

各类人力资源服务机构利用自身优势及专业知识，为企业提供专业化、规范化、优质高效的人力资源服务；在一定程度上协助政府做好政策宣传工作，帮助企业建立健全人力资源管理制度，在企业与劳动者之间架起一座沟通的桥梁，缓解企业与劳动者之间的矛盾。笔者即长期从事人力资源服务工作，以各种形式为企业做劳动法律课程宣讲，为企业建立或修订《员工手册》等内部规章制度使其合理合法合规，并受企业之邀与"问题员工"协商，处理企业劳动争议等。

5）发挥SAI、行业组织和非政府组织等组织的作用，促进和谐劳动关系的构建

SA8000：2001认证的内容包括：童工，强迫性劳动，健康与安全，组织工会的自由与集体谈判的权利，歧视，惩戒性措施，工作时间，薪酬，管理系统等。对于SA8000，我们可以在某些行业引用这项认证，也可以借鉴其做法，由人力资源和社会保障部牵头实施一项类似的促进和谐劳动关系的认证。另外，我们也可以发挥行业组织的作用，开展和谐劳动关系优秀企业的评比活动，开展行业自律的其他活动，以促进和谐劳动关系的构建。还有，中国国内近几年兴起了一些专门关心劳动者权益的非政府组织（NGO），如深圳当代社会观察研究所（ICO）、女性联网（CWWN）、中国NGO法律支持网、广州番禺打工者服务部等，这些组织在劳动者维权中做出了重要的贡献。

构建和谐劳动关系是一项复杂的社会工程，需要各方协调、齐抓共促。发挥人社部门劳动保障、工资支付等劳动关系领域的监察职能，加强监察执法和调解仲裁员队伍专业化建设，引导企业依法规范劳动用工、保障职工合法权益。发挥工商联、企业联合会等企业代表组织作用，引导企业树立以人为本、可持续发展理念，积极履行社会责任，

切实关心爱护职工。发挥工会组织直接联系职工的优势，积极反映职工呼声，竭诚服务职工，团结职工共建共享和谐劳动关系。

**➡ 以案说法**

### 兼职领报酬，违反制度被辞退

千禧年出生的汪宛彤十分幸运，从学校毕业后进入北京的一家出版公司担任发行部业务员。入职时公司向她送达《员工手册》，其中的奖惩制度规定"利用工作时间进行兼职的，为严重违纪，公司有权与其解除劳动关系"。汪宛彤签收了《员工手册》。

工作一年多，由于汪宛彤十分擅长网络营销，2021年3月，她与上海一家文化传播公司签订了为期3年的《自媒体/艺人经纪合同》。合同约定，汪宛彤为该公司提供社交账号运营、承接商业广告、互联网推广、开设店铺等多项兼职活动。

没过多久，汪宛彤所任职的出版公司发现，她在正常工作时间在工作场所利用工作便利撰写广告文案、发布短视频并领取兼职报酬。

2022年1月22日，出版公司向汪宛彤发出解除劳动合同通知书，理由是她违反了公司的奖惩制度。当日，汪宛彤签署《出版社职工离职通知书》，声明所有劳动报酬和福利待遇均已结清，员工与单位不再存在任何劳动争议和法律纠纷。离职后，汪宛彤开始寻找新工作。可让她没想到的是，合适的工作并不像她想象的那样容易找到。一次在与朋友聊天时，汪宛彤得知，如果违法解除与员工的劳动合同，公司需要支付赔偿金。

于是，她来到西城区劳动人事争议仲裁委员会，要求公司支付违法解除劳动合同赔偿金。仲裁委出具裁决书后，汪宛彤不服并告到西城区法院。

法院审理后认为，劳动者有下列情形之一的，用人单位可以解除劳动合同：一是在试用期间被证明不符合录用条件的；二是严重违反用人单位的规章制度的；三是严重失职，营私舞弊，给用人单位造成重大损害的；四是劳动者同时与其他用人单位建立劳动关系，对完成本单位的工作任务造成严重影响，或者经用人单位提出，拒不改正的；五是劳动合同是在欺诈、胁迫或者乘人之危，违背当事人真实意思的情况下订立而无效的；六是被依法追究刑事责任的。

汪宛彤的兼职行为属于《员工手册》奖惩制度中规定的严重违纪行为，出版公司以此为由通知汪宛彤解除劳动合同并无不妥。而且，汪宛彤在离职时已确认与公司再无其他争议，所以她要求出版公司向其支付赔偿金的请求难以得到支持。最终，法院驳回了她的请求。

法官提醒说，年轻人精力充沛，在做好本职工作的同时，能够胜任数份工作不是坏事，但应当遵守用人单位的规章制度。

资料来源　佚名. 遇到劳动纠纷莫冲动，职场新生代需理性维权［EB/OL］.［2025-02-01］. http：//www.womenofchina.com/2023/0704/10637.html.

**解读：**劳动者应当运用《劳动法》《劳动合同法》等法律维护自身合法权益，但同时劳动者也应当遵守用人单位依法制定的、合法有效的各项规章制度。员工违反了公司制度，必然会受到公司的处分，到时可能就追悔不已了。

**基础训练**

□ 简答题

1.当前劳动关系中主要存在哪些方面的问题？你认为其中哪些问题是比较突出而重要的？

2.当前劳动关系不和谐的原因主要有哪些？

3.政府在构建和谐劳动关系中应该采取哪些有效措施？

4.企业在构建和谐劳动关系中应该采取哪些有效措施？

5.工会在构建和谐劳动关系中应该采取哪些有效措施？

**综合应用**

□ 案例分析

### 派遣工被侵权　　两边单位谁担责

在劳务派遣用工形式中，由于涉及派遣单位用人不用工、用工单位用工不用人这种特殊关系，为保障被派遣劳动者的权利，法律明确规定了两家单位的责任和义务。而在现实中，面对派遣工的权益主张，由于认识上的误区，两家单位往往是互相"踢皮球"。那么，派遣工被侵权时，究竟该哪家单位担责呢？

（1）派遣工加班，加班费该由哪家公司支付？

杜某与某劳务派遣公司签订了2年期的劳动合同后，即被派遣至某高校从事清洁工作。因高校开展的活动多，杜某经常在8小时之外被安排搬桌椅、打扫活动场地卫生，但从未拿过加班费。半年后，杜某要求学校支付加班费，但被拒绝，理由是根据劳动法的规定，加班费应当由作为用人单位的劳务公司来支付。杜某便去找劳务公司讨要，劳务公司以自己从未安排杜某加班为由予以拒绝。那么，杜某的加班费究竟该谁来给呢？

派遣工与其他劳动者一样，享有取得劳动报酬的权利，包括加班费等。《劳动合同法》第六十二条规定："用工单位应当履行下列义务：……（三）支付加班费、绩效奖金，提供与工作岗位相关的福利待遇……"由于劳务派遣中派遣工的劳动成果归属于实际用工单位，故派遣工的加班工资、绩效工资等应当由用工单位直接支付，或者由用工单位支付给劳务公司，再由劳务公司支付给派遣工。

本案中，学校应当依法向杜某支付加班费。如果拒不支付，杜某可以申请劳动争议仲裁，在申请仲裁时应当将劳务公司列为共同被申请人，由劳务公司承担连带责任。

（2）派遣工发生工伤，两家单位要负连带责任吗？

周某与某劳务派遣公司签订劳动合同后，被派遣到某物业公司任维修工。周某在维修设备时受伤，被认定为工伤，鉴定为八级伤残。由于劳务派遣公司未为周某办理工伤保险，致使其无法从工伤保险基金获取相关待遇。而面对周某的索赔请求，劳务公司认为物业公司是实际用工方，事故也发生在物业那里，理应由其负责赔偿；物业公司则认为周某是劳务公司的人，自己只是临时用工，理当由劳务公司来赔。两家公司互相踢起"皮球"，让周某很迷茫。

《劳务派遣暂行规定》第八条规定："劳务派遣单位应当对被派遣劳动者履行下列义

务：……（四）按照国家规定和劳务派遣协议约定，依法为被派遣劳动者缴纳社会保险费，并办理社会保险相关手续……"可见，只有劳务派遣公司才是为派遣工办理社保的义务主体。本案中，劳务派遣公司没有为周某办理工伤保险，显然违反了自身的法定义务，故应当按照《工伤保险条例》规定的工伤保险待遇项目和标准向周某赔偿。另外，如果物业公司未将社保费支付给劳务公司，以致劳务公司未为周某办理社保，那么，物业公司的行为无疑给周某的工伤保险权造成了损害，应当与劳务公司承担连带赔偿责任。

（3）派遣工被退工后遭辞退，用工单位要不要担责？

邱某被某劳务派遣公司派遣到一家宾馆任服务员。在劳动合同履行期间，邱某怀孕。随着肚子一天天地鼓起来，宾馆认为邱某不宜再从事客房服务工作，遂将其退回至劳务公司。鉴于无法再将邱某派遣到其他单位，劳务公司就把她解雇了。邱某认为这是违法解雇，遂找劳务公司索要赔偿金。劳务公司认为这不能怪自己，错在宾馆违规退工，应由宾馆来赔偿。那么，邱某的赔偿金究竟该由哪家单位给呢？

两家公司应当承担连带责任。《劳务派遣暂行规定》第十三条规定，对于处于孕期、产期、哺乳期的派遣工，在派遣期限届满前，用工单位不得将其退回劳务公司；派遣期限届满的，应当延续至相应情形消失时方可退回。《劳动合同法》第四十二条规定，女职工在孕期、产期、哺乳期的，用人单位不得解除劳动合同。可见，宾馆退工以及劳务公司解雇邱某的行为均违法。

《劳务派遣暂行规定》第二十一条规定，劳务公司违法解除或者终止派遣工劳动合同的，应当按经济补偿标准的二倍向派遣工支付赔偿金。本案中，宾馆违规将邱某退回劳务公司，而劳务公司又违法解雇邱某，两家公司的行为共同给邱某造成了损害，因此，应当就邱某应得的赔偿金承担连带责任。

资料来源　潘家永．派遣工被侵权　两边单位谁担责［EB/OL］．［2025-01-02］．http：//www.jj-ckb.cn/2023-05/31/c_1310723336.htm.

问题：目前劳务派遣用工的最新法律规定有哪些？试调查（可以是资料查阅或者实地调查）现实中的劳务派遣用工存在哪些主要问题。

分析提示：查阅《劳务派遣暂行规定》；调查建议结合资料查阅和有针对性选择劳务派遣公司进行调查。

□ 实践训练

请利用寒暑假或周末时间，到学校附近的企业进行劳动关系管理现状的调查活动。

要求：

（1）调查活动可以采用面谈法，也可以采用问卷调查法，但不管采用何种调查方法，都要尽可能结合本书介绍的方法。

（2）调查中注意方法与技巧，特别是不要与所调查企业发生冲突，调查完后写一份调查报告。

# 第10章　劳动关系管理全景案例

## 学习目标

知识目标：

1.熟悉案例中劳动关系管理涉及的基础知识；

2.掌握劳动关系管理的工作重点。

素养目标：

引导学生运用所学知识全面分析企业管理中发生的真实案例，从多角度分析劳动关系管理在企业实际生产中的影响与作用，从而引导学生学好相关知识，为构建和谐劳动关系贡献自己的力量。

## 内容架构

第10章　劳动关系管理全景案例

- 10.1　涉事企业情况
- 10.2　事件始末
- 10.3　事件评析
- 10.4　事件影响
- 10.5　事件启示

## 10.1　涉事企业情况

　　K品牌时装一向以高档、豪华、性感而闻名于世，以"身份与财富之象征"的品牌形象成为富有的上流社会的消费宠儿，一向被商界人士垂青，时尚之余不失高雅。

　　K品牌的拥有者G集团为Pinault-Printemps-Redoute（以下简称"PPR"）成员之一，PPR是全球第三大奢侈品零售商，业务遍布65个国家，全球聘用约82 000名员工。

PPR 亦是法国 Euronext Paris 联交所的上市公司。

G 集团的业务主要是设计、生产及销售时尚高档产品，品牌产品包括时装、手袋、行李袋、小皮革制品、鞋履、钟表、珠宝、领带、领巾、眼饰制品、香水、化妆品及护肤品等等。除直接管辖店铺遍布全球各大城市外，公司亦将品牌产品批发给特许经营商、免税店、各大型百货公司及品牌专卖店。

从 1994 年 3 月至今，K 品牌一直是世界上最具影响力的超重量级时尚品牌。与此同时，它开始逐渐将全球时尚流行界的优质品牌网罗门下，法国圣罗兰等一批经典品牌相继成为 G 集团的成员。1997 年，G 集团买下合作长达 23 年的瑞士著名表厂 Severin Montres，从而完全控制了自己的钟表业务。1998 年，G 集团因良好的战略眼光、经营管理和财务运作，被欧洲商业新闻联盟评为"欧洲年度企业"。

GC 贸易有限公司是由 G 集团旗下的公司于 2006 年年初在中国上海投资注册的。从生产、加工到销售，K 品牌在华的业务规模成倍增长。截至 2012 年 6 月底，该公司从 2004 年在大中华区的 4 家奢侈品店发展到 98 家直营店，店面遍布全国。

在 K 品牌官方网站上有关人力资源只写有以下两段话：

一家不断成长并充满活力的公司，员工遍布全球。我们以员工均具有高度的专业精神而骄傲。在行业中，我们以不断吸引业界翘楚、专业人才为己任。他们是一群具有企业家精神，能在一个平展的组织架构中充分发挥自己所能并以绩效为目标不断茁壮成长的员工。K 品牌的成功全赖这个群体员工的群策群力。

我们致力于提供平等就业机会。我们不会因为员工的年龄、种族、肤色、信仰、性别、民族血统、身体残疾、心理缺陷、婚姻状况、性取向或国籍，在员工的雇用条件上因歧视而存有差异。

据悉，K 品牌深圳旗舰店现有员工 50 多人，由深圳南油外服人力资源有限公司劳务派遣，员工在签约后，首先被"派遣"到上海总部，然后再"派遣"回深圳进行工作，未成立工会组织。

## 10.2　事件始末

2011 年 9 月 23 日，2 名深圳旗舰店的辞职员工向《新快报》爆料称，他们在 K 品牌旗舰店工作遭遇非人性管理：喝水要申请，上厕所要报告，孕妇一站就是十几个小时，吃 8 次苹果就会被解雇……直指深圳旗舰店是"血汗工厂"。

经《新快报》采访调查后，事件报道有关 K 品牌的非人性管理行为如下：

行为一：辞职员工控诉："喝水要申请，上厕所要报告"

2011 年 9 月，5 名曾经在深圳旗舰店工作的离职员工在网络上发了一封公开信。在信中，他们表达了对深圳 K 品牌旗舰店的控诉。

他们说："K 品牌也许是一袭华美的袍子，但是却长满了虱子。"

爆料员工说，公司对员工在门店上班时的行为规定有 100 多项，很多规定严格限制员工的生理需求。

深圳 K 品牌旗舰店规定，店员的两次小过失，累积成一个口头警告，一年累计 4 个口头警告，就会被解雇。

爆料员工还说："上班期间，喝水必须向上级申请，上洗手间也必须得到许可，上洗手间的时间被严格限制在5分钟内。"

行为二：孕妇站十几个小时，吃8次苹果会被解雇

辞职员工阿丽（化名）说，怀孕期间，她正常上班，每天要站立十几个小时。

她曾多次向公司主管提出申请带一些水果、零食等，在更衣室休息时补充营养。她得到公司的答复是："一切东西都不能在店里吃。"

阿丽还说，有一位怀孕的同事在更衣室休息的时候偷偷吃苹果，被店长发现了。店长让她不要再吃，称这次可以原谅，但是下次发现就会记一次小过失，要是被发现8次吃苹果的情况，她就会被解雇。她只能把剩下的苹果扔了。这位怀孕员工最终流产了。

行为三："先打卡下班再加班"，"点数"（即盘点）到凌晨2点

据悉，员工每晚下班后，仍需留下来加班"点数"，清点货品。

记者从一份旗舰店主管发给公司人事部的邮件中看到，每晚的"点数"时间为1小时，实际"点数"时间也有可能不到1小时。

但一名辞职员工说，刚开店的两年，"点数"到凌晨2点很平常，到凌晨4点的情况都有，点对了才能离开。

阿丽记得很清楚，有一次，门店当班主管直接告诉大家："如果你们点对了，1小时不到就可以走。但是货品一直点不对，这肯定是你们的工作失误，是你们自己造成的，点到对了才能走。"

行为四：1件货品5 000多元，丢了大家连带赔偿

一位在职员工告诉记者，深圳旗舰店4年来一共丢了大概40件货品，单价从2 000元到5万元不等，平均5 000元一件，总价在20万元左右。据悉，如果店里有东西被盗，全体员工都需要连带赔偿，包括领导在内。根据丢失货物的原价，大家平均承担费用。阿丽说，她休婚假期间，店里有货品丢失，回来后也被扣钱。阿丽还对《新快报》记者说，每次丢失货品，公司都会报警，公司的货品都是买了保险的，具体是什么保险则"不清楚"。"公司一方面可以获得保险赔偿，另一方面要员工平均分摊，集体扣钱补给公司。"

此外，多名辞职员工认为，门店一方面要求员工以最体贴的服务向顾客介绍货品，又要员工随时防备顾客偷东西，这是不合理的。还有一名在岗的匿名管理人员称，在门店，孕妇流产不止一例！

对于2名辞职员工的爆料，K品牌方面回复：公司一直以来均十分关注员工的福利待遇。目前，正在积极对此特殊事件进行深入调查，并将尽快采取必要措施进行妥善处理。

对于5名辞职员工在公开信里希望公司赔偿加班费，GC公司人力资源部做了书面回复："公司现已仔细核查了公司电脑系统中你们的历史考勤记录及加班费支付资料，根据目前所掌握的资料，可以确认公司不存在没有足额支付加班费的情况。"

9月底，《新快报》记者希望进一步核实辞职员工所反映的问题，但截至记者发稿时，K品牌方面没有最新回复。

此后，门店向员工发布封口信，并迟迟未向当事人道歉。

虐工事件曝光之后，引起全球广泛关注，普通民众和国内外各大媒体均相继报道事件经过。国内媒体中，《人民日报》、《中国日报》、《第一财经日报》、"中国之声广播电台"、"央广新闻"、"中国网事"栏目等及全国各类大型综合性网站均对事件进行跟踪报道并发表相关评论。

《人民日报》的网络新闻发布平台人民网发表的评论如下：

随着舆论的持续关注和相关部门的介入，真相究竟如何，想必会有一个明确的说法。事件真相固然是我们寻求的，但其中所暴露的一些具有普遍性的问题更值得我们关注。

其一，对极端苛刻的劳动环境能否"零容忍"？K品牌被曝光针对员工的一些行为，其中不乏践踏人伦常识、法律法规之举，当然这些极端规定也并非K品牌所独有。对于一些极端苛刻、挑战人权的工作模式、管理规定，劳动者是乏力的，大多时候要么离职不干，要么忍气吞声。监管部门对此类行为必须有行之有效的措施，保证"零容忍""血汗工厂"不能成为不良企业在劳动力充裕廉价国家的代名词。

其二，职工维权如何发挥好自身组织作用？深圳市总工会表示，此次出现"血汗工厂"争议，是当前企业和劳动者劳动关系争议的一个新动向。这类跨国企业在华机构很多未设立工会组织，而普通员工在取证时与公司相比确实存在难度。督促企业设立工会，让职工有自己的利益代言，这的确是职工有组织的自我维权愿景的第一步。如何让工会在劳资博弈中硬起来、有成果，而不成为企业的一个附庸，这更是劳动者所乐见的。

其三，劳动监察部门能否第一时间主动介入？深圳劳动监察部门表示，相关法律仍存漏洞，因为GC公司在上海注册，所有深圳员工均以劳务派遣方式签约，劳动监察部门难以获得相关信息，他们也很为难。在这个问题上，法律上的漏洞似乎不是问题难解的关键。与其说这是一场劳资纠纷，不如说其已经成为一场全国瞩目的公共事件。职工权益保护是我国社会经济发展中面临的共性问题，涉及每一个劳动者的切身利益，劳动监察部门更应树立一种积极发现、主动作为的意识。对于这个共性问题中的突出个案，劳动监察部门能否第一时间以妥善方式主动介入解决，将给社会带来深远影响；而一旦在"民举官究"或舆论裹挟下才被动介入，这于监管效果、社会评价都将不利。

期待这一场劳资博弈的标本性事件，给我们的劳资双方、劳动监察部门带来启示与参考。

中国行业公众形象高峰论坛对此事件做了如下评价：

这是劳资博弈中极具可读性的一个样本，奢侈品的耀眼与背后的血汗，往往会被浓缩为社会矛盾的焦点。任何一家有社会责任感的公司，都应该致力于对职工权益的保护。奢侈品牌形象上的"趾高气扬"不能带到劳资关系中。不论是哪家公司，一沾上"血汗工厂"之名，不但自身品牌形象马上受损，还会累及整个行业。

人力资源和社会保障部门、工会介入该事件调查。

该事件经媒体曝光后，深圳市人力资源和社会保障局和深圳市总工会介入调查。

深圳市人力资源和社会保障局根据媒体及员工反映的情况，从用人单位、用工单位及公司规章制度等方面对该劳资纠纷进行全面调查。

调查表明，该品牌店建立了一套复杂的劳动用工制度。深圳的门店员工虽然归属GC公司管理，但与这些员工签订工作合同的，是深圳市南山区一家名为南油外服人力资源有限公司的企业。这些员工签署的都是劳务派遣合同，员工在签约后，首先被"派遣"到上海总部，然后再"派遣"回深圳进行工作。因此，当劳动部门需要就发生在深圳的劳资纠纷进行调查取证时，所有的调查就变成了异地调查。这样不仅费时费力，而且调查取证会遇到很大阻力和困难。对于目前争议较大的GC公司是否滥用劳务派遣逃避监管的问题，当前中国法律在界定是否适用劳务派遣上存有漏洞。据了解，其他一些跨国企业也存在这种劳务派遣行为，但目前法律尚无法对此进行认定及处罚，需要相关法律继续完善，更好地保障劳动者的利益。

GC公司采用"劳务派遣"导致的深圳劳动部门"异地监督"的问题，虽然在调查方面有难度，但深圳劳动部门会全力调查，必要时也会申请上海等地有关部门的配合。

深圳市总工会第一时间指示罗湖区总工会调查了解相关情况，并于2011年10月13日上午约见GC公司行政高层，表明深圳市总工会的立场，对事件的处理进行沟通和协商，敦促其尽快整改。

## 10.3　事件评析

对于这起事件，众多人力资源管理专家均指出，事件可定性为非人性、违法，但事件调查和取证有一定的复杂性和难点，主要有两个难点：

难点一：是否滥用"劳务派遣"？

该事件的复杂程度超出了一般的劳动争议案件。据深圳市劳动监察部门获得的信息，公司员工属于劳务派遣人员，而且涉及至少3家劳务派遣公司，只有一家在深圳当地，其公司总部又在上海。其复杂程度是深圳市劳动监察近年来遇到的第一例，处理妥当的话，将会为日后类似的跨国企业在深劳资纠纷解决提供示范。

难点二：奢侈品销售店是否适用"综合工时"？

除了劳务派遣以外，在该事件中，双方争议较大的还有"综合工时"这一用工制度。数位离职员工表示，所谓的"综合工时制"，上一天班轮休一天，一天的工作时间大约为10小时，但每晚10点下班后，员工们都要"先打卡下班再加班"，往往要"清点货物到凌晨两三点钟"，因为这样就算正常下班，不用计算加班工资。

GC公司实行的所谓"综合工时制"和"劳务派遣"确实存在法律漏洞。

深圳大成律师事务所杨乾武说，GC公司方面出示的证据有两个，一是电子考勤记录，二是所谓上海静安区人力资源和社会保障局对GC公司实行综合计算工时工作制的批复，但两份证据都有问题。其一，GC公司的电子考勤记录并未按照一般惯例，让员工至少每月进行一次对照，而电子考勤记录是可以被人为修改的。同时"先打卡再加班"的情况也无法在考勤记录中显示。其二，不能拿上海的地方行政许可用于深圳。

根据《国务院关于职工工作时间的规定》的规定，我国目前实行劳动者每日工作8

小时、每周工作 40 小时这一标准工时制。有条件的企业应实行标准工时制。有些企业因工作性质和生产特点不能实行标准工时制，应保证劳动者每天工作不超过 8 小时、每周工作不超过 40 小时、每周至少休息一天。门店一天的工作时间超过 8 小时，如实行标准工时制，超过的工作时间应视为加班。

如果施行综合计算工时工作制，K 品牌门店总实际工作时间还未达到总法定标准工作时间，可以每天再相应延长一定时间（一般每天总的工作时间不超过 11 小时）用以清点货物等，但是"先打卡下班再加班"的规定显然不妥。施行综合计算工时工作制，在该周期内的工作总时间超过核定的标准时间，应支付不低于工资 150% 的工资报酬。

根据《劳动部关于印发〈关于企业实行不定时工作制和综合计算工时工作制的审批办法〉的通知》（劳部发〔1994〕503 号）第六条，对于实行不定时工作制和综合计算工时工作制等其他工作和休息办法的职工，企业应根据《中华人民共和国劳动法》第一章、第四章有关规定，在保障职工身体健康并充分听取职工意见的基础上，采用集中工作、集中休息、轮休调休、弹性工作时间等适当方式，确保职工的休息休假权利和生产、工作任务的完成。所以 K 品牌门店实行综合计算工时工作制，应当履行报批手续，劳务派遣、异地用工等不是不履行报批手续的理由。

另外，女员工尤其是怀孕女员工享有特殊劳动保护。《劳动法》规定：对怀孕 7 个月以上的女职工，不得安排其延长工作时间和夜班劳动。《女职工劳动保护特别规定》规定：用人单位应当在劳动时间内合理安排怀孕女职工的休息时间，或者相应减少其劳动定额；经与女职工协商一致，用人单位可以调整其工作岗位。女职工怀孕 7 个月以上的，用人单位不得延长其劳动时间或者安排其夜班劳动。

## 10.4　事件影响

事件发生之后，社会各界均给予了高度关注，并引起较大反响。GC 公司已撤换有关的管理人员及店铺主管，并与员工方达成了和解，且承诺将加强在中国的企业管理能力与组织结构，改善员工的福利、培训与其他管理系统。同时，G 集团表示公司在中国取得的快速成长有赖于广大员工的努力，将尊重和关怀员工。

该事件中极端苛刻的劳动环境、挑战人权的规章制度及缺失的商业道德，深深伤害了中国劳动人民的感情，造成了极其恶劣的影响，同时，引起了国家各级主管部门的高度重视。该事件使 K 品牌形象在全球大打折扣，尤其是在中国市场，事件发生后产品销量大幅度减少。

## 10.5　事件启示

随着劳资双方的和解，这起备受关注的事件暂时告一段落，但近年来，洋品牌在抢滩中国市场中接连暴露的管理问题，却如同一场顽疾，久病而不愈，引发了行业的深思。本着建立和谐的劳动关系、创造企业可持续的良性发展环境为出发点，引以为戒，我们得到许多启示。

●树立常态的法律用工意识，依法依规建立劳动关系

事件暴露出众多知名企业并无常态的依法依规用工意识，要么制定的劳动规章制度与法律法规相互抵触，要么在用工过程中利用法律法规的漏洞做出一些"异常"行为，如在本案例中的门店肆意延长劳动时间且无加班费、怀孕女员工工作时间过长、非法使用劳务派遣工等行为。

随着员工法律意识和维权意识的不断增强，企业的管理层自上而下都必须应势树立常态的依法用工意识，依法规范建立劳动关系，这才是避免知名企业出现非法用工行为的根本所在。

●依据自身行业和岗位用工特点，慎重选择用工方式和工时制度

该事件中，GC公司所采用的"劳务派遣"并未体现《劳动合同法》第六十六条的规定：劳务派遣用工是补充形式，只能在临时性、辅助性或者替代性的工作岗位上实施。事件中，我们看到员工均为固定岗位、固定工作内容，而非临时、辅助或替代。

另外，GC公司所采用的"综合工时制"无法律依据也未到相关部门办理备案。事件中，GC公司对员工采用的"综合工时制"只能说是为肆意延长劳动时间找到一个"合理"依据。

用工方式和工时制度是建立劳动关系形式的核心标志。因此，企业在确定用工方式和工时制度时，应依据不同的行业、不同的岗位，依法采用正确的方式，避免此方面劳动争议的出现。

●注重公共关系意识，采取正确、积极的处理劳动争议方式

该事件使其品牌形象在中国民众心中一落千丈，G集团在全球范围内遇到一场严重的公关危机。造成如此困境的原因有两方面：

其一，G集团在海外已经被报道是"血汗工厂"，本次事件再次引发全球媒体对其进行评价和批评。早在2008年2月，美国《洛杉矶时报》就曾报道称，数十个奢侈品牌在意大利托斯卡纳工厂中雇用了大量的中国劳工，却向他们支付极低的工资，而且，工作环境也非常恶劣。如果说《洛杉矶时报》的报道只是毛毛细雨，针对中国这起事件全球媒体的报道简直就是暴风骤雨，影响力大、杀伤力强。

其二，GC公司对该事件引发的劳动争议处理令公众非常失望。事件发生后，GC公司方面先是否认，继而沉默、拒绝对事件进行评论，再而对员工下封口令，一直也未就自身的不当行为向公众道歉。事件最终虽是劳资双方达成和解，撤换相关管理人员和店铺主管，但事件结果并未能平息公众的愤怒。

重新树立良好品牌形象和挽回因危机而失去的老顾客及潜在顾客，都需要公司真诚歉意和时间。可见，企业应树立公关意识，快速正确地处理公关危机，尤其是对待涉及面广、影响深远、负面形象扩展迅速的劳动争议所引起的公关危机。

●重视劳动环境建设，构建和谐劳动关系

劳动环境包括安全、卫生及人际关系，实现良好的劳动环境前提是安全到位、卫生无害、人际关系和谐。

在该事件中，我们看到不少非人性制度和行为，如"喝水要申请，上厕所要报告""孕妇在店里吃东西补充营养被告知只要吃1次苹果，将被记过，吃8次苹果将被解雇"

"店铺里丢了东西所有员工'连坐'赔偿"等。GC公司的非人性制度和行为引起劳动争议，同样引来整个社会公众的谴责。

解决劳动争议问题需通过平等对话和集体协商的方式实现。此次事件的解决，再次证明通过搭建劳动争议双方的对话平台，就争议和矛盾进行协商，是化解劳资矛盾、妥善处置事件的有效途径，应当成为企业构建和谐稳定劳动关系的一种常态机制。而建成这样的机制的前提是，企业须重视劳动环境建设、保障和尊重员工的合法利益。

### ➡ 以案说法

#### 劳动争议中的举证责任

举证责任是指当事人对其提出的主张有收集或提供证据的义务，并有运用该证据证明主张的案件事实成立或有利于其主张的责任，否则将承担其主张不能成立的危险。

##### 1.举证责任分配

在一般民事案件中，"谁主张谁举证"是举证责任分配的一般原则，举证责任倒置则是这一原则的例外。举证责任倒置是指基于法律规定，将通常情形下本应由提出主张的一方当事人（一般是原告）就某种事由不承担举证责任，而由对方当事人（一般是被告）就某种事实存在或不存在承担举证责任，如果该方当事人不能就此举证证明，则推定主张的一方当事人的事实主张成立的一种举证责任分配制度。

在劳动争议案件中，因为用人单位在劳动关系中处于强势地位，我国法律将一部分的举证责任倒置分配给用人单位，使得用人单位在劳动争议案件中承担较重的举证责任。

##### 2.用人单位承担的举证责任

（1）用人单位对劳动合同的订立承担举证责任。

劳动仲裁委员会或者人民法院在处理劳动争议纠纷时，一般要求用人单位就是否签订劳动合同承担举证责任，比如是否签订书面的劳动合同。如果用人单位不能提供证据，会被认定为未签订劳动合同，用人单位将会承担双倍支付工资的风险。劳动者只需证明是否存在劳动关系的初步举证责任，且对劳动者的举证要求相对比较简单，类似工号牌、名片、公司通讯录、工资表等都可以作为存在劳动关系的直接证据。劳动者提供了上述证据而用人单位不能提供已经签订书面劳动合同的相应证据，用人单位将败诉并承担举证不能的不利后果。

（2）用人单位对规章制度合法有效性承担举证责任。

用人单位适用规章制度对劳动者进行处理时，需承担规章制度合法有效的举证责任，即规章制度条款不存在违法、违规情形且已经履行了民主及告知程序的义务。用人单位不能证明的，将被认定规章制度对劳动者不发生效力，其依据规章制度做出的用工处理违法。

（3）用人单位对解除劳动合同合法性承担举证责任。

用人单位合法解除劳动合同包括实体上的合法以及程序上的合法，用人单位对实体以及程序方面均负有举证责任。《劳动合同法》赋予了用人单位单方面解除劳动合同的权利，但这些权利同时对用人单位形成了约束。用人单位在解除劳动合同时，必须存在法定的解除情形且须遵循法定的程序，同时须提供相关证据予以证明。

用人单位在解除劳动合同时须提交的证据，如"在试用期间被证明不符合录用条件的"，用人单位在招聘时就应当规定详细的录用条件；"严重违反用人单位的规章制度的"，在规章制度中就要明确哪些情形属于严重的情形。

用人单位在解除劳动合同时须遵循法定的程序，如用人单位依据《劳动合同法》第四十条第三款"劳动合同订立时所依据的客观情况发生重大变化，致使劳动合同无法履行，经用人单位与劳动者协商未能就变更劳动合同内容达成协议的"之规定解除劳动合同的，用人单位应提交其与劳动者进行协商但未能协商一致的相关证据，否则就不能以此款解除劳动合同，擅自解除的将承担违法解除劳动合同的责任。

（4）用人单位对减少劳动报酬等实际影响劳动者权益的待遇合法性承担举证责任。

用人单位在用工过程中不能擅自减少劳动报酬，否则劳动者将按照《劳动合同法》的规定追究用人单位的责任。用人单位在用工过程中也不能擅自实际影响劳动者相关权益，如减少劳动保护、降低办公条件、变更工作岗位等。用人单位减少劳动报酬等实际影响劳动者权益的待遇时，需要承担决定合理合法的举证责任，如提供劳动者不合格的考核材料、旷工材料等，否则将承担举证不能的不利后果。

（5）用人单位对劳动者工作年限承担举证责任。

劳动者工作年限的计算一般由用人单位提供相关证据证明，因为劳动者工作年限证据主要是由用人单位来掌握的，如果用人单位不能提供则劳动者的相关主张将会被仲裁委或者法院认可。

资料来源　何泽华. 人力资源管理法律实操全流程演练（实战案例版）[M]. 北京：中国铁道出版社，2018.

解读：劳动关系是最基本的社会关系，劳动关系和谐是社会和谐的重要基础。劳动关系是用人单位和劳动者在实现劳动的过程中所结成的与劳动相关的社会经济利益关系，包括劳动关系的建立状况（劳动合同）、劳动者利益实现状况（劳动条件）、劳动者的组织状况（工会）、集体合同和集体谈判的状况以及劳动纠纷的解决等方面，正确处理和不断改善劳动关系才能保障企业和员工实现适当的生产要素优化组合，保障社会稳定健康发展。

## 基础训练

□ 简答题

1. 在本案例中，GC公司在劳动用工方面存在哪些违法行为？
2. 结合案例说明企业如何才能构建和谐稳定的劳动关系。

## 综合应用

□ 案例分析

### 巴黎春天劳务派遣工不同意调岗被辞退

邓小姐原本是一名化妆品销售员，经由某人才公司劳务派遣，到长宁路巴黎春天百货一家化妆品专柜工作。2010年11月1日，她突感身体不适，经医生诊断是过度疲劳引起的心肌缺血，医生建议邓小姐休息几天，并为她开了3天的病假单。邓小姐拿着医生开具的病假单向化妆品公司的主管请假，却未得到批准，她气愤之下争执了几句。12月10日，邓小姐突然接到人才公司邮寄来的调令，通知她调换工作岗位。

"我家住虹口区岳州路，公司没跟我商量，就要把我的工作地点改到船厂路卜蜂莲花的专柜。如果我去新的地方工作，每天上班要早上5点出门，下班后晚上12点才能到家，以我现在的身体状况，这不是故意刁难吗？"接到调令的第二天，邓小姐没有到新的工作地点报到，她打算再与公司沟通一下，不料，第三天，主管便算她旷工了。事后，主管还通过短信通知她，如果不去新工作地点报到，仍旧要算她旷工。12月21日，邓小姐接到了人才公司打来的电话，对方表明要与她解除劳动合同。邓小姐认为，人才公司要跟她解除劳动合同是不合理的，如果非要解聘她的话，她要求人才公司按《劳动法》的相关规定进行赔偿。

资料来源　佚名. 巴黎春天劳务派遣工不同意调岗被辞退［EB/OL］.［2019-01-13］. http：//blog.sina.com.cn/ldf12333.

问题：

（1）化妆品公司是否可以调整邓小姐的工作岗位？

（2）如邓小姐拒绝，化妆品公司是否能将邓小姐退回人才公司？

（3）人才公司是否可以解除与邓小姐的劳动合同？

分析提示：（1）《劳动合同法》有关合同变更的规定。（2）《劳动合同法》有关劳务派遣的规定。

□ 实践训练

请你利用假期调查某家企业的劳动关系管理情况，然后根据此企业的劳动关系管理开展情况写一份调查报告（可以就劳动关系管理的制度安排、合同签订、劳动争议处理、员工满意度等方面开展调查）。

要求：调查报告真实具体、指出问题、提出建议。

# 主要参考文献

［1］中国就业培训技术指导中心．国家职业资格培训教程——企业人力资源管理师（上、下册）［M］．北京：中国劳动社会保障出版社，2014.

［2］常凯．劳权论［M］．北京：中国劳动社会保障出版社，2004.

［3］郭庆松．企业劳动关系管理［M］．天津：南开大学出版社，2005.

［4］康青．管理沟通教程［M］．上海：立信会计出版社，2006.

［5］南志珍．管理沟通［M］．北京：中国市场出版社，2006.

［6］张倜．劳动关系管理［M］．北京：电子工业出版社，2006.

［7］张晓彤．问题员工管理［M］．北京：国家行政学院音像出版社，2006.

［8］中国就业培训技术指导中心．国家职业资格培训教程——企业人力资源管理师（四、三、二级）［M］．北京：中国劳动社会保障出版社，2007.

［9］贾富春．企业劳资纠纷规避实务［M］．厦门：鹭江出版社，2009.

［10］中国就业培训技术指导中心．国家职业资格培训教程——企业人力资源管理师（常用法律手册）［M］．北京：中国劳动社会保障出版社，2007.

［11］左祥琦．劳动关系管理［M］．北京：中国发展出版社，2007.

［12］宋湛．集体协商与集体合同［M］．北京：中国劳动社会保障出版社，2008.

［13］孙立如，刘兰．劳动关系实务操作［M］．北京：中国人民大学出版社，2009.

［14］胡八一．新《劳动合同法》下的人力资源管理［M］．北京：人民邮电出版社，2010.

［15］程向阳．劳动争议仲裁标准与操作指引［M］．北京：北京大学出版社，2011.

［16］程延园．劳动关系管理［M］．3版．北京：中国人民大学出版社，2011.

［17］周丽霞．HR全程法律顾问：企业人力资源管理高校工作指南［M］．北京：中国法治出版社，2011.

［18］王桦宇．劳动合同法实务操作与案例精解［M］．北京：中国法治出版社，2012.

［19］张尚国．中小企业规范化管理制度与表格［M］．北京：中国纺织出版社，2010.

［20］童丽，丁雯，吴嘉维．劳动关系管理项目化教程［M］．大连：东北财经大学出版社，2014.

［21］符良策．构建和谐劳动关系，促进社会和谐发展［J］．广东青年干部学院学

报，2005（6）.

　　［22］徐伟，王仲孝. 论私营企业特征和劳动关系的和谐［J］. 求索，2006（2）.

　　［23］焦利. 完善劳动合同法，促进劳动关系和谐稳定［J］. 国家行政学院学报，2006（3）.

　　［24］陈诗达. 浙江省劳动关系与就业现状报告［J］. 中国人力资源开发，2006（3）.

　　［25］丁胜如. 论社会转型期政府在劳动关系中的职责［J］. 实事求是，2006（3）.

　　［26］郑启福. 导入 SA 8000，促进和谐劳动关系［J］. 广东行政学院学报，2006（4）.

　　［27］谢增毅. 我国劳动争议处理的理念、制度与挑战［J］. 法学研究，2008（5）.

　　［28］孙祖芳. 构建和谐劳动关系中的政府职能［J］. 上海大学学报（社会科学版），2008（7）.

　　［29］张积家. 普通心理学［M］. 北京：中国人民大学出版社，2015.

　　［30］何泽华. 人力资源管理法律实操全流程演练（实战案例版）［M］. 北京：中国铁道出版社，2018.